이제부터
행복해지기로 합시다

긍정심리학이 들려주는 행복하게 사는 법

이제부터
행복해지기로
합시다

정종진 지음

시그마북스
Sigma Books

이제부터 행복해지기로 합시다

발행일 2018년 3월 12일 초판 1쇄 발행

지은이 정종진

발행인 강학경

발행처 시그마북스

마케팅 정제용, 한이슬

에디터 권경자, 김경림, 장민정, 신미순, 최윤정, 강지은

디자인 최희민, 조은영, 김미령

등록번호 제10-965호

주소 서울특별시 영등포구 양평로 22길 21 선유도코오롱디지털타워 A404호

전자우편 sigma@spress.co.kr

홈페이지 http://www.sigmabooks.co.kr

전화 (02) 2062-5288~9

팩시밀리 (02) 323-4197

ISBN 978-89-8445-970-0 (03180)

이 도서의 국립중앙도서관 출판예정도서목록(CIP)은 서지정보유통지원시스템 홈페이지(http://seoji.nl.go.kr)와 국가자료공동목록시스템(http://www.nl.go.kr/kolisnet)에서 이용하실 수 있습니다. (CIP제어번호: CIP2018005035)

* 시그마북스는 (주)시그마프레스의 자매회사로 일반 단행본 전문 출판사입니다.

행복은 도착지가 아니라 여행 방법이다.

· 마거릿 리 런베크 ·

행복에도 연습이 필요하다

우리는 누구나 행복한 삶을 꿈꾸며 언제까지나 행복하기를 원한다. 모리스 마테를링크의 『파랑새』에서처럼, 혹은 동화 『백설공주』나 『신데렐라』에서처럼, 그리고 일찍이 아리스토텔레스가 말한 것처럼 행복은 모든 사람이 꿈꾸는 최상의 삶의 상태이자 삶의 궁극적 목적이며 최고선이다. 따라서 그동안 행복이란 무엇이며 어디에서 오는가에 대해 철학, 문학, 종교학 등 여러 학문 분야와 학자들 사이에서, 그리고 사회 전반에서 많은 담론이 각양각색으로 쏟아져 나왔다. 그럼에도 불구하고 우리는 왜 행복하지 못한 것일까? 많은 현대인들이 왜 물질적 풍요로움을 누리면서도 마음 아파하며 힐링을 외치고 행복을 갈구하는 것일까? 필자가 생각하기엔 행복하게 사는 법에 대한 일상의 구체적이고 실천적인 처방이 부족했기 때문이 아닌가 싶다.

그래서 이 책에서는 행복에 관한 과학적 탐구를 행하는 긍정심리학의 관점에서 행복이란 무엇이며, 어떻게 사는 것이 행복한 삶이며, 좀 더 행복해지려면 어떤 변화가 필요한가에 관한 일상의 실천적인 방법을 제시하고자 한다. 연구 결과에 의하면 인간 행복의 약 40%는 의도적인 활동, 즉 매일 행하는 일에 의해서 결정된다고 한다. 따라서 이 책에서는 행복에 관한 과학적인 연구 결과를 직장이나 가정에서 우리 자신의 삶에 어떻게 적용하고 실행할 수 있는가를 보여주는 다양한 활동이나 연습, 그리고 실제적인 방법을 제시할 것이다.

기존의 심리학이 우울증, 불안을 비롯해 삶을 불행하게 하는 심리 상태를 완화하는 데만 치중해 왔다면 긍정심리학은 타인에 대한 사랑, 용서, 인내, 영성, 지혜, 사회적 기술, 심미적 감수성, 창의성, 탁월한 재능과 같은 개인적 차원에서의 긍정적인 특성, 그리고 타인에 대한 배려, 이타주의, 관용, 중용, 직업윤리와 같은 집단적 차원에서의 긍정적 가치와 자질을 함양시키는 데 관심을 두고 있다.

우리가 궁극적으로 바라는 것은 단지 약점을 보완하는 데 일생을 바치는 것이 아니라 사는 동안 진정으로 의미 있고 충만한 삶을 사는 것이다. 무릇 훌륭한 심리치료사는 환자의 상처를 치유하는 데 그치지 않고 그의 강점과 미덕을 파악하고 계발할 수 있도록 이끌어주는 사람이다.

긍정심리학은 즐거움과 만족의 긍정적 정서를 느끼고 강점과 미덕을 찾아 베풀며, 삶의 의미를 찾을 길이 있다는 밝은 희망의 메시지를 전해준다. 이 길은 우리를 이끌어 즐거움과 만족이라는 산기슭을 오르고 강점과 미덕이라는 산마루를 지나 마침내 우뚝 솟아 있는 삶의 의미와 목적이라는 봉우리에 닿게 해줄 것이다. 진정한 행복은 개인이 자신의 강점과 미덕을 파악하고 계발하여 일, 사랑, 자녀양육, 여가활동이라는 삶의 현장에서 활용함으로써 긍정적 정서를 느끼고 의미 있는 삶을 살아갈 때 실현된다.

'긍정의 힘'이 중요하다는 것을 많은 사람들이 인지하고 있으며, 최근 들어 긍정심리학에 관한 학술적인 논문과 책도 많이 출간되고 있는 추세에 있다. 그렇지만 실생활에서 긍정의 힘을 어떻게 발휘하고 긍정심리학의 메시지를 어떻게 응용할 것인지에 대한 구체적이고 실제적인 방법론에 관한 책은 많지 않다. 이 책은 긍정심리학의 중요한 이론과 연구 결과를 간략히 제시하고, 그 이론과 연구 결과가 제안하는 바를 누구나 일상생활에서 쉽게 실천할 수 있도록 다양한 활동과 연습을 제공한다는 점에서 그 의의를 가진다고 할 수 있다.

이 책을 통해 우리는 자신의 내적 강점을 증진하고 행복한 삶을 이끌기 위한 여러 가지 방법과 전략을 익힐 수 있다. 즉, 불행을 극복하고 보다 낙관적으로 사고하고, 긍정적 소통을 통한 보다 나은 인간관계를 형성하고, 역경과 좌절을 기회와 도전으로 생각하여 회복탄력성을 키우며, 자신의 강점을 찾아 일상생활에서 잘 활용할 수 있는 자세와 역랑을 도모할 수 있다.

이 책을 읽기 전에 자기 자신의 관찰과 경험을 기록하기 위한 행복일지를 준비할 것을 권한다. PC나 노트북, 혹은 스마트폰에 파일을 만들어 행복일지로 사용할 수도 있다. 행복일지에 자신이 시도한 활동과 그 방법을 기록해 두면 자기 자신을 성찰해 보고 많은 것을 배울 수 있는 기회가 될 것이다. 영국 이스트런던대학교 응용긍정심리학 전공과정에서는 긍정심리학의 연습을 활용한 경험에 기초하여 자기 자신의 행복에 관한 개인적 포트폴리오를 작성하는 과제를 부여한다고 한다. 독자들이 이 책을 읽을 때에도 마찬가지로 자기 자신의 행복에 관한 포트폴리오를 작성해 보길 바란다.

이 책이 독자들에게 긍정심리학에 대한 이해의 지평을 열어주고 행복과 웰빙의 삶에 대한 성찰과 실천을 위한 내비게이션이 될 수 있기를, 그리고 행복을 향한 하나의 디딤돌이자 진정한 자기를 찾고 행복한 삶을 만들어가기 위한 발판이 될 수 있기를 희망한다. 그럼 이제부터 행복일지를 들고, 긍정심리학이 들려주는 행복한 삶을 만들어가기 위한 여정을 시작해 보자.

2018년 새해 아침에
정종진

차례

프롤로그 ··· 006

행복한 삶이란
어떤 것인가   013

긍정심리학이란 무엇인가 ··· 015
행복의 의미 ··· 025
행복을 가로막는 것들 ··· 035

행복한 삶을 위해서는
무엇이 필요한가   045

행복한 삶의 주요 구성요소 ··· 047
긍정적 정서 ··· 052
몰입 경험 ··· 065
긍정적 인간관계 ··· 076
삶의 의미 ··· 092
성취 ··· 104
낙관주의 ··· 111

회복탄력성 키우기 ··· 134
성격적 강점 ··· 154
정서지능 ··· 166
동기부여와 목표설정 ··· 182
성장의 마음가짐 ··· 195

**행복한 삶을 위해서
무엇을 해야 할까** 207

감사 ··· 209
용서 ··· 218
신체운동 ··· 236
즐거운 경험 향유하기 ··· 245
마음챙김 명상 ··· 260
행복일지와 포트폴리오 ··· 279

에필로그 ··· 293
참고문헌 ··· 298

행복한 삶이란
어떤 것인가

행복이 만개한 플로리시한 삶을 위한 이론적 단초가 되는 긍정심리학을
비롯하여 행복에 관한 심리학적 관점을 제공하고, 행복의 의미와 행복에
장애가 되는 심리적 요소를 살펴본다.

긍정심리학이란 무엇인가

> 긍정심리학은 우리가 누릴 수 있는 범위 내에서
> 최고의 행복을 누리며 살 수 있는 방법을 탐구한다.
> — 마틴 셀리그만

지금 세계 곳곳에서는 행복 찾기 열풍이 불고 있다. 행복의 파랑새를 찾아 헤매는 치르치르와 미치르 남매의 이야기를 담은 모리스 마테를링크의 『파랑새』처럼 사람들은 행복을 찾아 사냥 중이다. 기업에서는 행복감의 원인에 관한 연구 결과를 비즈니스에 활용하는 '행복 마케팅'이 부상하고 있고, 학교에서는 경쟁보다는 행복을 추구하는 학교를 위한 '행복교육' 혹은 '행복수업'을 실행하고 있으며, 국가에서는 국민의 행복이나 삶의 질을 국가발전 지표로 도입하고 있다.

이처럼 지금 세계에는 행복이 중요한 화두로 떠오르고 있다. 인간의 행복을 중시하는 경제성장이 또 하나의 패러다임으로 등장하고 있고, 행복하게 사는 법을 가르치는 데 열심이며, 국가 차원의 행복 만들기에 돌입하고 있다. 개인 차원이든 조직 차원이든 혹은 국가 차원이든 행복이나 웰빙을 추구하기 위해서는 행복을 과학적으로 탐구하는 학문 분야인 긍정심리학에 대한 이해가 선행되어야 한다. 행복의 파랑새는 긍정심리학에서 찾을 수 있기 때문이다.

긍정심리학이 왜 화두가 되고 있는가?

긍정심리학은 인간이 갖고 있는 기능을 어떻게 하면 최상으로 발휘할 수 있는가, 그리고 삶을 가치 있게 살아가도록 해주는 것이 무엇인가를 과학적으로 연구하는 학문이다. 연구 그 자체를 위한 순수학문이 아니라 경험적 연구의 결과를 우리 자신의 삶의 행복과 안녕을 개선하는 데에 어떻게 활용할 수 있는가에 관심을 두는 응용학문으로, 행복에 영향을 미치는 요인에 대한 연구뿐만 아니라 행복을 증진시킬 수 있는 방법과 그 실행에 관심을 지닌다. 긍정심리학자들이 제기하는 근본적인 질문들은 다음과 같다.

- 웰빙, 즉 잘 산다는 것은 무엇을 의미하는가?

- 행복한 삶이란 어떤 것이고, 행복에 영향을 미치는 요인은 무엇인가?

- 어떤 심리적 과정을 통해서 행복감을 느끼며, 행복을 증진하기 위해서는 어떻게 해야 하는가?

- 인간의 긍정적 성품과 덕목에는 어떤 것이 있으며, 그것을 함양하기 위해서는 어떻게 해야 하는가?

- 인간은 어떤 상황에서 자신의 긍정적 성품과 능력을 가장 잘 발휘하는가?

- 고난과 역경을 극복하게 만드는 인간의 특성은 무엇인가?

- 뛰어난 성취와 성숙한 인격을 이룬 사람들은 어떤 심리적 특성을 갖고 있으며, 어떤 심리적 과정을 통해서 이런 상태에 이르는가?

- 정신장애를 예방하고 온전히 치료하기 위해서는 어떻게 해야 하는가?

- 학교나 기업체는 구성원들이 좀 더 행복하고 각자의 강점 특성과 능력을 더 잘 발현하도록 하기 위해 어떻게 도울 수 있는가?

요컨대, 긍정심리학은 행복을 비롯한 인간의 긍정적인 측면을 과학적으로 탐구하는 학문 분야로, 많은 사람들이 인생의 여러 난관과 역경을 극복하고 성공적인 삶을 성취한다는 점에 주목하면서 이들의 성취 과정을 밝혀내고자 하며, 인간의 행복과 성장에 관여하는 심리적 요인을 탐구하고 나아가서 행복과 성장을 증진할 수 있는 효과적인 방법을 모색한다.

긍정심리학이 오늘날 심리학자 및 일반 대중으로부터 이렇게 많은 관심을 받게 된 이유는 무엇일까? 긍정적인 인간의 특성과 능력에 더 많은 관심을 가져야 한다는 요구는 이전에도 있었는데 사람들은 왜 이제 와서 그러한 요구에 열광하고 있는가? 부분적으로는 역사 속의 특정 시점에 이러한 요구가 딱 맞아떨어졌기 때문인데, 역사학자들은 이것을 시대정신^{zeitgeist}이라고 부른다. 마틴 셀리그만과 미하이 칙센트미하이와 같은 몇몇 학자들은 1990년 이후 표면화되어 지금까지 계속 존재해 온 문화와 심리학의 문제들에 대해 긍정심리학자들이 이야기하기 시작했다고 주장한다.

이 중에서 가장 중요한 문제는 유례없던 물질적 풍성함과 심리적 걱정거리 사이의 관계이다. 칙센트미하이는 「우리가 이렇게 부유한데도 왜 우리는 행복하지 못한가?」라는 제목의 글을 통해 이에 대한 우려를 표명한 바 있다.

물질적 풍성함에 대한 지표들은 지난 30년 동안 엄청나게 상승하였다. 그러나 네덜란드 호프대학의 심리학자 마이어스 박사가 '풍요의 역설$^{Paradox\ of\ Affluence}$'이라고 말한 것처럼(Myers, 2000) 고민이나 불행을 나타내는 지표들도 물질적 풍요의 증가와 함께 증가하였다.

고민이나 불행의 지표에는 이혼율, 아동학대, 아동빈곤, 청소년 자살과 같은 것들이 포함된다. 셀리그만은 '우리는 지난 40년에 비해 두

배 정도 부유해졌지만 열 배 정도 더 많이 우울해졌다'고 주장하였다. 즉, 돈이 행복을 사주지는 못한다는 것이다. 물질적 풍성함이 개인의 만족을 가져다주는 것에 한계가 있다는 것은 건강하고 만족스러운 삶의 근원이 무엇인가에 대해 다시 질문하게 한다. 과거의 심리학이 이러한 질문에 대해 즉각적인 대답을 내놓지 못한다는 사실은 긍정심리학에 대한 관심을 증폭시키는 계기가 되었다.

한편, 과거의 심리학은 인간의 부정적 정서를 제거하면 자동적으로 긍정적 정서가 생겨날 것이라고 보았다. 우울증과 같이 고통스러운 정서에서 벗어나면 자연적으로 행복한 긍정적 정서로 전환될 것이라고 생각했다. 부정적 정서의 제거는 중요한 것이지만, 그 결과로 얻게 되는 것은 중립적인 정서일 뿐 긍정적 정서가 자동적으로 유발되는 것은 아니다. 비관주의를 약화시키면 부정적 정서는 감소하지만 긍정적 정서가 증가하지는 않는다(Peterson & Steen, 2002). 긍정적 정서는 낙관주의의 강화에 의해서 증가된다. 따라서 행복감을 증진하려면 비관주의를 약화시켜 부정적 정서를 감소시켜야 할 뿐만 아니라 낙관주의를 강화하여 긍정적 정서를 고양시켜야 한다.

이처럼 불행감과 행복감을 느끼는 심리적 과정은 각기 별개이며, 불행감을 감소시키는 방법으로 행복감을 증진시키기는 어렵다. 따라서 주로 부정적 정서와 정신장애에 대한 연구에 관심을 기울이고 정신장애 환자의 부적응 증상을 제거하는 일에만 주된 관심을 기울였던 과거

심리학으로는 인간의 행복과 성장 증진에 도움을 주기 어렵다. 평범한 모든 사람들이 좀 더 행복하고 만족스러운 삶을 영위하도록 돕기 위해서는 인간의 긍정적인 측면에 관심을 기울이고 인간의 행복과 성장을 지원하는 긍정심리학에 주목해야 한다는 것이다.

긍정심리학은 어디에서 시작되었는가?

긍정심리학은 현재 긍정심리학센터가 있는 미국 펜실베이니아대학교에서 비롯되었다. '학습된 무력감'의 대가이자 지금은 '학습된 낙관주의'의 선봉자로 알려진 셀리그만이 긍정심리학의 창시자이자 대표적 인물로 널리 알려져 있다. 긍정심리학 운동은 1998년쯤 시작되었는데, 그 당시 셀리그만은 미국심리학회 회장 취임 연설의 주제로 긍정심리학을 선택하였다.

셀리그만은 "심리학은 인간의 약점과 장애에 대한 학문만이 아니라 인간의 강점과 덕목에 대한 학문이기도 해야 한다. 진정한 치료는 손상된 것을 고치는 것만이 아니라 우리 안에 있는 최선의 가능성을 이끌어내는 것이어야 한다"라고 제안하면서 이러한 심리학의 새로운 방향을 '긍정심리학'이라고 명명하였다.

2002년에 발간한 그의 저서 『완전한 행복Authentic happiness』은 긍정심리학을 확산시키는 계기가 되었다. 이러한 연유로 긍정심리학은 셀리그만에 의해 창시된 것으로 여겨지게 되었다.

2000년 1월, 미국심리학회에서는 21세기의 심리학은 인간의 다양한 긍정성 개발에 초점을 둔 긍정심리학 추구에 그 주된 방향을 두어야 한다고 천명하였다. 기존의 심리학은 우울증과 불안을 비롯한 정신질환 치료와 같이 삶을 불행하게 하는 심리 상태를 완화하는 데에만 치중해 왔다고 반성하면서 앞으로는 타인에 대한 사랑, 용서, 인내, 영성, 지혜, 사회적 기술, 심미적 감수성, 창의성, 탁월한 재능과 같은 개인적 차원에서의 긍정적인 특성과 타인에 대한 배려, 이타주의, 관용, 중용, 직업윤리와 같은 집단적 차원에서의 긍정적 가치와 자질을 함양시키는 데에 관심을 가져야 한다고 주장했다.

당시 미국심리학회 회장이었던 셀리그만 박사는 "아이스크림의 첫맛은 달콤하지만 계속 먹다 보면 무덤덤해지는데 물질적 풍요도 마찬가지이다. 어느 정도 물질적 필요를 채운 뒤에는 획득한 부를 의미 있는 삶에 써야 하는데 그렇지 못하면 결국 자살, 우울증과 같은 병리현상에 시달리게 된다"고 역설하였다. 또한 긍정적 삶을 만들기 위해서는 외부의 도움보다는 자신의 의지가 훨씬 중요하다며 행복은 누가 가르쳐주거나 훈련시키는 게 아니라 스스로의 발견과 창조를 통한 자기화의 과정이라고 강조했다.

우리는 자기 자신의 행복을 조정할 수 있다

행복이란 영어 단어 'happiness'는 본래 옳은 일이 자신 속에서 일어난다는 뜻을 지닌 'happen'에서 나온 말이다. 글자에 담긴 뜻과 같이 행복은 우연히 외부에서 찾아온 행운이 아니라 그 사람에 의한 올바른 노력의 결과이다. 우리는 행복이 마치 우리가 열심히 찾으면 습득할 수 있는 '저 밖의' 어딘가에 있는 것처럼 행복을 '추구하는' 것에 대해서 말하는 경우가 많지만, 과학적 연구 결과에 따르면 행복은 덜 '소유having'하고 더 많이 '행하는doing' 것이다. 영국의 심리학자 올리버 제임스가 그의 저서 『부자병Affluenza』에서 지적한 바와 같이 우리의 가치감과 행복을 외모, 직업, 돈, 명성과 같은 덧없는 것에 귀착시키는 것은 잘못이다(James, 2007). 왜냐하면 이러한 것들은 영원히 지속될 수 없기 때문이다. 행복은 획득될 수 있는 수동적 존재가 아니다. 다시 말하면, 오래 지속되는 행복은 우리가 시간을 사용하는 방법과 삶에 대한 관점을 변화시킴으로써 달성될 수 있는 것이다.

지속적인 행복은 더없이 완전한 기쁨보다 평범한 만족감을 훨씬 더 갖게 한다는 것을 또한 기억할 필요가 있다. 영원히 더할 나위 없이 행복한 가정을 꾸릴 기대를 하지 마라. 현실에는 오르막길은 물론 내리막길도 많다. 보다 지속적인 행복을 위해서는 행복해진다는 것이 무엇을 의미하는지에 대한 이해를 증진하고, 보다 오랜 기간에 걸쳐 자신의 행복을 향상시키는 행위와 활동을 매일 조금씩 찾아 즐기는 것이 상책이다. 먼저 미국의 심리학자 마이클 포다이스 박사가 개발한 행복도 검사를 통해 자신의 행복 수준을 점검해 보자. 긍정심리학의 창시자이자 펜실베이니아대학교 긍정심리학센터 소장인 셀리그만 박사의 홈페이지 www.authentichappiness.com에서도 검사할 수 있다.

행복도 검사 ☺☺☺☹☹

당신은 스스로 얼마나 행복하고 얼마나 불행하다고 느낍니까? 평소에 느끼는 행복을 가장 잘 설명해 주는 항목을 하나 골라 ∨표를 하세요.

☐ 10. 더없이 행복하다. (말할 수 없이 황홀하고 기쁠 때)

☐ 9. 아주 행복하다. (상당히 기분이 좋고 의기양양할 때)

☐ 8. 꽤 행복하다. (의욕이 솟고 기분이 좋을 때)

☐ 7. 조금 행복하다. (다소 기분이 좋고 활기에 차 있을 때)

☐ 6. 행복한 편이다. (여느 때보다 약간 기분이 좋을 때)

☐ 5. 보통이다. (특별히 행복하지도 불행하지도 않을 때)

☐ 4. 불행한 편이다. (여느 때보다 약간 우울할 때)

☐ 3. 조금 불행하다. (다소 기운이 없을 때)

☐ 2. 꽤 불행하다. (우울하고 기운이 없을 때)

☐ 1. 매우 불행하다. (대단히 우울하고 의욕이 없을 때)

☐ 0. 더없이 불행하다. (우울증이 매우 심하고 전혀 의욕이 없을 때)

이제 감정을 느끼는 시간에 대해 생각해 봅시다. 평균적으로 당신은 하루 중 얼마 동안 행복하다고 느낍니까? 또 얼마 동안 불행하다고 느낍니까? 행복하지도 불행하지도 않은 보통 상태는 어느 정도입니까? 당신이 생각하는 시간의 정도를 빈칸에 %로 적으세요. 세 가지의 합계가 100%가 되어야 합니다.

평균적으로

　　행복하다고 느끼는 시간 _____ %

　　불행하다고 느끼는 시간 _____ %

　　보통이라고 느끼는 시간 _____ %

참고로 이 검사를 받은 미국 성인 3,050명의 평균점수는 10점 만점에 6.92점이었습니다. 시간으로 보면 행복한 시간 54%, 불행한 시간 20%, 보통 26%로 나타났습니다. 당신은 어떠한가요?

행복의
의미

　　　　　　과연 행복이란 무엇인가? 어떻게 사는 것이
행복한 삶인가? 좀 더 행복해지려면 어떻게 해야 하는가? 이러한 물음
은 동서고금을 막론하고 많은 사람들의 관심사였으며 그에 대한 다양
한 주장이 제기되어 왔다. 행복에 대한 철학적 주장은 크게 두 가지 입
장으로 구분될 수 있다. 하나는 쾌락주의적 입장이고, 다른 하나는 자
기실현적 입장이다. 이러한 행복에 대한 두 가지 입장의 구분은 고대
그리스 철학자인 쾌락주의를 옹호한 아리스티포스와 자기실현주의를
옹호한 아리스토텔레스로 거슬러 올라간다.

행복에 대한
두 가지 관점

아리스티포스는 쾌락을 극대화시키고 불쾌 혹은 고통을 극소화하는 데에 삶의 목적이 있다고 주장하였다. 이후 에피쿠로스는 이러한 주장을 발전시켜 쾌락주의를 제창하였다. 그에 따르면, 행복이란 권력투쟁의 정치적 세계로부터 벗어나서 친구들과 어울리면서 안락한 상태에 평온하게 머무름으로써 얻어지는 것이다. 오늘날에도 편안함, 절제된 쾌락, 고통이나 걱정으로부터의 자유, 좋은 친구들과의 교제가 행복한 삶의 요소로 여겨지고 있다. 긍정심리학은 행복의 중요한 면으로서 긍정적 정서와 주관적 만족감을 중시하고 있는데, 이는 에피쿠로스의 쾌락주의적 전통을 이어받은 것이라고 할 수 있다(Compton, 2005). 쾌락주의에서 지향하는 행복은 삶 속에서의 즐거움과 쾌락, 즉 긍정적 정서를 지속적으로 경험할 수 있는 풍요로운 삶을 사는 것이라고 볼 수 있다.

한편, 플라톤의 제자인 아리스토텔레스는 최선의 삶이란 일시적인 욕망 충족보다 도덕적 완성이나 인격적 덕성을 구현하는 것으로서, 이러한 삶의 상태를 유다이모니아라고 불렀다. 흔히 '행복'이라고 번역되는 유다이모니아는 번영하는 완전한 삶의 상태로서 지속적인 진정한 행복감을 준다(권석만, 2008). 아리스토텔레스는 유다이모니아로 이끌 수 있는 12가지 덕성과 미덕, 즉 용기, 관용, 자존, 친밀, 재치, 정의, 절제, 희망, 온유, 정직, 양심, 고결을 제시하였다. 이러한 것들은 양 극단의 사이에 위치하는 중용적인 것으로, 예를 들어 용기는 무모함과 비겁함 사이의 중용을 그리고 관용은 방관과 가혹함 사이의 중용을 의미한다. 이러한 덕성과 미덕은 누구나 타고나는 것으로서 잠재된 덕성과 미덕을 계발함으로써 행복에 이를 수 있다는 것이다. 이러한 주장을 행복의 '덕목 이론'이라고 부른다(Compton, 2005). 즉, 덕목의 계발과 함양을 통해서 가장 행복하고 바람직한 삶을 살 수 있다는 생각이다. 이러한 아리스토텔레스의 행복관은 오늘날 긍정심리학에서 성격적 강점과 덕성의 계발을 중시하는 자기실현적 행복관의 철학적 기반을 이루고 있다. 자기실현적 입장에서 지향하는 행복은 개인이 지닌 강점과 미덕을 계발하고 잠재력을 충분히 발현함으로써 진정한 자기(true self 혹은 daimon)의 모습을 구현하는 삶을 사는 것이라고 볼 수 있다.

간단히 살펴본 쾌락주의적 행복과 자기실현적 행복은 고대 그리스 시대 이래로 행복한 삶의 본질에 두 기둥이 되어왔을 뿐만 아니라 오늘날 긍정심리학자들이 행복에 대해 취하는 관점과 측정 방법에도 영향을 미치고 있다. 행복은 개인이 주관적으로 경험하는 유쾌한 상태라는 쾌락주의적 입장에서 행복을 탐구하는 긍정심리학자들은 주관적 안녕, 행복감, 삶의 만족도, 몰입 경험, 긍정적 정서 등 긍정적인 주관적 경험들에 초점을 두고 있다. 그리고 행복은 개인의 잠재적 가능성을 충분히 발현하는 것이라는 자기실현적 입장에서 행복을 탐구하는 긍정심리학자들은 인간의 긍정적 특성들, 즉 지혜, 용기, 창의성, 관용, 절제, 영성과 같은 성격적 강점과 덕목들에 초점을 두고 있다.

긍정심리학에서 쾌락주의적 행복은 행복을 순전하게 느끼는 순간적인 즐거운 감정을 가리키는 것으로 사용된다. 쾌락주의적 행복은 술과 성과 노래에 둘러싸인 환락과 같은 행복이다. 사람들이 행복이란 무엇인지 질문을 받았을 때 보통 마음속에 떠오르는 것이 바로 이러한 쾌락주의적 행복으로, 이것은 오래가지 못한다. 그 효과를 오래 유지하기 위해서는 예비금을 충분히 갖고 있어야만 한다. 행복을 감각적 쾌락의 견지에서만 정의하는 문제점 중의 하나는 인간은 잠시 쾌락을 얻을 수는 있어도 결국은 그 쾌락이 해가 된다는 것이다. 미하이 칙센트미하이에 따르면, 쾌락은 유쾌한 심리 상태지만 그것이 언제나 심리적 성장과 발달로 이어지는 것은 아니며 쾌락을 지속시키기 위해서는 반복적인 경험이 필요하다. 일시적인 쾌락을 추구하다가 자신과 타인을 불행에 빠트린 사례는 수없이 많다.

그러면 자기실현적 행복은 어떠한가? 만약 행복이 진지한 면을 가질 수 있다면 자기실현적 행복이야말로 진정한 행복이다. 앞에서 언급한 바와 같이 쾌락은 그 자체만으로 인간 행복을 설명하기엔 충분하지가 않다. 아리스토텔레스에 따르면, 단지 행복을 추구하는 것은 세속적인 것이며 진정한 행복이란 좋은 시간을 가지는 것이 아니라 가치 있는 일을 행하는 데서 발견되는 것이다. 자기실현적 행복은 긍정심리학자들에 의해서 광범위하게 사용되고 있는데, 그들은 인간이 삶의 의미와 목적을 갖고 있고 잠재력을 실현하며 자기 자신보다 더 큰 무엇인가의 일부로 느낄 때 얻는 행복이 자기실현적 행복이라고 본다. 그러나 자기실현적 행복이라고 해서 문제가 없는 것은 아니다. 어떤 심리학자들은 그것의 도덕적 함축성을 싫어한다. 이들은 사람들에게 선善이란 무엇인가를 가르치는 것이 심리학의 임무가 아니라고 주장한다. 그리고 역설적으로 자기실현적 행복은 전혀 즐거운 감정을 제공하지 않을 수도 있다. 사실, 자기실현적 행복을 위해서는 보다 오랜 시간에 걸쳐 상당한 개인적 고충과 노력이 수반되어야 할 수도 있다. 그렇지만 자기실현은 순수한 쾌락만 있는 것보다는 훨씬 더 큰 만족감을 가져다주는 것으로 간주되고 있다.

주관적 안녕감

주관적 안녕감은 개인이 자신의 삶을 긍정적으로 경험하는 주관적인 심리 상태, 즉 외부 관찰자나 평가자에 의해 평가되거나 신체적 건강, 직장 혹은 수입과 같은 객관적 요인에 대한 측정치로 평가되는 것이 아닌, 개인이 자신의 삶에 대해 스스로 평가한 내용을 의미한다. 또한 삶에 대한 인지적 평가에 초점을 맞추어 삶의 만족도 또는 삶의 질이라는 용어가 사용되기도 한다.

주관적 안녕감은 긍정심리학에서 가장 널리 사용되고 있는 용어의 하나로, 인지적 요소와 정서적 요소로 구성된다(Diener, 1984). 주관적 안녕감의 요소는 개인이 설정한 기준과 비교하여 삶의 상태를 평가하는 의식적이고 인지적인 판단을 말하는 것으로 '삶의 만족도'라고 일컫는다.

우리는 자신의 삶을 전체적으로 혹은 영역별로 평가하고 그 결과가 긍정적일 때 만족감을 느끼게 된다. 주관적 안녕감의 정서적 요소는 긍정적 정서와 부정적 정서를 말하는데, 즐거움과 환희 같은 긍정적 정서를 자주 경험하고 슬픔과 질투 같은 부정적 정서를 덜 경험할수록 주관적 안녕감의 수준이 높다고 할 수 있다. 따라서 주관적 안녕감을 공식으로 표현해 보면 다음과 같다.

주관적 안녕감 = 삶의 만족도 + 긍정적 정서 - 부정적 정서

간단히 말해서 이 공식에 따르면, 주관적 안녕감이란 하나의 인지적(혹은 평가적) 요소와 두 가지 정서적 요소로 구성된다. 따라서 행복은 삶에 대한 만족, 긍정적 정서가 있는 것, 그리고 상대적으로 부정적 정서가 없는 것이라고 정의할 수 있다. 이 세 가지 요소를 모두 고려한 것을 일반적으로 행복이라고 부른다.

이러한 공식은 주관적 안녕감이란 자신의 삶에 대한 인지적 및 정서적 평가를 말하며, 사람들은 기쁜 일은 많고 부정적 정서를 적게 경험할 때, 흥미 있는 활동에 몰입되어 있을 때, 즐거움은 많고 고통은 적게 경험할 때, 자신의 삶에 대해 만족할 때 주관적 안녕감이 넘치는 것을 느낀다. 이러한 주관적 안녕감이라고 하는 행복 수준을 전체적으로 높이기 위해서는 부정적 기분을 최소화하고 삶에 대한 만족도와 긍정적 기분을 최대화하는 데에 초점을 두어야 한다.

당신의 주관적 안녕감은 어느 수준인지 알아보자. 먼저 에드 디너와 그의 동료들이 제작한 '삶의 만족도 척도^{Satisfaction with Life Scale: SWLS}'를 이용하여 자신의 삶에 대한 만족도를 측정해 보자.

삶의 만족도 척도에 대한 당신의 점수는 각 문항에 응답한 점수를 더한 것이다. 20점 미만은 자신의 삶에 대해 만족하지 않는다는 것을, 그리고 20점 이상은 삶에 대해 만족한다는 것을 의미하는 점수이다. 구체적으로, 5~9점은 매우 불만족함, 10~14점은 상당히 불만족함, 15~19점은 약간 불만족함이다. 20점은 중립 상태, 즉 특별히 만족하는 것도 아니고, 그렇다고 불만족하는 것도 아닌 점수이다. 21~25점은 약간 만족함, 26~30점은 상당히 만족함, 31~35점은 매우 만족함을 나타낸다(Diener, Emmons, Larsen, & Griffen, 1985).

삶의 만족도 척도 ☺☺☺☹☹

당신이 동의할 수도 있고 그렇지 않을 수도 있는 5개의 문항이 있습니다. 각각의 문항에 대해 '동의' 혹은 '동의하지 않음'의 정도에 따라 7점 척도로 답하면 됩니다. 자유롭고 솔직하게 응답해 주시기 바랍니다.

7 매우 동의한다.　　　　　6 동의한다.　　　　　5 약간 동의한다.
4 동의하는 것도 아니고, 동의하지 않는 것도 아니다.
3 약간 동의하지 않는다.　　2 동의하지 않는다.　　1 전혀 동의하지 않는다.

번호	질문	7	6	5	4	3	2	1
1	전반적으로 나의 삶은 내가 이상적으로 여기는 모습에 가깝다.							
2	내 삶의 조건들은 아주 좋은 편이다.							
3	나는 나의 삶에 만족한다.							
4	지금까지 나는 내 삶에서 원하는 중요한 것들을 얻었다.							
5	다시 태어난다 하더라도 나는 지금처럼 살아갈 것이다.							

다음으로는 당신의 기분이 어떠한지 측정해 보자. 이를 위해서 왓슨과 그의 동료들이 개발한 '긍정적 및 부정적 정서 척도Positive and Negative Affect Scale: PANAS'를 이용하여 자신의 정서를 측정해 보자.

긍정적 및 부정적 정서 척도 ☺☺☺☹☹

다음 단어들은 다양한 기분이나 감정을 기술하는 것입니다. 각 단어를 읽고 요즘 당신이 느끼는 기분이나 감정을 '많이' 혹은 '적게'의 정도에 따라 5점 척도로 답하면 됩니다. 자유롭고 솔직하게 응답해 주시기 바랍니다.

5 매우 많이 느낀다.　　　　4 상당히 느낀다.　　　　3 어느 정도 느낀다.
2 약간 느낀다.　　　　　　1 매우 적게 혹은 전혀 느끼지 않는다.

번호	질문	5	4	3	2	1
1	신나는					
2	괴로운					
3	활기찬					
4	혼란스러운					
5	자신감 넘치는					
6	죄책감이 드는					
7	위축된					
8	적대적인					
9	열정적인					
10	자랑스러운					
11	화를 잘 내는					
12	맑고 또렷한					
13	부끄러운					
14	의욕이 넘치는					
15	신경질적인					
16	확신에 찬					
17	상냥한					
18	초조한					
19	쾌활한					
20	두려운					

1, 3, 5, 9, 10, 12, 14, 16, 17, 19번은 긍정적 정서 문항이고, 2, 4, 6, 7, 8, 11, 13, 15, 18, 20번은 부정적 정서 문항이다. 당신의 긍정적 정서와 부정적 정서의 수준은 각각 해당 문항 점수를 더하면 된다. 각 정서에 대한 점수는 10점에서 50점의 범위에 있게 되는데, 각 점수가 높을수록 긍정적 정서 혹은 부정적 정서의 정도가 높다는 것을 의미한다(Watson, Clark, & Tellegen, 1988). 또한 이 척도를 통해 어떤 정서가 당신의 현재 기분에 가장 큰 영향을 미치고 있는지도 알 수 있다.

두 척도의 응답 결과가 좋게 나왔는가 아니면 놀라울 정도로 안 좋게 나왔는가? 만약 결과가 자신이 만족할 만큼 높지 않다면 삶의 만족도와 긍정적 기분을 높이고 부정적 기분을 줄이기 위해서 어떻게 해야 될지 행복일지에 그 방법들을 적어보라.

행복을
가로막는 것들

행복이란 도달하기 쉬운 것인가? 만약 분명히 그렇다고 한다면 우리는 모두가 항상 행복감을 느낄 것이다. 그러나 실제에 있어서 우리가 오래도록 지속되는 행복과 만족감을 성취하는 데에는 가로막고 있는 여러 가지 심리적 장애물이 있다. 우리가 그러한 장애물을 극복하기 위해 노력할 수 있도록 그 장애물이 무엇인지를 아는 것이 중요하다. 영국 이스트런던대학교의 겸임교수이자 워크매드 Workmad Ltd를 설립하여 직장에서 긍정심리학을 어떻게 응용할 것인지에 대한 연수교육, 컨설팅, 코칭을 전문으로 하고 있는 브리짓 그렌빌-클

리브는 행복에 장애가 되는 요소로 부정성 편향, 지속시간 무시, 사회적 비교, 쾌락의 쳇바퀴, 자기통제의 부족을 제시하였다(Grenville-Cleave, 2012). 여기서는 특히 우리나라 사람들이 경계해야 할 부정성 편향, 사회적 비교, 쾌락의 쳇바퀴를 중심으로 살펴보고자 한다.

부정성 편향

'부정성 편향'이란 긍정적 정서와 경험 및 정보보다는 부정적 정서와 경험 및 정보에 더 주의를 기울이고 비중을 두는 경향을 말한다. 인간에게는 긍정적인 것보다 부정적인 것에 더 많은 관심을 기울이는 부정성 편향이라는 본성이 있다. 우리는 이익보다 손해에 더 많은 주의를 기울이며 강렬한 감정반응을 보인다.

실생활에 있어서 부정성 편향은 찬사, 긍정적 정보나 피드백보다는 욕설, 비판 혹은 부정적 정보나 피드백을 더 기억하고 심각히 받아들이는 경향을 의미한다. 이것은 진화론적 관점에서 볼 때 충분히 납득이 간다. 인간은 실제적인 위험과 가능한 위험을 주시하도록 잘 길들여져 왔기 때문이다. 그러나 지금은 인간의 삶에 위험 요소가 훨씬 더 적어서 행복으로 가는 길목에 이러한 타고난 부정성 편향이 방해가 될 수 있다. 또한 연구 결과에 의하면 동일한 중요성을 지닌 긍정적 정보와 부정적 정보라고 하더라도 우리의 마음에서는 동등한 비중을 두지 않는다는 것이다. 만약 우리가 낯선 사람에 대해 중요성이 같은 두 정보, 즉 긍정적 정보와 부정적 정보를 받으면 두 정보는 서로 균형을 이루지 않는다는 것이다. 다시 말해서, 우리는 그 사람에 대해 중립적인 견해보다는 부정적인 견해를 더 쉽게 형성한다는 것이다. 마찬가지로 우리가 좋은 경험과 나쁜 경험을 함께 하게 되면 그 경험의 중요성이 동일하다 하더라도 중립적인 감정이 아닌 나쁜 감정을 느끼게 될 것이다.

부정성 편향은 우리의 기분은 물론이고 사람에 대한 인상을 결정하는 방식에도 영향을 준다. 긍정적인 정보보다 부정적인 정보가 인상 형성에 더 큰 비중을 차지하는 현상을 '부정성 효과'라고 부른다. 그러면 왜 부정적인 정보가 인상 형성에 더 중요한 역할을 하는 것일까? 그 이유는 그 사람과 직접 접촉해야 하는 처지에 있는 사람은 상대의 단점을 잘 포착해야 부담이 줄어들기 때문이고, 또한 사람들은 대체로 단점을 감추고 장점을 드러내려는 경향이 있으므로 부정적인 정보가 드러나면 그만큼 더 주목을 받게 되기 때문이다. 그래서 열 번 잘하다가도 한 번만 잘못하면 쉽게 나쁜 쪽으로 인상이 바뀌는 것이다. 따라서 좋은 인상을 계속 유지하려면 나쁜 행동에 유의해야 한다.

심리학자인 로이 바우마이스터와 그의 동료들은 인간이 긍정적인 것보다 부정적인 것에 더 강력한 영향을 받는 여러 현상을 지적하면서 '악은 선보다 더 강하다'고 주장한다(Baumeister, Heatherton, & Tice,

1993). 그런 이유로 인간은 행복해지기보다 불행해지기가 더 쉽다. '불행은 부르지 않아도 잘 찾아오지만 행복은 불러도 잘 찾아오지 않는다. 행복은 찾아와도 금방 달아나지만 불행은 한번 찾아오면 잘 떠나가지 않는다'는 말처럼 불행이 행복보다 가까운 곳에 있다. 강물을 거슬러 오르는 물고기처럼 우리도 부정성 편향을 극복하지 않으면 불행의 바다로 떠밀려 가기 쉽다.

사회적 비교

심리학 용어 중 상대적 박탈감이란 말이 있다. 상대적 박탈감이란 남과 비교할 때 생기는 부정적인 감정이다. 우리는 쉽게 누군가를 부러워한다. '저 사람만큼만 되면 좋겠다'고 생각한다. 그런데 알고 보면 그 사람도 누군가를 부러워한다. 그가 부러워하는 그 어떤 사람은 어쩌면 우리 자신인지도 모른다. 이 부러움의 사슬을 끊고 남들과 자신을 비교하지 않는 것에 바로 행복이 있다. 행복을 방해하는 가장 큰 적은 '남과 비교하기'이다. 행복은 내가 얼마나 많이 가지고 있느냐의 문제라기보다는 내가 가지고 있는 것들에 얼마나 만족하느냐의 문제이다. 남들과 비교하는 게 습관이 되면 만족감을 느끼기가 쉽지 않다.

심리학 연구에 따르면 행복하지 않은 사람은 늘 자신을 평가할 때 남과 비교한다. 그래서 자신보다 잘난 사람과 자신을 비교할 때는 열등감을 느낀다. 반면에 행복한 사람은 자신의 모습을 바라볼 때 기준을 남에게 두지 않기 때문에 다른 사람이 나보다 잘하든 못하든 개의치 않는다. 또 다른 연구에 따르면 자신보다 더 뛰어난 사람과의 비교뿐만 아니라 자신보다 더 못하다고 생각되는 사람과의 비교조차도 그 횟수가 많아지면 행복감이 낮아지는 것으로 밝혀졌다. 나보다 처지가 안 좋은 사람과 비교해서 감사를 경험하는 것은 좋은 일이지만 그것이 습관이 돼서 항상 비교를 하게 되면 결국에는 행복에 방해가 된다는 것을 의미한다.

비교대상에 따라서 사회적 비교는 자신과 비슷한 사람들과 비교하는 수평적 비교, 자신보다 더 나은 사람들과 비교하는 상향적 비교, 그리고 자신보다 못한 사람들과 비교하는 하향적 비교로 구분할 수 있다. 어떤 비교방식을 선택하느냐에 따라 우리의 행복감은 커다란 영향을 받게 된다.

일반적으로 사람들은 상향적 비교를 하는 경향이 크며, 그럴수록 행복도가 감소한다. 자기보다 더 갖고 있고 더 성공적인 사람과 비교하다 보니 자신이 초라하고 상대적 박탈감이 생기고 열등감이 생기고 자존감이 약화되고 더러는 그런 사람에 대해 화가 나고 세상에 대해 원망하게 되니 결코 주관적 안녕감, 즉 행복감이 낮을 수밖에 없다.

다음 두 세상 중 당신은 어느 세상에서 살고 싶은가?

A 세상 : 당신은 매년 6,000만 원을 벌고 다른 사람들은 그 절반인 3,000만 원을 버는 세상

B 세상 : 당신은 매년 1억 원을 벌고 다른 사람들은 그 세 배인 3억 원을 버는 세상

연구 결과에 의하면 대다수의 참가자들은 A 세상을 선택하였다. 다시 말하면, 참가자들은 모든 다른 조건이 같다면 실제 수입은 더 적더라도 다른 사람들보다 상대적으로 수입이 더 많은 쪽을 선호한다는 것이다. 이와 같은 연구 결과는 사회적 비교가 우리의 행복과 주관적 안녕감에 얼마나 중요한가를 잘 나타내주고 있다.

우리는 끝없이 남과 비교하며 쫓기듯 삶을 살아간다. 하지만 '비교 함정'이라는 말이 있다. 남과 비교함으로써 스스로 불행에 빠져든다는 의미다. 비교는 원래 끝이 없다. 비교게임에서 최후의 승자는 오직 한 사람뿐이다. 누구나 언젠가는 씁쓸한 패배의 순간을 맞이하게 된다. 삶이란 누군가와 비교하면서부터 불행이 싹트기 마련이다. 일단 비교게임에 빠지면 불행으로 가는 특급티켓을 손에 쥔 셈이다. 따라서 비교게임은 시작하지 않는 것이 상책이다.

2012년 6월 영국 신경제재단이 세계 151개 국가를 대상으로 실시

한 국가별 행복지수 조사에서 1위는 코스타리카였다. 1인당 국민소득이 6,580달러에 불과한 중남미의 소국인 코스타리카가 세계에서 가장 행복한 나라라는 것이다. 코스타리카가 행복지수 1위인 비결은 '푸라비다'에 있다. 푸라비다란 코스타리카 말로 '걱정 근심 없는 평안한 인생'을 말한다. 이는 남과 비교해서 부족한 것을 원망하기보다는 가진 것에 감사하는 마음을 가진다는 의미를 함축하는 것으로, 이것이 바로 행복지수 1위의 비결이다.

쾌락의 쳇바퀴

로토 100억 원에 당첨되면 얼마 동안 기쁠까? 하버드대학교 심리학 교수인 대니얼 길버트는 로토에 당첨된 사람들을 대상으로 연구하여 로토가 주는 행복의 효과가 평균 3개월이 지나면 사그라진다는 것을 확인했다(Gilbert, 2005). 출세의 꿈을 이룬 사람도 평균 3개월이 지나면 예전과 똑같은 크기만큼 행복하거나 불행하다고 한다. 최신형의 고급 외제 자동차를 소유해야만 직성이 풀리는 사람도 마찬가지라고 한다. 이런 현상을 학문적 용어로 '쾌락의 쳇바퀴'라고 부른다.

쾌락의 쳇바퀴는 사회심리학자 필립 브릭먼과 도널드 캠벨이 처음 사용한 개념이다(Brickman & Campbell, 1971). 쾌락의 크기를 비슷하게 유지하려면 이전보다 더 강한 자극이 있어야만 하는 인간의 특징을 빗댄 말로, 다람쥐 쳇바퀴 돌듯 쾌락의 쳇바퀴에서 벗어나지 못하는 현상을 지적한 것이다.

쾌락의 쳇바퀴는 어제 느꼈던 큰 기쁨이 오늘은 당연한 것으로 여겨지는 심리를 의미한다. 우리가 정말 원하던 것을 얻으면 단기적으로는 행복하지만 곧 그 행복에 적응하여 싫증이 나고 다른 것을 찾게 된다. 구입한 물건이든 삶에서의 긍정적 사건과 경험이든 우리는 그것에 적응하고 익숙해진다. 나중에 그러한 일이 발생할 때는 당연한 것처럼 여기게 되고, 따라서 평소에 느꼈던 행복 수준으로 재빨리 되돌아간다. 이러한 현상은 '신기함이 점차 줄어들 때' 발생한다.

슬프게도 이러한 적응 원리는 결혼과 같은 다른 유쾌한 경험이나 상황에도 적용된다. 연구에 따르면, 대체로 결혼 후에는 만족도가 지속적인 증가를 보이지 않는다고 한다. 잠시 행복감의 증가를 경험하지만 비교적 신속하게 원래의 행복 수준으로 되돌아간다는 것이다. 이러한 심리적 적응의 과정은 불유쾌한 경우에도 적용된다. 나쁜 일이 발생하더라도 잠시 나쁜 기분을 느끼다가 원래의 기분 상태로 되돌아간다. 그러나 연구에 따르면, 우리는 부정적인 사건과 경험보다는 긍정적인 사건과 경험에 훨씬 더 빨리 적응한다.

따라서 어느 정도 먹고 살 만한 수준이 되었을 때는 물질적인 것들로 행복 수준을 높이려는 시도가 다람쥐 쳇바퀴 돌듯 항상 제자리로 돌아오게 만드는 헛된 시도라는 쾌락의 쳇바퀴 이야기가 우리에게 주는 세 가지 메시지가 있다. 첫째는 행복은 원하는 것을 얻어서 주어지는 것이 아니라 사람이 스스로 만들어내는 것이라는 점이다. 둘째는 쇼핑과 같은 긍정적 경험으로부터 얻은 긍정적 정서의 증가는 곧 사라지게 된다는 점이다. 셋째는 보다 오래 기간에 걸쳐 행복을 지속시킬 수 있는 다른 방도를 찾을 필요가 있다는 점이다.

행복한 삶을
위해서는
무엇이 필요한가

셀리그만의 웰빙 이론에 기초하여 행복의 주요 구성요소인 긍정적 정서, 몰입 경험, 긍정적 인간관계, 삶의 의미, 성취하는 삶을 다룬다. 5중주 합창이 앙상블을 이룰 때 멋진 화음을 낼 수 있듯이 이러한 행복의 다섯 가지 요소가 조화와 균형을 이루는 삶을 영위해 갈 때 플로리시한 삶이 전개될 수 있다. 이러한 다섯 가지 요소를 비롯하여 그 외 행복한 삶의 요소가 갖춰진 삶을 살아갈 때 인간은 진정한 행복을 누릴 수 있다는 것을 살펴보고, 그러한 삶을 실천하기 위한 몇 가지 원리와 방법을 알아본다.

행복한 삶의
주요 구성요소

" 행복한 삶이란 긍정적 정서를 느끼고, 몰입하고,
원만한 인간관계를 맺고, 삶의 의미를 발견하며,
목표를 성취하는 삶이다.
― 마틴 셀리그만 "

긍정심리학 운동 창시자의 한 사람인 마틴 셀리그만 박사는 좀 더 넓은 의미의 행복 혹은 웰빙에 대한 개념이 요구된다고 주장하였다. 셀리그만은 최근 저서인 『플로리시Flourish』에서 행복에 관한 새로운 이론을 제시하고 있다(Seligman, 2011). 그의 모델은 [그림 1]과 같은 다섯 가지 요소PERMA로 구성되어 있으며, 쾌락주의적 행복과 자기실현적 행복의 측면을 모두 담고 있다.

긍정적 정서 고조되는 긍정적 기분과 감정의 경험이다. 긍정적 및 부정적

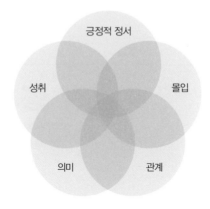

| 그림 1 | **셀리그만의 긍정심리학적 행복 모델**

정서 상태를 측정하기 위한 척도는 앞에서 제시한 PANAS를 비롯하여 여러 가지가 있다.

몰입 경험　　우리가 시간이 얼마나 지났는지 모르고, 하는 일에 혼연일체가 된 기분을 느낄 만큼 완전히 몰두함으로써 얻게 되는 행복을 가리킨다. 운동선수들이 경기에 집중해 있을 때 몰입 경험을 하고 있는 것이다. 몰입은 대체로 사람들에게 하루를 성찰해 보고 몰입 경험을 기록하게 함으로써, 혹은 무작위로 작동되는 전기신호 발신 장치를 휴대하여 그 순간 행하고 있는 것을 기록하게 함으로써 측정할 수 있다.

긍정적 인간관계　　셀리그만의 모델에 긍정적 인간관계가 포함되어 있는 이유는 원만하고 지원적인 관계의 결속이 인생의 어떤 연령에서든 행복에 중요한 요소라는 것을 연구 결과가 시사하고 있기 때문이다.

삶의 의미 삶의 의미는 안정감과 방향감을 주기 때문에 중요하다. 의미 있는 활동을 추구하는 것은 쾌락적인 활동을 추구하는 것보다 행복과 더욱 밀접한 관계가 있는 것으로 밝혀져 왔다. 아직도 연구 중에 있긴 하지만 의미를 측정하는 다양한 도구들이 있다. '의미의 근원과 삶의 의미에 관한 설문지Source of Meaning and Meaning in Life Questionnaire: SoMe'는 자기초월(영성과 같은), 자기실현(도전 및 지식과 같은), 질서(전통 및 가치와 같은), 타인에 대한 안녕과 보살핌(공동체 및 사랑과 같은)을 포함하여 26개의 서로 다른 의미의 근원을 측정하고 있다.

성취하는 삶 셀리그만의 행복 모델에서 가장 최근의 심리적 요소이다. 성취는 목표와 유능감 획득을 위해 나아가도록 가장 높은 수준에서 성취하고 성공하며 숙달하는 모든 것을 포함하는 또 다른 광범위한 범주이다.

결국 셀리그만 박사의 견해에 따르면, 행복한 삶이란 즐거운 기분을 느끼고, 열정적으로 몰입하고, 다른 사람들과 소중한 관계를 맺으며, 삶의 의미를 발견하면서, 원하는 목표를 성취해 나가는 삶이다. 이러한 다섯 가지 요소가 갖춰진 삶을 살아갈 때 인간은 진정한 행복을 누릴 수 있다고 본다. 이러한 다섯 가지 행복의 측면들이 우리의 삶에 있어서 어떻게 나타나는지 탐색해 보자. 먼저 당신 자신의 평소의 삶을 생각해 보라.

- 자신의 일상적인 활동들 가운데 어떤 활동이 쾌락 혹은 즐거움을 주는가?
- 어떤 활동이 적극적으로 관여하게 만들며 몰입으로 이끄는가?
- 어떤 활동이 지원적인 관계(가족, 친구, 직장동료, 고객 혹은 그 외 다른 사람들과의 관계) 형성에 도움이 되는가?
- 어떤 활동이 의미가 있는가?
- 어떤 활동이 성취감을 주며 자신을 변화시켰다고 느끼는가?

일단 이 질문들에 대해 마음속으로 잠시 생각해 보았다면, 자신의 삶에 있어서의 쾌락, 몰입, 긍정적 관계, 의미, 성취의 정도를 10점 척도로 평가해 보라. 1점은 '전혀 혹은 거의 그렇지 않다'이고, 10점은 '매우 그렇다'이다. [그림 2]에 있는 '행복의 수레바퀴'에 자신의 점수를 표시하라. 이 질문들에 옳고 틀린 답은 없다. 질문에 답하는 것은 행복의 다섯 가지 요소를 일상적인 삶에서 얼마나 많이 경험하는가를 성찰해 보도록 격려하는 데 목적이 있을 따름이다.

평가 결과, 당신은 행복에 중요한 다섯 가지 요소를 충분히 갖고 있는가? 쾌락을 만끽하지만 몰입을 충분히 경험하지 못하는 것처럼 불균형을 갖고 있는가? 당신은 보다 의미 있는 활동이 부족하다고 느낄 수도 있을 것이다. 또는 당신의 삶이 전반적인 행복에 거의 도움이 되지

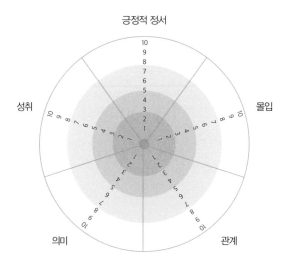

| 그림 2 | **행복의 수레바퀴**

출처 : Grenville-Cleave(2012)

못하는 활동들로 꽉 차 있을지도 모른다. 만약 자신의 점수가 원하는 만큼 높지 않다면 행복을 향상시키기 위해서 무엇을 할 수 있는가? 만약 자신의 점수가 만족스럽다면 이미 잘 작동하고 있는 균형을 유지하기 위해서 무엇을 할 수 있는가? 자신의 생각을 행복일지에 적어보라.

긍정적 정서

> 마음의 즐거움이 보약이다.
> — 잠언 17장 22절

긍정적 정서 분야에서 긍정심리학의 대표적 연구자는 프레드릭슨이다. 그녀는 자신의 학문적 배경을 토대로 긍정적 정서의 본질과 목적을 탐구하고 실험실 조건하에서 자신의 이론을 검증하는 데에 몰두하였다. 사람은 누구나 부정적 정서를 수반하는 '투쟁 혹은 도주 반응'을 접한 적이 있을 것이다. 이러한 자동적 반응 메커니즘은 우리의 사고와 행동의 범위를 좁히는 역할을 하여 매우 특수하고 자기보호적인 행동을 하도록 도와준다. 즉, 분노를 느끼면 투쟁하는 것이고 공포를 느끼면 도주하는 것이다.

긍정적 정서의
확장과 축적

프레드릭슨의 연구 목적은 긍정적 정서가 기분을 좋게 만드는 것 외에 다른 목적을 갖고 있는가를 알아보는 것이었다. 연구 결과, 부정적 정서는 우리에게 위험을 알게 해주고 반응 범위를 좁혀서 위험에 재빨리 대처하도록 하는 반면, 긍정적 정서는 안전의 신호로서 그 주요한 기능은 대처 역량을 (집중하는 것이 아니라) 확장하고 증대시키는 것으로 밝혀졌다. 이처럼 긍정적 정서는 부정적 정서와는 그 심리적 체험이 다를 뿐만 아니라 기능도 다르기 때문에 그녀는 긍정적 정서를 부정적 정서에 대한 기존의 이론적 틀에 맞추어 이해해서는 안 된다고 주장했다. 이러한 연구 결과에 기초하여 그녀는 긍정적 정서의 '확장 및 축적 이론'을 제시하였다(Fredrickson, 2001).

이 이론에 따르면, 긍정적 정서 경험은 이후에 다른 상황에서 사용할 수 있는 개인적 자원을 확장하고 축적하는 기능을 지닌다. 다시 말하면, 스트레스와 위험 상황에서 우리의 사고와 행동을 제한하여 보다 단호한 행동을 하도록 도와주는 분노, 불안, 근심과 같은 부정적 정서와는 달리 기쁨, 만족, 관심, 사랑, 자부심 같은 긍정적 정서는 우리의 신체적 자원(신체적 강점과 심장혈관 건강의 증진), 지적 자원(문제해결 기능의 향상)으로부터 사회적 자원(우정, 대인관계 및 결속의 촉진), 심리적 자원(회복탄력성과 낙관주의의 증대)에 이르기까지 개인적 자원의 범위를 넓혀주는 사고와 행동을 보다 확장하고 창의적으로 이끌어준다는 것이다. 또한 이렇게 확장된 역량은 축적되어 긍정적 정서가 사라진 후에도 지속되어 다른 상황에서 다시 활용하도록 선순환 고리를 만든다는 것이다.

우선 긍정적 정서는 적응적 행동으로 이끄는 불특정적인 행동 경향을 유발한다. 예를 들어, 사람들은 긍정적 정서를 느낄 때 다른 사람들과 더 많은 상호작용을 하게 되고, 새로운 경험을 찾아 나서며, 창조적인 도전을 하거나 도움이 필요한 사람을 돕게 된다. 기분이 좋아지면 세상에 대해서 더 많은 호기심을 지니게 되며 더 개방적이고 이타적인 행동을 하게 된다. 또한 긍정적 정서는 새로운 적응적 사고·행동 경향을 생성하는 인지적 활동을 촉진한다. 즉, 사람들은 긍정적 경험을 하게 만든 특정한 사고와 행동방식을 학습하고 기억에 저장하여 미래의 상황에 활용하게 된다. 긍정적 정서는 이러한 적응적 학습과 활용에 필요한 인지적 활동을 촉진한다. 어린아이의 경우, 즐거움을 느끼며 시작한 놀이가 새로운 학습과 탐구활동으로 이어지게 된다. 이렇게 즐거움 속에서 학습한 내용은 기억에 더 잘 저장되어 미래에 더 잘 활용될 수 있다.

프레드릭슨의 이론에 따르면, [그림 3]에서 보듯이 긍정적 정서를 경험할 때 우리의 일시적인 사고기능과 행동양식이 확장되며, 그 결과

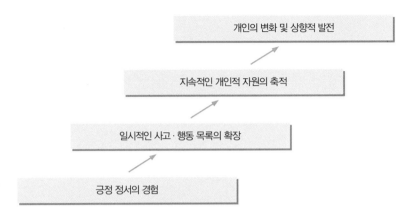

| 그림 3 | **긍정적 정서의 확장 및 축적 이론**

로서 얻어진 학습경험을 통해 미래의 상황에 대처할 수 있는 인지적·
정서적 자원을 축적하게 된다(Fredrickson, 2002). 여기에서 중요한 점
은 일시적인 정서 상태를 통해 습득한 자원들은 그러한 정서 상태가 종
료된 이후에도 지속된다는 사실이다. 즉, 긍정적 정서의 경험은 이후에
다른 상황에서 사용될 수 있는 개인적 자원을 축적하고 증대시키는 효
과를 지니는 것이다. 따라서 이러한 자원 증대로 인해서 다시 긍정적
정서를 경험하게 되는 선순환을 통해 적응을 돕는다.

대인관계에서 경험하게 되는 친밀감, 보살핌, 유대감은 타인과의 상
호작용에서 느끼는 긍정적 정서에 의해 강화된다. 긍정적 정서를 경험

하게 되면 상대방에게 다양한 호의적 행동을 하게 되고, 그 결과 상대방의 긍정적인 행동을 유발하여 더 많은 긍정적 감정을 느끼게 됨으로써 두 사람의 관계는 점점 더 깊어진다. 이러한 과정에서 긍정적 정서는 다양한 생각과 행동을 촉발하고 그 범위를 확장함으로써 관계의 심화를 돕는다.

행복은 선행으로부터

긍정심리학의 경험적 연구에 따르면, 선행을 하는 것은 상대방을 좋게 할 뿐만 아니라 행위자의 행복에도 도움이 된다고 한다. 1998년 미국 하버드대학교 의과대학에서 재미있는 실험 결과를 내놓았다. 하버드대학교 학생 132명에게 인도의 캘커타에서 나병환자를 돌보는 내용의 다큐멘터리 영화를 보여주었다. 그리고 그 영화를 보기 전과 본 후에 학생들의 타액 속에 있는 면역글로블린 항체의 변화를 살펴보았다. 놀랍게도 대부분의 학생들에게서 바이러스에 대한 저항력을 높여주는 면역물질과 면역글로블린 항체가 현저하게 증가하였다. 데이비드 맥클레랜드 박사는 "선한 행동으로 유발된 감동은 그것을 느끼는 사람들에게 면역력을 높여주는 생물학적 사이클의 변화를 일으킨다"고 말하면서 이를 '테레사 효과'라고 명명하였다. 평생 봉사의 삶을 살았던 테레사 수녀의 영상을 보는 것만으로도 신체 내에서 바이러스와 싸우는 면역물질이 증가한다는 것이다(McClelland, 1985).

친절한 행위를 하는 것은 또한 '행복 전염'을 촉진한다. 내가 행복하면 주변 사람도 행복해지고, 내가 선한 행동을 하면 나뿐만 아니라 다른 사람도 행복해진다. 따라서 선행은 받는 사람뿐만 아니라 하는 사람에게도 웰빙과 행복을 가져오는 가치 있는 행동이다.

긍정적 정서의 만회 효과

인간이 경험하고 나타내는 정서와 정서반응은 크게 긍정적 정서와 부정적 정서로 구분할 수 있다. 긍정적 정서로는 감사, 용서, 양보, 사랑, 존경, 인내, 희망, 낙관, 호기심, 열정, 몰입, 관심, 배려, 만족, 즐거움을 들 수 있고, 부정적 정서로는 분노, 질투, 원망, 적개심, 좌절, 포기, 낙담, 열등감, 비관, 우울, 슬픔, 불만족, 짜증을 들 수 있다. 부정적 정서를 줄이거나 이를 긍정적 정서로 전환하는 것, 그리고 긍정적 정서를 증가시키거나 개발하는 것이 긍정심리상담 및 행복교육의 중요한 내용이자 방법이다. 기존의 상담 및 심리치료에서는 부정적 정서를 제거하고 감소시키는 것을 중요한 목표로 상담 개입이 이루어졌지만, 행복을 지향하는 긍정심리상담에서는 긍정적 정서를 증가시키고 이를 통해 부정적 정서를 줄이는 개입을 하고 있다.

긍정적 정서는 여러 가지 유익한 기능을 지니고 있는 것으로 밝혀지고 있는데, 그중 하나가 긍정적 정서는 부정적 정서의 해독제 기능, 즉 부정적 정서의 생리적 효과를 원상태로 회복시키는 기능을 갖고 있다는 것이다. 프레드릭슨은 실험실 상황에서 인간의 긍정적 정서를 회복하고, 긍정적 정서가 심신에 미치는 영향을 평가하기 위해서 수많은 실험을 하였다. 한 연구에서 참가자들에게 스트레스를 주는 과제를 수행하도록 지시하고, 과제를 완성하기 전에 그들을 4개의 집단으로 나누어 짧은 영화를 시청하도록 했다. 이 영화는 각각 즐거움, 만족감, 슬픔, 혹은 전혀 감정을 느끼게 하지 않는 중립 감정과 같은 정서를 불러일으켰다. 스트레스를 주는 과제가 주어진다는 것을 들은 후에 즐거움이나 만족감을 주는 영화를 본 사람들은 슬픔 혹은 중립 감정의 영화를 본 사람들보다 훨씬 빠르게 정서가 회복되었다. 즉, 혈압과 심장박동이 정상으로 되돌아왔다.

그 결과 심리학자들은 긍정적 정서가 스트레스 감정과 부정적 정서를 중화시키는 데에 도움이 되는 '만회 효과'가 있다고 종종 말한다. 즉, 긍정적 정서는 부정적 정서나 스트레스의 신체적 및 심리적 후유증으로부터 안정된 평정 상태로의 회복을 돕는다는 것이다.

긍정적 정서의 이점

앞에서 언급했듯 긍정적 정서는 우리에게 많은 이점을 준다. 긍정적 정서는 우리의 행복을 촉진하는 신체적·심리적·사회적 자원을 구축하고, 우리의 사고·행동 레퍼토리를 확장시키고, 부정적 정서를 상쇄시키고, 탄력성을 고양시키고, 스트레스에 대처하도록 도움을 준다. 행복한 긍정적 정서 상태는 여러 연구(예컨대, Isen, 2001, 2002; Morris, 1999)에서 이타주의 성향, 의사결정의 효율성, 창의력, 인간관계의 질, 직업만족도, 긍정적인 과거 기억 회상을 향상시키는 등 다양한 방식으로 세상에 대한 적응적 반응을 촉진하는 데에도 도움이 되는 것으로 밝혀지고 있다. 이 밖에도 좀 더 길게 느끼는 행복과 좀 더 짧게 느끼는 긍정적 정서의 이점을 제시하는 수많은 연구들이 있다. 예를 들어, 행복과 긍정적 정서는 다음 사항들과 관련이 높다고 한다.

- 좀 더 긴 수명
- 보다 높은 수입과 직장에서의 좋은 평판
- 사회성과 뛰어난 대인관계
- 양호한 정신적 및 신체적 건강과 질병을 관리하는 능력
- 호감, 유능성, 자신감 및 신체적 매력

- 어려운 과제에 대한 인내심과 향상적인 수행

- 창의성

- 보다 효율적인 의사결정

    여기서 중요한 질문은 행복과 긍정적 정서가 원인인가 아니면 결과인가 하는 점이다. 이에 대한 연구가 충분하지는 않지만 많은 영역에서 행복과 긍정적 정서가 성공적인 결과에 뒤따라오는 것이라기보다는 성공적인 결과를 가져오도록 이끈다는 증거가 늘어나고 있다. 그 결과 심리학자들은 행복과 긍정적 정서가 자신감, 성공적이고 생산적인 성과물, 만족스런 대인관계, 정신건강과 신체건강, 장수와 같은 중요한 결과를 가져오게 한다고 결론짓고 있다.

    따라서 긍정적 정서를 함양하기 위한 노력은 행복을 가져다주는 한 요소이다. 삶은 간단하면서도 즐거운 일들로 가득 차 있다. 이를 테면, 가족이나 친구를 위해 맛있는 음식을 준비하는 것, 따뜻한 물로 목욕하는 것, 가볍게 산책을 하는 것, 저녁에 와인을 한잔하며 좋은 책을 읽는 것, 아침 신문을 보며 커피를 마시는 것, 정원을 가꾸거나 목제품을 세공하는 것, 그림을 그리거나 사진을 찍는 것 등이다. 우리는 이런 일들을 그냥 좋아서 즐기기도 하고 때로는 스트레스 해소나 기분전환을 위해 하기도 한다. 이런 활동들은 부정적 정서를 상쇄시킬 뿐만 아니라 해독 효과와는 별도로 긍정적 정서가 우리에게 좋기 때문이다.

긍정성과 부정성의 황금비율

긍정적 정서가 항상 좋은 것이고 부정적 정서는 항상 나쁜 것이라는 생각의 덫에 빠져들어서는 안 된다. 왜냐하면 긍정적 정서는 항상 좋고 부정적 정서는 항상 나쁜 것이 아니기 때문이다. 프레드릭슨과 수학자 마셜 로사다가 수행한 연구에 따르면, 정신적 플로리시(융성, 번영, 만개)를 촉진하고 발달적 진행 속도를 높이며 원기를 북돋기 위해서는 긍정적 정서와 부정적 정서가 적정한 균형을 유지해야 한다고 한다(Fredrickson & Losada, 2005). 우리를 플로리시하고 행복하게 해주는 긍정성 비율, 즉 부정적 정서에 대한 긍정적 정서의 비율은 대략 3 : 1(정확히는 2.9 : 1)이다.

이것이 의미하는 바는 긍정적 정서와 부정적 정서의 비율이 3 : 1일 때가 행복과 불행의 갈림길이라는 것이다. 이 비율보다 높으면 만족스러운 삶을 살게 되지만 그 이하이면 무기력한 생활을 하게 된다는 뜻이다. 물론 이 비율이 5 : 1 정도로 높으면 더 행복한 삶을 영위할 수 있을 테지만 반드시 바람직한 것만은 아니라는 반론도 제기된다. 긍정적 정서가 지나치면 경솔하게 행동할 가능성도 크며, 긍정적 정서를 세 번 경험할 때 한 번 정도는 갈등이나 고뇌 혹은 고통과 같은 부정적인 경험을 해야 개인적 성장과 다른 사람과의 관계에서 성장을 위한 기회를 가질 수 있다는 것이다. 부정성은 심리적인 성장과 탄력성을 쌓아가도록 도와줌으로써 정신적 플로리시에 기여한다. 어떤 경우에서든 부정적인 경험이 없는 삶이란 불가능하지도 않고, 그것은 또한 건강하지 못한 삶이기도 할 것이다.

당신의 긍정성은 어느 정도인지 측정해 보자. 프레드릭슨 박사의 사이트(http://www.positivityratio.com)에 들어가면 긍정성 비율 검사를 할 수 있으며 그 결과가 자동으로 계산되어 나온다. 검사를 하는 데 2분 정도 소요된다.

(+) 표시는 긍정적 정서의 문항을, 그리고 (-) 표시는 부정적 정서의 문항을 가리킨다. (+) 문항의 총점과 (-) 문항의 총점을 구하여 그 비율을 계산하면, 그것이 당신의 긍정성과 부정성의 비율이다. 그 비율이 3(+) 대 1(-) 정도 이상이어야 긍정적 변화의 티핑포인트가 가능하다고 한다. 성공적인 심장 수술 환자의 경우는 2 대 1, 성공적인 결혼생활을 하는 부부와 핵심인재의 높은 수행은 5 대 1, 높은 성과 팀은 5.8 대 1, 중간 성과 팀은 1.8 대 1, 낮은 성과 팀은 1 대 20 정도라고 한다. 당신은 자신의 삶을 프레드릭슨 박사가 제시하는 긍정성(기쁨, 감사, 평온, 흥미, 희망, 자부심, 재미, 영감, 경이, 사랑)의 느낌으로 가득 채우기 위해 오늘 무엇에 집중하겠는가?

긍정성 검사 ☺☺☺☹☹

지난 24시간 동안 당신의 기분은 어떠했습니까? 잘 돌이켜보면서 당신이 다음과 같은 기분이나 감정을 얼마나 경험했는지 4점 척도에 따라 응답하세요.

4 매우 많이 느꼈다.   3 상당히 느꼈다.
2 어느 정도 느꼈다.   1 약간 느꼈다.   0 전혀 느끼지 않았다.

번호	질문	4	3	2	1	0
1	우습거나 재미있거나 우스꽝스러운 기분을 어느 정도로 느꼈는가? (+)					
2	화나거나 신경질 나거나 약 오르는 기분을 어느 정도로 느꼈는가? (-)					
3	수치스럽거나 모욕적이거나 망신스러운 기분을 어느 정도로 느꼈는가? (-)					
4	경이롭거나 놀랍거나 경탄스러운 기분을 어느 정도로 느꼈는가? (+)					
5	경멸당하거나 조롱당하거나 무시당한 기분을 어느 정도로 느꼈는가? (-)					
6	역겹거나 불쾌하거나 혐오스러운 기분을 어느 정도로 느꼈는가? (-)					
7	무안하거나 겸연쩍거나 부끄러운 기분을 어느 정도로 느꼈는가? (-)					
8	은혜롭거나 감사하거나 고마운 기분을 어느 정도로 느꼈는가? (+)					
9	죄책감이 들거나 후회스럽거나 비난받아 마땅하다는 기분을 어느 정도로 느꼈는가? (-)					
10	밉거나 증오스럽거나 수상쩍은 기분을 어느 정도로 느꼈는가? (-)					

번호	질문	4	3	2	1	0
11	희망적이거나 낙관적이거나 기운 나는 기분을 어느 정도로 느꼈는가? (+)					
12	고무되거나 사기충천하거나 의기양양한 기분을 어느 정도로 느꼈는가? (+)					
13	흥미롭거나 관심이 가거나 호기심이 생기는 기분을 어느 정도로 느꼈는가? (+)					
14	즐겁거나 기쁘거나 행복한 기분을 어느 정도로 느꼈는가? (+)					
15	사랑스럽거나 친밀하거나 신뢰감이 드는 기분을 어느 정도로 느꼈는가? (+)					
16	자랑스럽거나 자신감이 들거나 자부심이 찬 기분을 어느 정도로 느꼈는가? (+)					
17	슬프거나 우울하거나 불행한 기분을 어느 정도로 느꼈는가? (-)					
18	두렵거나 무섭거나 겁나는 기분을 어느 정도로 느꼈는가? (-)					
19	평온하거나 만족스럽거나 평화로운 기분을 어느 정도로 느꼈는가? (+)					
20	스트레스를 받거나 긴장되거나 부담스러운 기분을 어느 정도로 느꼈는가? (-)					

몰입 경험

몰입이란 스스로 주인의식을 갖고 기분이 고양되고
행복감을 맛보는 순간이다.
— 미하이 칙센트미하이

플로flow, 즉 몰입 경험은 긍정심리학에서 탐구되어 온 중요한 개념이다. 플로는 고도의 집중 상태에서 즐겁게 몰입하는 긍정적 체험 혹은 최적 경험의 심리 상태를 뜻하는 것으로, 미하이 칙센트미하이(Mihaly Csikszentmihalyi, 1990, 1997)에 의해 처음 명명되고 연구되었다. 그는 주로 즐거움 때문에 직업적 활동에 몰두하는 사람들, 예를 들어 작곡가, 야구선수, 무용가, 암벽등반가, 바둑기사의 심리적 경험을 분석하여 공통적인 요소를 찾아내 처음엔 자기목적적 경험이라고 명명하였으나 나중에 몰입 경험으로 개칭하였다.

몰입 경험은 무엇인가에 흠뻑 빠진 상태로서, 흔히 창의적 예술 활동이나 스포츠에서 이런 상태를 경험하기 쉽다. 칙센트미하이에 따르면, 몰입 경험은 사람들이 인생을 더 즐기고 행복하게 살며, 다양한 상황에서 더 잘 기능하도록 만드는 경험이라고 주장한다.

형가리 태생의 칙센트미하이는 성장하여 제2차 세계대전 이후 미국으로 이민을 갔을 때 다음과 같은 2개의 중요한 질문이 그의 마음속에 자리 잡고 있었다. 하나는 "어떤 사람들은 어떻게 해서 끔찍한 외상 경험으로부터 금방 회복하고 다른 사람들은 그렇지 못한가?"이고, 다른 하나는 "당신은 보다 행복한 삶을 영위하기 위해서 무엇을 필요로 하는가?"이다. 그는 무용가, 미술가, 바둑기사와 같은 완전한 즐거움을 위해 뭔가 행하는 사람들을 연구하기 시작했는데 이들이 '높은 기술과 어려운 도전'을 요하는 경험에 참가한다는 것을 발견했고, 이를 몰입이라고 불렀다. 몰입은 때로는 '절정 상태' 혹은 '적극적 관여'라고 일컫기도 한다. 몰입은 행복과 웰빙에 이르는 중요한 하나의 경로이다.

몰입의 특징과 이점

어떤 활동이나 작업에 몰입된 사람들은 허기와 피로를 잊은 채 휴식도 취하지 않으며 몰두하고, 활동과 작업에

강렬하게 주의가 집중되어 시간이 흐르는 것도 잊고 심지어 자아의식
도 사라지며, 외재적 보상이나 성과에 집착하지 않고 오로지 과정에 충
실히 임한다. 여기서 알 수 있듯이 몰입 상태에서는 평소와 다른 다음
과 같은 독특한 심리적 특성이 나타난다(권석만, 2008).

첫째, 몰입 상태에서는 현재 과업에 대한 강렬한 주의집중이 일어난
다. 모든 주의 용량이 완전하게 현재 과업에 투여되기 때문에 과업 이
외의 활동에 대한 인식이 현저하게 약화된다. 이러한 주의집중은 애써
노력하여 일어나는 것이 아니라 과제에 대한 흥미와 즐거움으로 인해
자발적으로 일어난다.

둘째, 몰입 상태에서는 행위와 인식의 융합이 일어난다. 현재 하고
있는 활동에 푹 빠져서 그 활동을 관찰하고 평가하는 관찰자적 인식이
존재하지 않는다. 따라서 자아의식도 사라지게 되는데 흔히 이러한 상
태를 '무아지경' 또는 '몰아지경'이라고 부른다. 이것은 의식을 잃은 혼
수상태와는 다른 것이다. 칙센트미하이에 따르면, 몰입 상태에서 자아
는 완전히 기능하지만 스스로 그것을 인식하지 못할 뿐이다.

셋째, 몰입 상태에서는 자기와 환경의 구분이 거의 사라질 뿐만 아
니라 시간의 흐름도 망각하게 된다. 시간의 흐름에 대한 지각이 변형되
어 시간이 보통 때보다 빨리 지나가고 많은 일들이 짧은 시간 안에 펼
쳐지는 것처럼 느껴진다.

넷째, 몰입 상태에서는 현재 하고 있는 활동을 장악하고 있다는 강

력한 통제감을 느끼게 된다. 활동의 진행이나 성과에 대한 걱정이 사라지고 주의집중이 일어남에 따라 완전한 통제력을 지니고 있는 것처럼 느끼게 된다.

마지막으로, 몰입 경험은 그 자체가 즐거운 것으로서 자기충족적인 속성을 지닌다. 몰입하고 있는 활동은 다른 목적을 위한 것이 아니라 그 자체를 위한 내재적 동기에 의해서 일어난다.

일을 포함한 많은 일상적 활동들이 당신을 몰입 경험으로 이끌 수 있다. 도전적인 것이라면, 그리고 그것을 행하는 데 필요한 기술을 갖고 있다면 말이다.

몰입 경험은 칙센트미하이가 언급한 것처럼 우리로 하여금 인생을 더 즐기고 행복하게 살며 다양한 상황에서 더 잘 기능하도록 만든다. 몰입 경험은 긍정적 정서를 유발할 뿐만 아니라 개인적 성장을 이끌기 때문에 큰 도움이 된다.

몰입을 경험하면 도전적인 과제를 지속적으로 수행하도록 용기를 북돋아주고 기술 향상을 가져다준다. 몰입은 학업과 일에 전념하도록 하여 성취도 향상에 도움이 되며, 신체적·정신적 건강과 자존감 향상에도 이바지한다.

몰입을 경험하는 순간에는 정서가 개입되지 않는다는 것을 강조할 필요가 있다. 다시 말하면, 몰입 그 자체를 경험하는 중에는 어떠한 긍정적 정서도 느끼지 못한다. 비록 사람들이 대체로 몰입을 꽤 유쾌한 것으로 묘사하지만, 이러한 판단은 몰입을 경험한 후에 내려지는 것이다. 즉, 몰입 경험이 끝난 뒤에라야 상쾌한 기분을 느끼게 된다.

여기서 한 가지 짚고 넘어가야 할 것은 몰입 경험은 좋은 것이라는 것이 일반적 인식이지만 이는 잘못된 생각이다. 몰입 경험은 그 원천과 결과에도 불구하고 본래 좋은 것도 아니고 나쁜 것도 아니다. 다시 말하면, 도박, 절도, 무모한 운전과 같은 '나쁜' 일을 행하더라도 몰입 상태에 도달할 수 있다. 몰입 상태에 빠지게 하는 어떤 활동도 우리를 중독되게 할 수 있다.

요즘 만들어진 대부분의 컴퓨터게임은 플레이어들이 몰입 상태에 빠지도록 고안되어 있다. 즉, 플레이어가 계속해서 도전하게 만들고, 얼마나 잘하고 있는지를 알려주는 점수 혹은 보상의 형태로 즉각적인 피드백을 준다. 일단 우리가 한 레벨을 숙달하면 다음 레벨로 가게 해서 더 도전하도록 만든다. 컴퓨터게임은 플레이어를 몰입 상태로 쉽게 유도하고, 몰입은 중독 성질을 가지고 있다. 그토록 많은 게임광들이 계속 게임을 하고 싶어 하고, 게임을 끊기 힘들어하는 것은 이런 이유 때문이기도 하다.

이처럼 도박중독이나 게임중독의 경우처럼 스스로 통제할 수 없거나 자기파멸적인 결과를 초래하는 몰입 경험도 있다. 따라서 몰입 경험이 많을수록 행복도가 높아지는 것이 일반적이긴 하지만 항상 그런 것만은 아니다. 행복에 있어서 중요한 것은 몰입 자체이기보다 어떤 일에 몰입하느냐 하는 것이다. 몰입 경험을 '열정적 관여'로 표현한 나카무라(Nakamura, 1995; Nakamura & Csikszentmihalyi, 2003)는 세상과의 관계에서 즐거움과 의미를 발견하는 것이 행복의 비결이라고 주장한다. 즉, 즐거운 동시에 의미 있는 일을 하는 것이 중요하다는 것이다. 열정적 관여에서는 자신과 대상과의 강렬한 연결감을 느끼며 그 대상과의 관계에 적극적으로 전념하게 된다.

특히 열정적 관여는 직업 만족의 중요한 요소이다. 직업적 활동이 아무리 의미가 있고 중요한 것이라 하더라도 즐거움을 느낄 수 없다면 지속적인 노력을 기울이기 어렵고, 자칫 '소진 상태'에 빠져들 수 있다. 또한 직업적 활동에 아무리 즐거움을 많이 느끼더라도 그 의미와 소중함을 발견할 수 없다면 공허함을 느끼게 될 것이다. 따라서 직업적 활동을 포함하여 인생의 주요한 활동에서 의미와 즐거움을 찾고 열정적으로 살아가는 것이 행복한 삶의 비결이다.

몰입을 촉진하는 요인

당신은 몰입 경험, 즉 무언가에 깊이 빠져서 다른 모든 것을 잊은 채 시간이 흘러가는 줄도 몰랐던 적이 있는가? 누구보다도 자신이 하는 일에 적극적으로 전념하여 몰입 경험을 자주 하는 사람들이 있다. 이렇게 몰입을 자주 하는 사람의 성격특성을 칙센트미하이는 자기목적적 성격이라고 지칭했다. 이러한 성격특성을 가진 사람들은 어떤 일을 하더라도 적극적이고 열정적이며, 내재적 동기가 강하여 외재적 보상보다 일 그 자체를 위해서 열심히 끈기 있게 하고, 자율성과 독립성이 강해 성과에 집착하지 않으며 다른 사람의 시선과 평가에 신경을 쓰지 않는 경향이 있다.

그러나 몰입 경험은 개인의 성격특성보다 과제나 활동의 특성에 의해서 유발되는 경우가 많다. 자기목적적 성격을 지닌 사람들이 모든 활동에 몰입하는 것은 아니며, 일반 사람들도 활동에 따라서 몰입을 경험하기도 한다. 다시 말해서, 몰입을 촉진하는 과제의 특성이나 조건들이 존재한다. 그 몇 가지를 살펴보면 다음과 같다.

첫째, 명확한 목표가 있는 활동에서 몰입이 잘 일어난다. 완전한 몰입이 가능하려면 사전에 명확한 목표를 가지고 있어야 한다. 분명한 목표를 미리 세우고 그 목표를 달성하기 위해 단계적으로 노력하는 과정을 통해 몰입을 경험하게 된다.

둘째, 즉각적이고 구체적인 피드백이 주어지는 활동에서 몰입이 잘 일어난다. 스포츠나 컴퓨터게임을 할 때 쉽게 몰입하게 되는 이유는 추구해야 할 목표가 있을 뿐만 아니라 순간순간마다 즉각적인 피드백이 주어지기 때문이다.

셋째, 개인의 기술 수준과 과제의 난이도가 적절한 균형을 이룰 때 몰입이 잘 일어난다. 명확한 목표와 즉각적이고 구체적인 피드백이 주어지더라도 너무 쉬운 과제는 몰입하기 어렵고 너무 어려운 과제는 흥미를 잃고 포기하게 될 것이다. 개인이 자신의 능력에 적절한 수준의 과제에 도전을 하며 그 도전을 이루기 위해 적절한 기술이나 능력을 사용할 때, 즉 도전 수준과 사용 기술의 균형 상태에서 비로소 몰입 경험이 가능하다. 몰입은 개인이 인지한 과제의 수준과 자신의 능력 수준이 높을 때 발생되는데 객관적인 능력보다는 주관적으로 지각한 능력에 더 큰 영향을 받는다. 강한 도전을 하려면 과제의 요구를 알고 동시에 흥미를 가져야 하며 능력과 기술이 있어야 한다. 도전만 하고 기능이 따르지 않을 때는 불안이 생기고, 능력과 기술은 있으나 도전의 용기가 없으면 권태가 높아진다. 그러므로 몰입이 되려면 도전과 기술이 조화를 이루어야 한다.

이 외에도 몰입 경험을 촉진하기 위해서는 개인의 흥미와 과제의 특성이 잘 일치되도록 해야 하고, 과제에 대한 내재적 동기와 호기심이 있어야 하며, 산만한 자극을 제거하고 집중할 수 있는 상황을 조성해야 한다.

몰입에는 단기간의 불완전한 몰입에서부터 장시간의 강렬한 몰입까지 다양한 유형과 수준이 존재한다. 칙센트미하이는 일시적으로 자주 경험하는 단순한 몰입 경험을 '가벼운 몰입'이라고 불렀는데, 흔히 이러한 가벼운 몰입 경험으로부터 강렬한 몰입으로 발전될 수 있다.

몰입의 삶을 만드는 비결

삶의 모든 영역에서 몰입의 삶을 엮어가는 데에 도움이 되는 규칙을 다음과 같이 정리해 볼 수 있다.

첫째, 분명한 목표를 설정한다. 목표는 스마트SMART한 것이 좋다. 목표는 구체적Specific이어야 한다. '1주일에 2회 1시간씩 수영하기'가 '건강을 유지하기'보다 더 구체적인 목표다. 또한 목표가 달성되었는지를 알수 있도록 측정 가능한Measurable 것이어야 하고, 자신의 능력으로 달성할수 있는Achievable 것이어야 하며, 본질적으로 성취 가능하고 실천할 수있는 현실적Realistic인 것이어야 한다. 매일 2시간씩 수영하기보다는 1주일에 2회 1시간씩 수영하기가 실천할 수 있는 현실적인 목표다.

둘째, 높은 수준의 기술과 도전 활동 간의 균형을 유지해야 한다. 강렬한 몰입 경험은 상황적 요구가 개인의 기술 수준에 압박을 가할 때 발생한다. 상황적 요구의 수준이 너무 높아서 잠시도 한눈을 팔지 못하고 매 순간 과제에 세밀한 주의를 기울이도록 강요하고, 과제 수행에 완전히 집중되어 과제를 어떻게 수행하고 있는지 관찰하지 못하도록 강요할 만큼 상황적 요구 수준이 높아야 몰입 상태에 들어갈 수 있다.

셋째, 행하고 있는 것에 초점을 두고 주의력이 분산되는 것을 최소화한다. 주의력 분산을 막기 위해서는 무엇보다 자신의 마음을 정돈하는 것이 필요하다. 마음을 진정시키고 스트레스를 받지 않도록 마음을 조절하기, 정해진 시간 동안 인내와 끈기를 가지고 일하는 습관 기르기, 조급한 마음 버리기, 명상하기, 주변의 주의력 방해 요소(TV, 소음, 적절치 않은 실내 온도와 조명 등) 제거하기, 과도한 목표보다는 확신을 갖고 밀고나갈 수 있는 적절한 목표 세우기, 정리정돈하기, 효율적인 시간관리 등이 주의력을 흐트러뜨리는 것을 막는 데 도움이 된다.

넷째, 자신의 수행에 대한 즉각적인 피드백을 얻기 위한 방법을 찾는다. 피드백을 얻기 위해서는 진실한 조언을 해줄 수 있는 적합한 사람을 찾는 것이 좋다. 하버드대학교 비즈니스 스쿨 교수인 토머스 드롱은 피드백 없이 향상되는 리더는 없다고 말하면서 효과적인 피드백을 얻는 세 가지 질문을 제시하고 있다(DeLong, Gabarro, & Lees, 2007).

1. **"무엇을 멈춰야 하는가?"** 어떤 행동이 당신의 성공에 방해가 되는지를 질문하라는 것이다.

2. **"무엇을 계속해야 하는가?"** 당신의 올바른 행동이 무엇인가를 질문하고 계속하도록 하라는 것이다.

3. "무엇을 시작해야 하는가?" 일단 비생산적인 행동을 멈췄다면 어떤 새로운 행동에 더 많은 시간과 에너지를 써야 할지 생각하라는 것이다.

다섯째, 과제를 스스로 재미있고 즐겁게 만든다. 어떤 일에 대해 스스로 호기심을 가지고 재미를 느끼면 저절로 집중하게 되고 일의 효율도 높아진다. 따라서 매일 알에서 깨어나듯 새롭게 태어나는 과제를 소화하는 한 가지 방법은 재미를 붙이는 것이다. 무엇을 하든 즐겁게, 신나게 해야 한다.

긍정적
인간관계

점차 물질만능이 되어가고 있는 오늘날의 세상에서 사람들은 행복해지기 위해서는 더 많은 것을 소유할 필요가 있다고 믿는 실수를 자주 범한다. 그러나 물질적 풍요보다 배우자, 가족, 친구와 같은 '의미 있는 타인들'과의 관계에서 경험하는 정서적 친밀감이나 사회적 지지가 삶의 만족도를 예측하는 더 강력한 변인이라는 것이 여러 연구 결과에서 밝혀졌다. 이런 연구들은 물질이 결코 우리를 진정한 행복으로 이끌 수 없는 이유를 설명해 주고, 행복과 웰빙에 가장 이바지하는 일이 무엇인지 일깨워주고 있다. 매우 행복한 사람들이 다른 사람들과 차이를 보이는 두드러진 특징은 돈이 많거나 많은 것을 소유한 데 있는 것이 아니라 사회적 생활을 잘하고 있고, 친구들이 많으며, 연인과 로맨틱한 사랑을 나누고 있다는 데 있다.

인간관계가 행복의 핵심

　　　　　　　　　인간은 태어나면서부터 인간관계 속에 던져진다. 그리고 인간의 삶은 가정, 사회, 직장, 이웃 등 많은 인간관계 속에서 펼쳐진다. 인간관계는 심리적 갈등과 고통의 원천이기도 하지만 만족과 행복의 원천이기도 하다. 즉, 다른 사람과 서로 신뢰하고 사랑을 주고받을 때 행복감을 느낀다. 부모, 교사, 친구, 이성으로부터 사랑과 인정을 받을 때 자신이 가치 있는 존재로 느껴지고 인생이 살 만한 것으로 느껴져 행복감을 느끼게 된다. 이처럼 인간관계는 개인에게 행복의 원천이 된다. 연구 결과에 따르면, 주관적 안녕감과 인간의 주요 활동영역 중에서 전반적인 삶의 만족도를 가장 일관성 있게 잘 예측하는 요인이 결혼 및 가정생활과 같은 인간관계에 관한 것이었다.

　인간은 타인과 관계를 형성하고 유지하려는 기본적인 내재적 욕구를 갖고 있기 때문에 긍정적 인간관계는 그 자체로 만족감을 주게 된다. 긍정적 인간관계는 자존감과 정신건강의 증진에 도움이 될 뿐만 아니라 육체적 기능을 향상시키고 질병으로부터의 회복을 촉진한다(Cohen & Herbert, 1996). 인간관계의 결여는 흡연보다도 더 강력한 수명단축 요인으로 알려져 있다(House, Landis, & Umberson, 1988). 한편, 인간관계는 불행을 초래하는 원천이기도 하다. 사람들은 의미 있는 사람과의 이별이나 갈등을 무척 괴로운 일로 여긴다. 특히 배우자의 사망은 가장 고통스러운 사건이며 심리적·신체적 건강에 모두 심각한 영향을 미친다.

이처럼 인간관계는 때로 양날의 칼과 같아서, 원만한 인간관계는 행복의 근원이자 긍정적 정서의 원천이 되지만 갈등의 인간관계는 불행 그 자체이며 부정적 정서의 원천이 되며 한 인간을 파멸에 몰아넣기도 한다. 극단적인 경우 불행한 인간관계는 자살, 우울증, 범죄의 원인이 되기도 한다. 따라서 인간관계는 우리의 행복과 불행에 심각한 영향을 미치는 매우 중요한 삶의 영역이며, 긍정적인 인간관계가 행복의 필수 요소임을 알 수 있다.

긍정적 의사소통

심리학에 제로섬과 포지티브섬이라는 용어가 있다. 제로섬이란 무슨 일이 있어도 자신의 의견을 굽히지 않고 상대방을 깎아내려서라도 이기려고 하는 것을 말하며, 포지티브섬이란 상대방의 의견에도 좋은 점이 있으면 수용하고 서로 윈윈하는 방법을 모색하는 사고방식을 의미한다. 이를 인간관계에 적용시켜 보면 제로섬 관계는 서로 신뢰를 잃게 되고 관계도 악화될 수밖에 없는 반면, 포지티브섬은 상승효과를 가져오게 된다. 그러므로 좋은 관계를 만들어 가기 위해서는 의사소통이 중요하다. 의사소통을 잘하는 사람은 인간관계가 원만하고 주위 사람들에게 좋은 인상을 주고 좋은 평판을 얻는다. 인간관계와 설득의 능력인 소통 능력이 뛰어난 사람을 보면 그 사람에 대한 좋은 인상을 갖게 되고 왠지 같이 있고 싶고 같이 일하고 싶어진다.

모든 종류의 의사소통에는 두 가지 차원이 있다. 하나는 내용(메시지) 차원이고, 다른 하나는 관계 형성과 유지의 차원이다(김주환, 2011). 모든 의사소통에는 메시지 전달의 기능이 있고 또 동시에 그 의사소통을 하는 사람들의 관계에 영향을 미치는 기능이 있다. 예를 들어, 친구 사이에서 "우리 내일 영화 보러 갈래?"라는 질문은 내용 차원에서는 영화를 보겠느냐는 의사 타진이자 나는 너와 영화를 같이 보러 갈 정도로 친한 사이라는 관계에 대한 언급이기도 하다. 만약 그 친구와 알게 된 지 얼마 되지 않았고 아직 한 번도 영화를 같이 본 적이 없다면 "영화 보러 갈래?"라는 질문은 영화를 보겠느냐는 의사 타진 외에도 영화를 같이 보러 가는 사이가 되고 싶다는 관계 형성에 대한 의사표현의 기능도 담당하고 있는 것이다.

이러한 소통의 두 가지 측면을 잘 이해하고 조화시키는 능력이 바로 의사소통 능력의 핵심이다. 부부간이든 직장 부하와 상사 간이든, 친구 간이든 모든 인간관계에서의 갈등은 대부분 소통의 이 두 가지 차원이 서로 조화를 이루지 못할 때 발생한다. 인간관계의 갈등이 일어날 때 흔히 하는 이야기가 "네가 어떻게 나한테 그럴 수 있어?", "우리 사이에 어떻게 그런 얘기를 할 수 있어?"라는 말이다. 이는 바로 메시지 차원, 즉 말한 내용 자체가 문제라기보다는 그런 얘기를 통한 인간관계의 문제인 것이다. 인간관계의 갈등은 대개 이 두 가지 차원의 충돌에서 발생한다. 메시지의 내용에만 집중하다 보면 관계에 소홀하게 되고, 그로 말미암아 인간관계의 갈등이 발생하기도 한다. 따라서 갈등을 최소화하기 위해서는 우리가 하는 말의 내용이나 메시지뿐만 아니라 그것이 상대방과의 인간관계에서 어떤 함의를 지니고 있는지를 항상 염두에 두어야 한다.

결혼만족도에 중요한 것은 갈등의 내용이나 횟수보다 갈등을 다루는 의사소통의 방식이다.

셸리 게이블과 그의 동료들은 부부의 소통방식이 결혼만족도에 중요한 영향을 미친다는 점을 밝혔다. 이들은 부부관계에서 좋은 소식(예: 직장에서의 승진)에 반응하는 주요 스타일을 다음과 같이 네 가지로 확인하였다(Gable, Reis, Impett, & Asher, 2004).

1. 수동 – 건설적 배우자의 좋은 소식에 기운 없고 덤덤한 방식으로 반응한다. 배우자가 오늘 직장에서 승진했다고 말한다고 하자. 그러면 수동-건설적 스타일의 사람은 "어머, 잘됐네"라고 낮은 목소리로 말하거나 "잘됐군", "좋은 일이네"와 같이 대수롭지 않다는 투로 말한다.

2. 수동 – 파괴적 승진에 대한 배우자의 좋은 소식에 대해 반응하지 않고 "나는 오늘 지옥 같은 하루였어. 출근길에 버스를 놓쳐버렸고, 그래서 걸어가는데 또 지갑을 잃어버렸지 뭐야"와 같이 화제를 돌려버리거나 "오늘은 하루 종일 비가 내리네" 같은 무관심한 반응을 보인다.

3. 능동 – 파괴적 배우자의 좋은 소식을 적극적으로 억누르면서 지나치게 부정적인 반응을 보인다. "오늘 무슨 일이 있었는지 알아? 나 승진했어!"라는 배우자의 말에 "아, 어떡해. 책임만 많아지고 스트레스만 많이 받는단 말야"라고 반응하거나 "이제 회사가 당신을 엄청나게 부려 먹겠네"라거나 "큰일 났네. 이제 우리 세금 엄청 많이 내야 할걸" 같은 식으로 반응한다.

4. 능동 – 건설적 배우자의 좋은 소식에 열정적이고 힘찬 지지를 보낸다. "여보, 축하해! 너무 좋은 소식이네. 당신은 참 대단해"라거나 "좀 더 자세히 말해봐. 상사가 어떻게 말했는데? 팀원들은 어떤 반응이었어?"라거나 "너무 잘됐다. 앞으로 더 승진할 거야" 같은 반응을 보인다.

이 네 가지 스타일 중에서 능동-건설적 반응 스타일을 주로 교환하는 부부가 행복한 결혼생활을 하는 반면, 다른 반응 스타일을 주로 사용한 부부들은 결혼만족도가 낮았다. 만족하는 부부들은 서로에게 더 많은 지지를 해주고 더 많이 함께 웃으며, 부정적인 표현을 삼가고 다양한 주제에 대해 의견 일치가 더 많았다. 그들은 몸의 방향을 더 많이 서로에게 향하고 관심, 지지, 유머나 애정을 나타내는 작은 몸짓을 더 많이 나타내는데, 이러한 작은 몸짓을 부부상담 전문가인 가트맨은 상대방에 대한 '관심 표현을 위한 노력'이라고 지칭했다. 이처럼 부부의 행복은 평소에 서로에게 지지와 애정을 전달하고 친밀감과 연결감을 증진하는 작은 몸짓을 주고받음으로써 가능한 것이다.

관계 긍정성 비율 = 5 : 1

관계에 대한 연구의 흥미로운 결과 중 하나는 일단 관계가 정립되고 나면 애정이 있느냐보다 갈등이 없느냐가 관계의 성공 여부를 좌우한다는 것이다(Reis & Gable, 2003). 부부의 결혼만족도는 긍정적인 행동의 수준보다는 갈등의 수준과 더 밀접한 관계가 있고, 갈등의 위력이 애정의 위력보다 훨씬 더 강하다는 것을 연구 결과들이 시사하고 있다. 즉, 단 하나의 부정적인 행동이 수없이 많은 애정과 자상한 행동들을 무력화시킬 수 있다는 것이다. 예를 들어, 결혼의 갈등에 관한 방대한 연구를 수행한 가트맨과 그의 동료들이 일관되게 발견한 바는 애정과 자상함보다는 부정적인 의사소통이 결혼만족도와 전반적인 관계의 질을 보다 더 정확하게 예측해 준다는 것이었다. 부정적인 상호작용이 관계를 파괴하는 몰입 경험을 갖고 있기 때문에 부정적인 상호작용의 유형을 '요한계시록에 나오는 4명의 기수'로 요약하였다. 그 '4명의 기수'는 다음과 같다(Baumgardner & Crothers, 2009).

1. **비난하기** 긍정적인 논평과 소견, 비언어적 의사소통보다 부정적인 논평과 소견, 비언어적 의사소통이 더 많다.

2. **방어적임** 배우자의 논평이나 비평을 자신에 대한 공격으로 받아들이고, 자신이 서술하고 있는 배우자의 행동에 대해 반응하지 않고 자신이 만들어 낸 감정에 대해 반응한다. 일종의 자격지심이다.

3. **염장지르기** 입을 다물기, 응대하지 않기, 분노와 적대감 같은 상한 감정을 속에 담아두기, 침묵으로 일관하기로 배우자에게 가슴에 못을 박는 처벌을 가한다.

4. **멸시하기** 언어적 수단과 비언어적 수단(예: 눈을 부라림)을 통해 경멸과 분노와 거부의 표시를 한다. 그리고 일반적으로는 배우자의 행동, 동기, 성격을 매도한다.

부부간에 언쟁이 한참 달아오르면 서로 어느 정도의 비난과 마음 상하게 하는 말을 주고받는 것이 결혼생활이다. 가트맨의 연구에서 발견한 바에 따르면, 행복하고 안정된 부부와 이혼을 바로 눈앞에 둔 부부를 구별해 주는 것은 단순히 부정적인 행동이 있느냐 없느냐가 아니다. 문제는 긍정적 행동 대 부정적 행동의 비율과 부부간에 부정적 행동이 오고가는 정도에 있었다.

가트맨은 700쌍 이상의 부부를 관찰해, 오랫동안 행복한 관계를 유지하려면 긍정적인 말을 부정적인 말보다 다섯 배 정도는 더 많이 해야 한다는 사실을 확인했다. 그는 비디오 촬영을 통해 부부들의 대화를 분석해 행복한 결혼생활과 이혼 여부를 결정짓는 가장 중요한 변수를 찾아냈다. 그것은 부부간에 주고받는 긍정적인 대화와 부정적인 대화의 비율이었다. 분석 결과, 금슬이 좋은 부부는 비난이나 무시 같은 부정적인 발언을 했다면 격려나 칭찬과 같은 긍정적인 표현을 적어도 다섯 번 이상 하는 것으로 나타났다. 반면, 긍정적인 대화와 부정적인 대화의 비율이 5 : 1 이하로 떨어지면 결혼생활에 금이 가기 시작했다. 가트맨 박사는 이를 '마법의 비율 5 : 1'이라고 명명했다. 간단히 말해서, 이것은 행복한 결혼생활을 원한다면 상대방에게 부정적인 메시지 하나를 전달할 때마다 적어도 5개 이상의 긍정적인 메시지를 전달해야 한다는 것을 의미한다. 일반적인 인간관계 상황에서 보면 건강한 관계가 지속되려면 긍정적 상호작용이 부정적 상호작용보다 다섯 배는 되어야 한다는 것, 부정적 정서를 한 번 느낄 때 긍정적 정서를 다섯 번 느껴야만 한다는 것을 시사한다.

사람을 움직이는
대화의 법칙 1 : 2 : 3

사람과의 관계에서 대화는 필수적이다. 대화를 잘하는 사람은 말을 많이 하는 사람이 아니라 남의 말을 잘 들어주는 사람이다. 벤저민 디즈레일리는 "사람들에게 호감을 갖게 하는 방법은 간단하다. 다른 사람의 말을 열심히 듣는 것이다"라고 하였다. 다른 사람의 말을 열심히 듣는 것, 이것이 바로 사람의 마음을 움직이게 하는 핵심 키워드이다. 그래서 1분 동안 말을 했다면 그 두 배인 2분 동안은 귀를 기울여 듣고, 그 2분 동안에 최소한 세 번은 맞장구를 치라는 대화의 법칙 1 : 2 : 3이 있다(이민규, 2005). 이 법칙은 사람을 움직이는 대화는 입이 아니라 귀로 하는 것이고, 귀담아들을 때 적절한 맞장구는 대화의 윤활유가 된다는 것을 알려준다.

사람들은 말을 잘하는 사람보다 잘 들어주는 사람을 더 좋아한다. 같은 부탁이라도 자기 말을 잘 들어주는 사람의 요구를 더 잘 들어주게 된다. 사람들이 자기의 말에 귀를 기울여주는 사람을 더 좋아하고 그 사람의 요구를 더 잘 들어주는 이유는 바로 정서적인 카타르시스가 되기 때문이다. 누군가가 진지하게 자기 이야기를 들어주면 슬픔이나 분노감이 해소되고 마음이 후련해지고, 존중받고 이해받는다는 느낌이 들기 때문에 귀기울여 잘 들어주는 사람을 좋아한다. 흔히 갈등을 겪고 있는 부부는 상대방이 자기 말에 귀를 기울이지 않는다고 불평한다.

상대방의 말에 귀를 기울이면 그 사람 역시 내 말을 잘 들어준다. 받는 대로 갚는다는 '상호성의 원리'가 작동되기 때문이다. 또 귀를 기울여 듣다 보면 더 많은 정보를 얻게 된다. 상대의 말에 주의를 기울이면서 질문을 하면 여태까지 몰랐던 많은 사실을 알게 된다. 귀담아듣다 보면 종종 질문을 할 수 있게 되고, 적절한 질문을 하면 현명하게 보일 수 있다. 또 말을 하는 데 열중하다 보면 실수를 할 가능성이 많지만 열심히 들으면 그만큼 실수를 할 가능성이 줄어든다. '세상은 말을 잘하는 사람보다 잘 듣는 사람을 더 사랑한다'는 격언은 백 번 들어도 지당한 말이다.

상대방의 말을 귀담아들을 때 도중에 끼어들지 말고 끝까지 듣는 자세가 중요하다. 대개 부부싸움이 쉽게 끝나지 않는 이유 중 하나가 상대방의 말을 자르고 도중에 끼어들기 때문이다. 도중에 끼어들면 부부싸움이 일어난 원인보다 말이 잘렸다는 것 때문에 화가 나고 무시당한 기분이 들게 마련이다. 그래서 부부싸움이 더욱 악화되는 경우가 많다. 그러나 상대방의 말을 자르지 않고 이야기를 끝까지 들어주면 의외로 문제가 쉽게 풀린다. 상대방은 하고 싶은 말을 다 해서 기분이 풀리고, 듣는 사람은 상대에 대해 자기가 이해하지 못한 부분이 많았다는 사실을 깨닫기 때문이다. 상대의 말을 다 듣고 난 다음에 이해하지 못했던 부분에 대해 '미안하다'고 사과하면 짧은 시간에 문제가 해결된다.

요컨대, 사람의 마음을 움직이려면 그 사람의 마음의 문을 열어야 하고, 그의 마음을 열려면 이쪽에서 먼저 귀를 열어야 한다. 사람을 움직이는 힘은 입이 아니라 귀에서 나오기 때문이다. 소통을 잘하고 사람과의 관계 개선과 발전을 위해서는 상대방이 이야기하는 도중에 끼어들지 말고 끝까지 들어보는 '경청' 노력이 필요하다. 평소 이야기를 귀담아듣지 못했던 가족이나 주변 사람을 골라 그 사람이 이야기를 끝낼 때까지 들어주고, 맞장구를 치면서 경청을 시도해 보라.

사랑의 삼각형 이론

긍정적 인간관계의 바탕이 되는 것은 사랑이다. 사랑의 기본적인 구성요소와 다양한 형태 및 크기를 명쾌하게 설명하는 이론이 있다. 미국심리학회 회장을 역임했으며 예일대학교 심리학과 교수였던 로버트 스턴버그가 제안한 사랑의 삼각형 이론이 그것이다. 실제 사랑을 해본 경험이 있는 여러 연령층의 사람들을 대상으로 설문조사와 면접을 통해 사랑을 연구한 스턴버그는 사랑은 '친밀감, 열정, 투신'의 세 가지 요소로 구성되어 있다고 주장하였다(Sternberg, 1986).

첫째 요소는 친밀감으로, 상호 이해, 온정, 그리고 상대의 복지에 대한 상호 간의 염려나 배려를 가리킨다. 친밀감은 만남의 횟수와 교제기간에 비례하여 서서히 증가하는 것으로서 상대방에 대한 친근감과 관련된 정서적 측면이다. 사랑이 따뜻하고 푸근하게 느껴지는 것은 바로 이러한 친밀감 때문이다.

둘째 요소는 열정으로, 강렬한 정서, 열광, 그리고 종종 성적인 매력과 연계된 생리적 각성을 의미한다. 즉, 열정은 성을 포함한 육체적 접촉에 대한 욕구인 생리적 측면으로서, 사랑하는 대상에 자신의 모든 것을 투자하도록 만드는 강렬한 내적인 힘이다. 열정은 연인들을 생리적으로 흥분시켜 들뜨게 하고, 사랑하는 사람과 함께 있고 싶고 일체가되고 싶은 강렬한 욕망을 불러일으키는 사랑의 뜨거운 측면이다.

셋째 요소는 투신으로, 오랫동안 관계를 지켜나가겠다고 의식적으로 내린 결정을 말한다. 즉, 투신은 사랑하는 사람과의 사랑을 지키겠다는 선택이자 결정이며 책임의식이다. 이러한 투신은 사랑의 차가운측면인 동시에 인지적 측면을 나타낸다. 사랑의 가장 대표적인 투신 행위는 약혼과 결혼이며 사랑을 약속하고 맹세하거나 사랑의 징표나 선물을 교환하거나 주위 사람들에게 연인을 소개하거나 연인을 도와 고통스런 일을 함께 겪고 견디는 것 등이 이에 속한다.

이러한 사랑의 세 가지 구성요소가 어떤 조합을 이루느냐에 따라 스턴버그는 다음과 같이 다양한 종류의 사랑에 대해 설명하고 있다.

낭만적 사랑(친밀감 + 열정)　　투신 행위는 없지만 친밀감과 열정이 있는 사랑이다. 서로 친밀감과 열정은 느끼지만 결혼과 같은 미래에 대한 약속은 없으며, 휴가나 여행에서 만나 며칠 동안 나눈 뜨거운 사랑이 이에 해당한다. 흔히 첫사랑이라고 불리는 사랑이 여기에 속하며 중·고등학교 시절에 많이 나타난다. 한여름의 로맨스에는 친밀한 상호 개방과 강렬한 열정이 포함될 수는 있지만 여름이 지나간 뒤에도 관계를 지속하겠다는 투신은 포함되어 있지 않다.

동료적 또는 동반자적 사랑(친밀감 + 투신)　　친밀감과 투신 행위는 있지만 열정이 없거나 식어버린 경우이다. 이런 사랑으로 하는 결혼은 육체적 매력을 느끼지는 못하지만 일종의 우정을 장기간 지키는 형태이다. 오랜 결혼생활을 한 부부 사이에는 이런 형태의 사랑이 흔하다. 청춘의 열정이 결혼에 이르게 해준다면, 깊은 우정의 기초 위에 세워진 동료적 사랑은 지속적이고 성공적인 관계를 만들어주는 견고한 토대가 된다.

허구적 또는 눈먼 사랑(열정 + 투신)　　열정과 투신 행위는 있지만 친밀감이 형성되지 못한 경우로서 흔히 할리우드식 사랑이라고도 한다. 만난 지 며칠 만에 열정을 느껴 약혼하고 보름 만에 결혼하는 식의 사랑이 이에 해당한다. 이 사랑은 서로에 대해서 아는 바는 하나도 없이 휘몰아치는 열정적인 로맨스에 사로잡힌 사랑을 말한다. 이 두 사람의 투신은 열정에 기초하고 열정만으로 유지되는 것이다. 이러한 관계는 두 사람을 이어주는 정서적 감정 요인, 즉 친밀감이 존재하지 않고 또한 열정은 시간이 지나면 시들기 마런이기 때문에 이런 사랑은 오래도록 지속되기 어렵다.

짝사랑 또는 광적인 사랑(열정)　정서적 요소인 친밀감과 의지 같은 인지적 측면은 결여된 채 성적 욕구가 포함된 생리적 요소인 열정만이 존재하는 사랑이다. 우연히 어떤 사람을 보고 첫눈에 반해 뜨거운 사랑의 감정을 느끼지만 결코 말 한마디 걸어보지 못하고 혼자 가슴앓이를 하는 경우가 이 범주에 속한다. 이 사랑은 성적인 열정을 사랑으로 착각하는 10대의 로맨스이거나 서로 아는 바도 없고, 관계를 발전시켜 나가겠다는 의향도 없는, 하룻밤의 풋사랑 같은 것이라고 말할 수 있다. 또한 사람들이 좋아하는 유명 배우나 유명 가수에 대해 느끼는 경외심, 흠모하는 마음, 그리고 성적인 감정일 수도 있다.

공허한 사랑(투신)　친밀감과 열정 없이 투신 행위만 있는 경우로서, 의지로만 하는 사랑이다. 사랑 없이 결혼생활을 하는 부부, 친밀감과 열정 없이 돈과 사회적 명예를 가진 나이 든 남자와 결혼하는 젊은 여자, 친밀감이나 정이 다 떨어지고 열정도 식은 채 단지 자녀를 위해 결혼관계를 유지하는 부부가 이러한 공허한 사랑의 유형에 속한다. 이러한 사랑은 어떤 이유에서든 지속시켜야 하지만 정서적으로는 '죽은 관계'인 사랑이다. 관계 지속의 이유는 편의성, 재정적인 혜택, 체면 유지, 의무감 등일 수 있다.

완전한 사랑(친밀감 + 열정 + 투신)　사랑의 세 가지 구성요소가 모두 갖추어져 있는 완벽하고 이상적인 사랑이다. 이런 종류의 사랑이 훌륭한 사랑으로 생각되기는 하지만 여기에는 정도의 차이가 있을 수 있다. 즉, 완전한 사랑에는 세 가지 요소가 다 같이 포함되기는 하지만 이들 요소가 가지는 깊이의 정도에 차이가 나기 때문이다.

많은 사랑의 관계는 1~2개의 요건이 단지 최소한으로 존재하면서 장기간에 걸쳐 지속된다. 사실 이들 사랑의 구성요소는 시간의 흐름에 따라 변화한다.

사랑이 계속되는 경우 인지적 요소인 투신은 사랑의 강도가 강할 때 최고조에 달했다가 안정을 유지하는 반면, 친밀감은 시간의 경과와 함께 서서히 생겨나게 된다. 그리고 열정은 시간이 흐를수록 현저한 퇴조를 보이고 비교적 일찍 평정을 유지하게 된다. 완전한 사랑으로 결혼한 부부의 경우, 세월이 흐름에 따라 열정은 식고 친밀감과 투신만 남아 동료적 사랑으로 변하는 것이 일반적인 현상이다. 완전한 사랑으로 결혼했으나 부부간의 갈등으로 열정과 친밀감마저 상실한 채 자녀들을 위해 살아가는 부부는 공허한 사랑으로 변한다.

결국 사랑하는 사람들은 완전한 사랑을 어떻게 지속적으로 유지하느냐의 문제에 당면하게 된다. 결론적으로 스턴버그는 사랑을 유지하고 키워나가기 위해서는 사랑의 표현이 중요하다고 강조한다.

삶의 의미

삶의 의미와 목적이 얼마나 중요한지는 하버드대학교 연구에서 밝혀진 바 있다. 1953년 졸업생들에게 삶의 야망이나 목표가 무엇인지 설문조사를 하였다. 당시 특정한 목표를 가진 학생이 3%밖에 되지 않았다고 한다. 그 후 25년간 추적하면서 연구를 계속하였는데, 목표를 가진 3%의 졸업생이 나머지 97%의 졸업생보다 더 안정된 결혼생활과 건강을 유지하면서 행복한 삶을 살고 있다는 결과를 내놓았다(이상복, 2012). 대체로 우리는 삶의 목표는 10대나 20대까지 정해야 하고 더 나이가 들면 늦었다고 생각하는 경향이 없지 않다.

하지만 자동차 왕으로 불리는 미국의 자동차 회사 '포드'의 창설자인 헨리 포드는 40세까지도 일개 기계공에 지나지 않았고, 미국의 제16대 대통령이었던 에이브러햄 링컨은 49세에도 출세하지 못한 시골의 변호사였으며, 남아프리카공화국 최초의 흑인 대통령이었던 넬슨 만델라는 46세에 수감되어 72세에 풀려났음을 상기해 보라. 지금이라도 늦지 않았다. 이 장을 통해 자신의 삶의 의미와 목적을 설정하거나 재점검해 보기 바란다.

삶의 의미와 목적

인간은 자신의 삶 속에서 나름대로의 의미를 발견하려고 노력하는 존재이다. 즐겁지만 의미를 느낄 수 없는 활동은 공허감을 줄 뿐이다. 개인의 깊은 내면적 삶을 접하게 되는 심리치료자들에 따르면, 많은 돈을 벌고 사회적으로 성공하여 부러울 것이 없는데도 삶의 의미를 느낄 수 없어 허전하고 우울한 상태에 시달리는 사람들이 많다. 이러한 무의미감 상태가 심각해지면 실존적 우울증에 이르게 된다(May & Yalom, 2000).

삶의 의미와 목적의식은 우리 삶에 방향을 제시해 주고 집중하게 할 뿐만 아니라 우리 삶이 소중하다는 가치감을 제공해 준다. 자신의 삶에 대한 소중한 의미를 발견하고 목적의식을 갖고 살아가는 것은 극심한 역경과 고난을 견디고 이겨내도록 하는 동시에 기쁨과 행복을 느끼게 한다. 긍정심리학 연구에 따르면, 의미는 우리의 삶에 있어서 두 가지 중요한 기능을 수행한다.

첫째, 의미는 역경으로부터 보다 탄력적으로 빨리 극복할 수 있도록 하는 데 필요한 초석을 제공한다.

둘째, 의미는 목표를 설정하고 그 목표를 향해 나아갈 수 있도록 방향감을 제공한다. 이처럼 삶의 의미는 우리로 하여금 고난을 이겨내게 만드는 인내의 원천일 뿐만 아니라 삶에 가치감과 만족감을 부여하는 행복의 원천이기도 하다.

임상심리학자인 폴 웡은 의미는 행복과 훌륭한 삶을 살기 위해서 중요하다고 제안하면서 자신의 의미에 대한 접근법을 설명하기 위해서 다음과 같은 PURE라고 하는 약성어를 사용하고 있다(Wong, 1998).

목적 목적Purpose은 목표, 가치 및 포부를 포함하는 것으로 동기와 밀접한 관계가 있다. 웡은 목적 없는 삶은 키 없는 배와도 같기 때문에 배의 안정성과 조종을 위해서는 키가 필요하듯 우리의 삶도 그 안정성과 방향을 위해서는 목적이 필요하다고 말한다. 개인적 강점과 자존감 같은 행복의 다른 측면들도 중요하지만 무엇보다도 목적이 중요하다. 목적이 무엇이든 간에 우리가 어떤 목적을 가진다는 것은 중요하다.

이해　이해Understanding는 자기인식과 자기정체감을 보다 큰 도식 속에 합병시킨 의미의 인지적 요소다.

책임　옳은 일을 행하고, 자신의 가치에 부합되는 방식으로 행동하며, 자신의 행위에 대해 책임Responsibility을 지는 것을 포괄하는 의미의 행동적 요소다. 윙이 지적한 대로 우리가 자유와 자율성 및 선택할 권리를 요구하기 위해서는 우리가 내린 결정과 취한 행동에 따른 책임을 수용해야만 한다.

즐거움/평가　이것은 의미의 정서적 측면과 평가적 요소를 가리킨다. 우리가 의미 있는 삶을 살기 위해선 삶에 즐거움Enjoyment이 있어야 하며, 즐거움이 없을 경우 삶을 재평가Evaluation하고 적응해 나가야 한다.

삶의 의미와 목적은 살아갈 의지를 심어주고 어려움에도 희망의 빛이 꺼지지 않게 만드는 위력을 갖고 있으며, 따라서 역경과 고난 속에서도 인내하게 만든다. 추구할 목표가 있고 더욱이 그 목표가 긍정적인 것이라면 삶의 스트레스와 긴장감은 사라지고 고통을 피하려고 하기보다는 즐거움을 얻는 일에 집중하게 될 것이다.

삶에서 추구하는 개인적 목적과 행복과의 관계를 조사한 연구들에 따르면, 일반적으로 재정적 성공, 사회적 인정, 신체적 매력 같은 외재적 목적을 추구하는 사람들은 행복 수준이 낮은 반면, 관계성이나 자율성 혹은 유능성과 관련된 내재적 목적을 추구하는 사람들은 행복 수준이 높은 경향이 있다.

당신의 삶에는 어떤 의미와 목적이 있는가? 당신은 무엇을 위해 어떻게 살아가고 있는가?

목적 실현과 의미 발견

목적은 종종 의미와 같은 뜻으로 사용되는 단어다. 자신의 삶의 목적을 실현하기 위해서 행할 수 있는 활동들이 여러 개 있다. 그중 하나가 자신의 삶의 목적을 향해 빨리 나아가는 것을 상상하고 다음과 같은 질문에 대답해 보는 것이다.

① 나는 자신의 어떤 면이 어떻게 기억되기를 바라는가?
② 나는 누구에게 기억되기를 바라는가?
③ 나의 성취와 개인적 강점 중에서 다른 사람들과 얘기를 나누고 싶은 것이 어떤 것인가?
④ 내가 살아온 삶을 되돌아보았을 때 만족스러운가?
⑤ 나는 지금 내 목표가 성취될 수 있도록 삶을 살아가고 있는가?

이러한 질문에 대답해 보는 것은 우리가 자신의 가치에 따라 살고 있는지, 자신의 목표를 성취하고 있는지, 그리고 원하는 대로 삶을 살고 있는지의 여부를 확인하는 데 도움이 될 것이다. 만약 ④와 ⑤의 질문에 대한 대답이 '아니요'라고 한다면 당신이 올바른 방향으로 나아가고 있다는 것을 보장하기 위해 취할 수 있는 변화가 무엇인지 생각해 보라. 당신이 현실적으로 행할 수 있는 것이 무엇인가? 어떤 것들이 여러분의 통제 내에 있는가? 당신은 지금 이러한 목표를 향해 나아가기 위해 무엇을 하고 있는가?

만약 당신이 삶의 의미와 목적에 대해 생각하는 것이 쉽지 않다고 느낀다면 한 발짝 물러서서 자신이 행하고 있는 일의 견지에서 그 의미와 목적을 생각해 보라. 그것이 삶의 의미와 목적을 다루기 위한 실제적인 방법이다. 여기서 일이란 임금을 받고 하는 일뿐만 아니라 자원봉사나 가족을 양육하는 일을 가리킬 수 있다. 삶의 의미에 관한 연구들을 보면 대다수의 사람들은 일과 직업적 성취를 삶의 가장 중요한 의미로 여기고 있다. 자기 직업이 천성이나 소질과 맞지 않고 좋아하는 것이 아니라면 능률도 떨어지고 그 일에서 기쁨과 보람을 얻기 어려울 것이다. 결국 직업에서 만족감을 경험하지 못하는 사람은 결코 행복한 삶을 누릴 수 없다.

미국 뉴욕대학교의 조직심리학자인 에이미 브제스니예프스키에 의하면, 일(직업)에 대한 관점은 다음과 같은 세 가지가 있다(Wrzesniewski et al., 1997). 이러한 관점은 당신과 당신이 행하는 일의 종류보다는 일 하면서 맺게 되는 인간관계와 더 관련이 있다.

노동으로서의 일　자신의 일을 노동이나 생업으로 생각하는 사람은 일을 목적을 달성하기 위한 수단에 불과하다고 생각한다. 하고 싶어서 일을 하는 것이 아니라 이렇다 할 흥미를 느끼지 못한 채 그저 해야 한다는 의무감으로 일을 한다. 일 밖에서의 생활을 즐기기 위한 재정적 혜택 때문에 일을 한다. 재정적으로 문제가 없는 사람들은 하던 일을 하지 않게 된다. 이런 부류의 사람은 진정한 가치와 보람을 찾기보다는 근무시간이 끝나기만 기다리며 퇴근한 뒤에는 일에 대한 생각을 떨쳐버린다. 그리고 월급이나 수당과 같은 가시적인 혜택에 의해서 주로 동기부여를 받는다.

직업으로서의 일　일을 직업 혹은 경력으로 생각하는 사람은 일을 보다 즐기지만 승진, 수준이 높은 일과 그에 따르는 임금 인상과 같은 보상, 사회적지위, 권력, 자존감 등에 특별한 관심을 가지며 일을 한다. 직업의식을 가진 사람은 또한 외재적 요인에 의해 동기부여를 받고, 발전할 수 있다는 가능성 하나로 충분히 의욕을 갖고 일을 하기도 하며, 때로는 더 나은 직업을 찾기 위한 발판의 기회로 삼기도 한다.

소명으로서의 일　자신의 일을 소명으로 여기는 사람은 일 그 자체가 목적이며 일을 삶의 가장 중요한 부분의 하나로 여긴다. 그들은 보상이나 발전을 위해 일을 하는 것이 아니라(물론 중요한 것일 수도 있지만) 보다 나은 세상을 만들어가는 데 이바지하고 개인의 충만감을 위해서 일을 한다. 일을 소명으로 여기는 사람은 자신의 일을 사랑하고 소중히 여기며, 더 이상 일을 하지 못하게 되면 혼란에 빠진다. 그들은 자신의 일이 세상에 반드시 필요하고 선한 목적에 기여하며 자신뿐만 아니라 타인의 삶을 한층 발전시킨다고 믿으며, 무보수로 일해도 상관없다는 생각을 하고, 근무시간 외에도 일에 대해 생각하기 좋아한다.

브제스니예프스키에 따르면, 우리가 일을 노동으로 보느냐, 직업으로 보느냐, 아니면 소명으로 보느냐 하는 것이 우리의 삶에 대한 만족도에 영향을 미치며, 지위와 버는 돈의 액수보다 행복에 더 중요하다는 것이다. 일을 소명으로 보는 것이 보다 높은 수준의 행복과 관련이 있다는 것을 충분히 이해할 수 있을 것이다. 그렇다면 자신의 일을 소명으로 여기기 위해서는 어떻게 해야 하는가? 무엇보다 의미를 발견하는 것이 중요하다. 직업의 의미는 2개의 원천, 즉 직무와 직장으로부터 발견될 수 있다(Pratt & Ashforth, 2003). 직무의 의미는 개인이 하는 직업적 활동에 대한 의미로, "나는 무엇을 하고 있는가?" 또는 "내가 하는 일이 어떤 의미가 있는가?"에 대한 대답을 말한다. 직장의 의미는 자신이 속해 있는 조직에 부여하는 의미로, "나는 어디에 속해 있는가?"에 대한 대답을 말한다. 이러한 두 가지 물음에 대한 대답은 개인적 정체감, 즉 "나는 누구인가?"의 중요한 요소가 된다. [그림 4]에서 보는 바와 같이

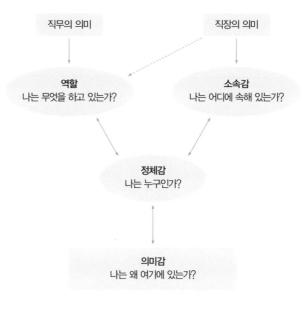

| 그림 4 | **직업에서의 의미 발견**

이러한 정체감으로부터 "나는 왜 여기에 있는가?"에 대한 대답, 즉 매 순간의 의미를 발견하게 되는 것이다.

따라서 직업의 의미를 강화하기 위해서는 직장에 대한 소속감과 더불어 개인이 담당하는 직무와 역할의 소중함을 발견하는 것이 필요하다. 이를 위해서 조직은 구성원의 선발, 배치, 교육을 통해서 개인과 업무의 적합도를 높여야 할 뿐만 아니라 구성원 간의 관계 증진을 위해서 가족과 같이 친밀한 관계구조를 구축하고 개성 있는 조직문화를 형성함으로써 공동체 의식을 진작하는 것이 중요하다. 또한 업무 재설계를 통해서 구성원으로 하여금 자신이 하는 일에서 소중한 의미를 찾을 수 있도록 장려하는 것이 중요하다.

삶에 의미를 부여하는 방법

자신의 삶에 무언가 의미부여를 하는 것, 특히 긍정적인 의미를 부여하는 것은 행복한 삶을 위해서 매우 중요하다. 의미부여는 삶 속에서 경험한 사건들을 새로운 관점에서 재구성하여 이해하는 능동적인 과정이다. 다시 말하면, 의미부여는 겉으로 전혀 관계가 없는 것처럼 보이는 사건들을 서로 연결하고 그로부터 소중한 가치를 발견하는 과정이다.

병원 청소부에 대한 한 연구는 사람들이 동일한 일을 매우 다르게 볼 수 있다는 것을 잘 보여주고 있다. 어떤 사람은 의미 없는 일이라고 여기고, 또 다른 어떤 사람은 의미 있는 일이라고 여긴다. 한 집단의 청소부들은 청소를 평범하고 지루한 일로 생각했다. 이들은 지시에 따라 일을 할 따름이고 환자들과 상호작용을 거의 하지 않았다. 또한 이들은 자신의 일을 즐기지 않았고 단순 기능의 일이라고 느꼈다. 다시 말해서, 이들은 자신의 일이 매우 의미 없다고 느꼈다. 다른 집단의 청소부들은 자신의 일이 의미를 가질 수 있도록 재구성하고 기술을 다듬었다. 이들은 부가적인 임무를 수행하였고 환자들과 보다 자주 상호작용을 하였다. 이들은 자신의 일을 즐겼고, 자신의 일이 환자의 행복에 중요하고 병원의 원활한 운영에 이바지한다고 느꼈다(Grenville-Cleave, 2012).

당신의 일은 얼마나 의미가 있는가? 자신의 일을 좀 더 의미 있는 것으로 느끼고 싶다면 일에 의미를 부여해 줄 수 있는 작은 변화가 무엇인지 생각해 보라. 예를 들어, 사무실 청소부가 다른 직원이 휴가 중이거나 병가 중일 때 식물에 물을 줌으로써 그 직원과의 다른 관계를 창조할 수 있을 것이다. 그리고 이는 자신의 일에 대한 준거 틀을 변화시켜 줄 것이다.

심리학자인 저스틴 버그와 그의 동료들은 스스로에게 다음과 같은 질문을 던져보라고 제안한다(Grenville-Cleave, 2012).

- 만약 내가 현 조직 내에서 나의 직무 기술job description을 해볼 기회가 주어진다면 나의 책임은 무엇이겠는가?
- 이러한 '이상적' 직무가 나의 현 직무와 어떻게 다를까?
- 내가 이러한 변화를 만들고 싶은 이유는 무엇인가?
- 내가 이러한 변화를 만드는 데에 방해물이 되었던 것이 무엇인가?

- 이러한 변화를 만들 수 있게 하는 것은 무엇인가?

이러한 질문들에 대한 당신의 아이디어를 자신의 행복일지에 기록하고, 한두 가지 아이디어를 선택하여 전심전력을 다하여 실행해 보라. 그리고 어떤 특정한 주제(충격적인 부정적 사건이나 성공 경험 등)에 대해서 글을 쓰거나 자신의 인생 전반에 대한 자전적인 글을 써보라.

댄 맥애덤스에 따르면, 자전적 글쓰기는 삶의 의미와 가치를 발견하는 데 매우 유용한 방법이다. 자전적 글쓰기를 통해 그동안 간과해 왔던 삶의 중요한 측면들을 발견할 수 있고, 그 의미를 전환시킬 수 있을 뿐만 아니라 가치를 부여할 수 있다. 때로는 이러한 글쓰기를 통해서 자신의 삶을 새로운 관점에서 재구성하여 소중한 의미와 가치를 부여할 수 있다(McAdams, 1996). 최근 상담과 심리치료 분야에서 '이야기 치료'가 부상하고 있는데, 이야기 치료는 의미부여와 자전적 글쓰기를 심리치료의 중요한 요소로 활용하여 치료몰입 경험을 증대시키기 위한 것이다. 즉, 이야기 치료는 자전적 이야기를 통해서 자신의 삶을 재구성하면서 소중한 의미와 가치를 발견하도록 촉진한다. 글쓰기는 이전에 뒤죽박죽이었던 생각과 감정들을 명료하고 체계적으로 정리해 주고, 이러한 과정에서 깨달음과 통찰을 얻게 되고 새로운 대처방식을 탐색하게 된다. 이러한 글쓰기를 통한 의미부여는 신체적 · 심리적 건강에 도움을 주는 것으로 여러 연구 결과에서 밝혀지고 있다.

성취

성취는 학업성취, 유능감, 성공적인 목표달성, 높은 수준에서의 숙달을 포괄하는 매우 광범위한 용어다. 이들 개념은 수십 년 동안 심리학에서 별도로 연구되어 왔지만 긍정심리학 내에서 '성취'란 표제로 함께 통합된 것은 새로운 것이다. 성취는 행복의 측면들 중 하나로 포함된다. 왜냐하면 다른 요소와 마찬가지로 성취는 인간이 그 자체를 위하여 추구하는 것이기 때문이다. 비록 우리 모두가 권력, 지위, 혹은 보상과 같은 외재적 이유 때문에 높은 성취를 이룬 사람들을 알고 있다 하더라도 성취는 그 자체가 내재적으로 동기를 부여하는 요인이다. 마틴 셀리그만은 성취 그 자체만을 증진하거나 다른 네 가지 측면들(긍정적 정서, 몰입, 인간관계, 삶의 의미)과 함께 증진하면 보다 높은 수준의 행복으로 이끌 것이라고 말한다.

성취한 사람들의 특성

긍정심리학은 위대한 성취를 통해 자기실현을 이룬 인물들에 대해 깊은 관심을 가진다. 그들이 지닌 재능과 강점, 성취를 이루게 된 과정, 그리고 성취를 가능하게 만든 상황과 환경에 대해 연구한다. 다중지능 이론의 제안자이자 미국 하버드대학교 교육심리학 교수인 하워드 가드너는 아인슈타인, 그레이엄, 피카소, 스트라빈스키, 울프와 같이 비범한 인물들의 생애와 업적을 연구하여 비범한 성취의 네 가지 유형을 제시했다(Gardner, 1993, 1997).

첫째, 어떤 전문 영역에서 거장이 되는 것이다. 음악 작곡 분야에서의 모차르트처럼 자신의 직업 분야에서 탁월한 능력과 성취를 통해 최고의 전문가(달인과 명인)가 된 사람들이 이에 해당된다.

둘째, 새로운 영역의 창시자가 되는 것이다. 정신분석학이라는 새로운 학문 영역을 창시한 프로이트처럼 창의성을 발휘하여 새로운 분야를 개척하고 확장하는 것이 이에 해당된다.

셋째, 사회를 긍정적으로 변화시키는 영향력 있는 인물이 되는 것이다. 정치 분야에서의 간디처럼 사회를 좀 더 평화롭고 풍요롭게 발전시키는 것이 이에 해당된다.

넷째, 내면적인 삶을 깊이 탐색하고 성취하는 인물이 되는 것이다. 소설가 제임스 조이스나 자신의 삶을 깊이 성찰하고 높은 영적 수준에 이른 사람들이 이에 해당된다.

어떤 유형이든 자신이 일하는 분야에서 위대한 업적과 성취를 이룬 사람들은 어떤 특성을 갖고 있을까? 머레이는 다양한 분야에서 위대한 업적과 성취를 남긴 사람들의 전기를 분석하여 공통된 개인적 및 환경적 특성을 다음과 같이 정리했다(Murray, 2003).

- 한 분야의 정상에 이른 사람들은 고도의 지식과 기술을 갖추고 있었다.
- 어떤 분야든 정상의 위치에 도달한 사람들은 엄청난 노력을 기울였다. 타고난 능력을 가진 사람들도 그러한 능력을 발현시키기까지 많은 시간 피나는 노력을 기울였다.
- 한 분야에서 정상에 이르기 위해서는 자신의 성취와 인생에 도움을 준 멘토를 지니고 있었다. 멘토는 대부분 각 분야의 전문가로서 지식과 기술을 전수해 주는 역할뿐만 아니라 그 분야의 중요성과 의미를 심어줌으로써 동기를 부여하고 강화하는 역할을 수행했다.

- 개인의 재능과 역량을 자극하고 개발하며 발휘할 수 있는 환경적 조건 속에 있었다.
- 개인의 역량을 존중하고 개인으로 하여금 유능감을 지니도록 만드는 문화적 분위기의 영향을 받았다.

이러한 위대한 성취를 이룬 사람들의 개인적 및 환경적 특성에 대한 조사 결과를 우리 자신에게 적용할 수 있다. 자신이 하는 일에서 뛰어난 성취를 이루기 위해서는 자신의 흥미와 능력을 확인하고, 그에 적합한 전문 영역을 선택하고, 그 분야의 전문가를 찾아 신뢰할 수 있는 관계 속에서 지식과 기술을 배우고 많은 시간을 투자하여 노력하고, 자신이 하고 있는 일과 역할이 중요하다는 것을 분명히 인식하며, 주어진 일을 성공적으로 해결해 낼 수 있다는 자신의 능력에 대한 신념과 태도인 자기효능감을 증진할 필요가 있다.

성취도를 높이고 전문가 되기

셀리그만의 이론에 따르면, 성취는 '기술skill × 노력effort'으로 요약될 수 있다. 즉, 그는 기술과 노력 요소가 성취

수준을 높이는 데에 필요하다고 본다. 행복 이론에 따르면, 특정 과제에 대해 이미 많은 관련 기술이나 지식을 습득하고 있다면 기본적인 것에 노력을 낭비할 필요가 없을 것이다. 관련 기술이나 지식은 더욱 빨리 사고할 수 있도록 해주고, 기획과 점검 및 창조성 발휘에 몰두할 수 있는 시간의 여지를 제공해 준다. 사고, 기획, 점검, 창조성 발휘는 우수한 수행을 증명하는 보증서이다.

그러나 아무리 관련 기술이나 지식을 갖고 있다고 하더라도 열심히 노력하지 않으면 성취도는 떨어진다. 노력의 견지에서 보면, 누구든지 100시간을 집중하면 기초가 해결되고, 1,000시간을 집중하면 우등생이 되고, 1만 시간을 집중하면 그 분야의 최고 전문가(달인)가 되고, 10년을 집중하면 시대를 바꿀 수 있다는 말이 있다.

심리학자인 안데르스 에릭슨은 어떤 분야에 전문가가 되기 위해서는 최소 10년(대략 1만 시간)을 꾸준하게 연습해야 된다고 제안한다(Ericsson, 1996, 2009). 에릭슨이 말하는 '꾸준한 연습'이란 이미 우리가 어떻게 해야 되는가를 알고 있는 일을 연습하는 것을 의미하는 것이 아니라 자신이 매우 잘할 수 없거나 전혀 할 수 없는 일에 지속적인 노력을 쏟는 것을 말한다. 다시 말하면, 전문가가 되기 위해서는 자신의 전통적인 안전지대에서 벗어나 끊임없이 스스로 동기를 부여하고 채찍질해야 된다는 것이다.

인지심리학자이자 신경과학자인 대니얼 레비틴 역시 그의 저서 『뇌의 왈츠This is Your Brain on Music』에서 어느 분야에서든 세계 수준의 전문가, 마스터가 되려면 1만 시간의 연습이 필요하다는 연구 결과를 소개하고 있다(Levitin, 2006). 작곡가, 야구선수, 소설가, 스케이트 선수, 피아니스트, 바둑기사, 그 밖에 어떤 분야에서든 성공자와 전문가를 보면 이 수치를 확인할 수 있었다. 1만 시간은 대략 하루 3시간, 일주일에 20시간씩 10년을 연습한 것과 같다. 그는 1만 시간은 위대함을 낳는 '매직 넘버'라고 했다.

만약 당신이 특정 분야에서 꼭 전문가가 되고 싶다면 에릭슨과 그의 동료들이 추천한 다음 두 가지 비결을 명심하라.

첫째, 당신에게 도전감을 불러일으키고 기술을 향상시키는 데에 필요한 비판적 피드백을 줄 수 있는 코치나 멘토를 찾아라.

둘째, 그 분야의 '달인'이 일하는 것을 관찰할 시간을 갖고 그 기술을 따라 해보라.

성취의 관문 : 유능감

인내력과 함께 유능감(하고 있는 일에 자신을 가지고 몰입 경험적으로 숙달할 수 있다는 감정)을 가지는 것은 크든 작든 어떤 수준에서의 성공을 이루기 위한 좋은 비결이 된다. 특정 분야에서 유능감을 증진시키기 위해서 취할 수 있는 여러 가지 전략들이 있다.

한 가지 방법은 어떻게 수행하고 있는가에 대한 건설적인 피드백을 정기적으로 받는 것이다. 피드백은 활동에 내재되어 있을 수도 있다.

목표와 관련하여 유능감을 증진시키기 위한 두 번째 방법은 자신의 기술을 향상시키기 위한 방법을 모색하는 것이다. 이를 위해서 우리는 행할 때마다 매번 조금씩 노력하지 않으면 안 되도록 목표를 점차 도전적인 것으로 만들 수 있다. 사람들은 자신의 안전지대 밖으로 발을 내딛는 것을 천성적으로 싫어한다. 그렇지만 자신의 안전지대 밖으로 나아가는 것이 정말로 새로운 기술을 배우기 위한 유일한 방법임을 기억하라. 따라서 당신이 안락하지 않은 기분을 느낄 때, 이것은 당신이 뭔가 새로운 것을 배울 기회를 가져야 한다는 것을 알려주는 징후라는 점을 상기하라.

세 번째 방법은 일을 통해서든 여가시간을 활용해서든 간에 구체적인 기술훈련을 받는 것이다.

마지막 방법은 에릭슨이 제안한 바와 같이 모방을 위한 역할모델을 찾는 것이다.

유능감을 증진시키기 위한 이상의 몇 가지 방법들은 행복에 이르는 성취 경로를 밟아갈 수 있도록 기회를 넓혀줄 것이다.

낙관주의

비관주의(염세주의)는 세계는 원래 불합리하여 비애로 가득 찬 것으로서 행복이나 희열도 덧없는 일시적인 것에 불과하다고 보는 세계관인 반면, 낙관주의(낙천주의)는 비관주의와는 반대로 세계는 최종적으로 선善을 향해 나아가기 때문에 명랑하고 즐기면서 살아가는 것이 좋다고 하는 세계관이다.

낙관주의는 행복과 정신건강에 긍정적 영향을 미치는 것으로 알려져 있다. 낙관주의에 관한 연구들을 개관한 논문(Seligman, 1991; Snyder, 2002)에 따르면, 낙관주의는 다양한 영역에서의 성취, 낮은 수준의 불안과 우울, 긍정적인 인간관계, 삶에 대한 통제감, 신체적 건강에 긍정적 영향을 미친다.

또한 낙관주의는 미래에 대한 긍정적 태도, 즉 소망하는 일들이 미래에 실현될 것으로 기대하는 희망적 태도를 의미하는데, 이러한 태도는 긍정적 정서와 활기찬 행동을 통해서 목표지향적 행동을 촉진하게 되며 성실성, 근면성, 만족지연 능력과 같은 긍정적 성격요인들과도 밀접한 관계를 지닌다.

낙관주의의 이점

낙관주의를 지닌 사람들은 인생의 밝은 면을 보게 되고, 어려움 속에서도 용기와 희망을 잃지 않으며, 목표를 위해 적극적으로 노력한다. 그리고 낙관적으로 생각하기 때문에 적극적인 행동을 하게 되고 그러한 목표를 달성할 가능성이 높다. 이런 점에서 낙관주의는 매우 가치 있는 성격적 강점이라고 할 수 있다. 반면에 낙관주의와 희망의 반대가 되는 비관주의, 절망감, 무력감은 모두 부정적인 의미를 지니고 있다.

낙관주의의 성격적 강점을 갖고 있는 사람들과 관련된 심리적 특성을 살펴보면 다음과 같다(Grenville-Cleave, 2012).

- 낙관주의자는 비관주의자보다 불안, 우울 및 고통을 덜 겪는다.
- 낙관주의는 위기 상황이나 문제 상황에서의 보다 효과적인 대처와 관련이 있다. 낙관주의적인 사람은 문제에 직면했을 때 피하려고 하기보다는 극복하려는 경향이 있으며, 수용과 유머 그리고 긍정적 재구성의 기법을 보다 많이 사용한다.
- 낙관주의는 보다 높은 삶의 만족도와 웰빙 수준과 관계가 있다.
- 낙관주의자는 보다 강한 면역체계를 갖고 있으며 심장병 위험률이 더 낮다.
- 낙관주의자는 수술 회복이 빠르며 그 예후도 좋다.
- 낙관주의자는 심각한 질병과 같은 삶의 부정적 사건에 대해 더 잘 적응한다.
- 우리가 생각하는 것과는 정반대로, 낙관주의자는 질병의 경고 표시를 무시하는 것처럼 문제를 직시하지 못하고 현실을 외면하는 사람이 아니다.
- 낙관주의자는 어려운 역경에 처했을 때 쉽게 포기하지 않는 반면에, 비관주의자는 재앙을 예상하고 쉽게 포기하는 경향이 있다.
- 낙관주의자는 비관주의자보다 문제에 직면했을 때 행동지향적이며 나쁜 현실을 수용하는 경향이 있다.

낙관주의의 좋은 심리적 특성을 몇 가지 살펴보았듯이 낙관주의 태도를 취하는 것이 비관주의 태도를 취하는 것보다 훨씬 좋다는 것은 자명하다. 그렇다면 비관주의자가 보다 낙관적이 되기 위한 방법을 배울 수 있을까? 마틴 셀리그만 박사와 같은 긍정심리학자들의 대답은 한결같이 '그렇다'이다.

셀리그만은 사람들에게 자신이 인생의 사건을 어떻게 설명하는지 주의를 기울이게 하고, 그 원인을 좀 더 긍정적인 방향으로 재귀인하는 방법을 가르침으로써 낙관주의를 증진시킬 수 있다고 제안하면서, 이를 '학습된 낙관주의'라고 불렀다(Seligman, 1991). 그는 청소년을 대상으로 낙관주의 증진 프로그램을 실시하여 그 효과를 입증한 바 있으며, 낙관주의 증진을 통해 정신장애를 예방할 수 있고 행복을 증진시킬 수 있다고 주장하였다.

따라서 비록 당신이 처음부터 이마에 찌푸린 주름을 갖고 태어났다고 하더라도 걱정할 필요가 없다. 즉, 기질적으로 비관주의 성향을 갖고 태어났다고 하더라도 다양한 생활사건이나 후천적 훈련에 의해서 변화될 수 있다.

그러면 우리는 낙관주의를 어떻게 증진시킬 수 있을까? 과학적 연구는 우울증의 위험률을 감소시키는 등 실생활에서 사람들에게 차이를 가져다준 것으로 밝혀진 많은 실제적 전략들을 제안하고 있다. 이러한 실제적 전략들을 살펴보기 전에 먼저 낙관적 및 비관적 사고가 실제로 어떻게 작용하고 있는가를 살펴보기로 하자.

설명양식/귀인양식

낙관주의는 크게 세 가지 심리학적 관점에서 연구되어 왔다. 그 첫째는 미래의 일들이 긍정적인 방향으로 잘 펼쳐질 것이라는 전반적인 기대를 의미하는 기질적 낙관주의이고, 둘째는 자신의 행동과 노력으로 인해서 추구하는 목표를 성취할 수 있을 것이라는 믿음을 뜻하는 희망이며, 셋째는 사건의 원인을 자신에게 유리한 긍정적 방향으로 돌리는 설명양식이다. 이러한 세 가지 심리학적 접근 가운데 여기서는 설명양식을 중심으로 낙관적 및 비관적 사고가 어떻게 작용하고 있는가를 알아보기로 한다.

설명양식이란 우리가 자신의 경험 혹은 자신에게 발생하는 사건을 설명하는 방식을 뜻하며, 귀인양식이라고도 한다. 귀인양식을 통해서 낙관주의를 설명하려는 셀리그만과 그의 동료들의 연구(Buchanan & Seligman, 1995; Peterson, Maier, & Seligman, 1993)에 따르면, 낙관주의자와 비관주의자는 서로 다른 설명양식을 갖고 있다. 낙관주의자는 부정적 사건과 경험의 원인을 외부적이고 일시적(불안정적)이며 특정적(한정적)인 요인의 탓으로 돌리는 반면에, 비관주의자는 그 반대로 내부적이고 지속적(안정적)이며 전반적인 요인의 탓으로 돌린다. 흥미롭게도 이러한 입장은 우리가 좋은 사건과 경험을 설명할 때는 그 반대가 된다. 즉, 낙관주의자는 좋은 사건과 경험을 개인적(내부적)이고 지속적이며 전반적 요인의 탓으로 돌리는 반면, 비관주의자는 그 반대로 생각한다. 예를 들어 정리해 보면 [표 1], [표 2]와 같다(Grenville-Cleave, 2012).

| 표 1 | 부정적 사건 : 내가 취업 면접시험에서 탈락한 이유

질문	낙관주의자	비관주의자
그것은 개인적인가?	면접시험에 지각한 것은 내 잘못이 아니다. 교통체증이 심했기 때문이다. "아닙니다. 그것은 저와 무관합니다." "아닙니다. 그것은 제가 한 것이 아닙니다."	제가 버스를 탄 것이 어리석었습니다. 기차를 탔어야 했는데 말입니다. "그렇습니다. 그것은 저와 관계가 있습니다." "그렇습니다. 그것은 제가 한 것입니다."
그것은 지속적인가?	한 번 떨어졌을 뿐이다. 다음 면접에서는 잘할 수 있을 것이다. "아닙니다. 그것은 일시적이에요. 사태가 달라질 수 있습니다."	취업 면접시험에서 계속 떨어질 것이다. "그렇습니다. 그것은 지속적이에요. 사태가 달라지지 않고 항상 이럴 것입니다."
그것은 전반적인가?	다른 지원자들이 나보다 더 훌륭했다. "아닙니다. 제가 탈락한 것은 매우 특수한 이유가 있기 때문입니다."	나는 보잘 것 없는 지원자이고, 따라서 하찮은 직원이 될 것이다. "그렇습니다. 제 남은 인생이 잘못될 것으로 여겨지는 것은 전반적(일반적)인 이유가 있기 때문입니다."

| 표 2 | 긍정적 사건 : 내가 취업 면접시험에서 합격한 이유

질문	낙관주의자	비관주의자
그것은 개인적인가?	나는 면접 질문에 대해 매우 훌륭하게 대답했다. "그렇습니다. 그것은 저와 관계가 있습니다." "그렇습니다. 그것은 제가 한 것입니다."	면접관들이 너무나 기본적인 질문을 던졌다. "아닙니다. 그것은 저와 아무 관계가 없습니다."
그것은 지속적인가?	나는 항상 면접에 잘 대비했기 때문에 합격했다. "그렇습니다. 사태가 항상 이와 같을 거예요."	나는 면접 당일 너무 운이 좋았다. "아닙니다. 사태가 이와 같지는 않을 거예요."
그것은 전반적인가?	나는 매우 재능이 있는 사람이다. "그렇습니다. 제 남은 인생이 좋아질 것이라고 여겨지는 것은 전반적(일반적)인 이유가 있기 때문입니다."	나는 면접에서 기본적인 질문에 어떻게 답하는지 알고 있다. "아닙니다. 이렇게 좋은 결과를 얻은 것은 매우 특수한 이유가 있기 때문입니다."

당신이 살아오면서 지금은 극복되었지만 과거에 겪었던 부정적 사건이나 경험을 떠올려보라. 그 부정적 사건이나 경험이 무엇이었으며, 왜 일어났는가에 대한 설명을 적어보라. 이제 [표 1]과 [표 2]를 살펴보고 당신 자신의 설명양식이 어떠한지 확인해 보라.

낙관주의 작동방식

　　　　　낙관주의가 장애물과 스트레스 상황에 직면
했을 때의 대응과 관련하여 어떻게 작동하는가? 첫째, 낙관주의는 동
기의 한 원천이다. 우리의 행위가 긍정적 결과를 낳을 것이라고 믿을
때 행동을 시작하기가 훨씬 쉽다. 이것은 우리가 지속하는 것을 가로
막는 장애물을 만났을 때 특히 중요하다. 실망스럽거나 좋지 않은 일
을 당했을 때 낙관주의는 행위를 지속시키도록 힘을 주는 반면에, 비관
주의는 포기하도록 할 수 있다. 낙관주의자는 부정적 사건을 일시적이
고 특정의 상황으로 제한하는 해석을 함으로써 자신감을 해치고 효율
적인 대응을 방해할 수 있는 강력한 부정적 정서로부터 자신을 보호한
다(Carver & Scheier, 2002). 낙관주의를 개인적 통제를 달성하는 데 목적
을 둔 자기조절 행위라는 맥락에서 보고 있는 찰스 카버와 마이클 셰이
어는 그들의 자기조절 모델에서 사람들이 도전에 직면하고 목표달성에
방해물이 있을 때 낙관주의자는 그것을 극복할 수 있다고 믿고 노력을
지속하는 반면에, 비관주의자는 자신감이 적고 긍정적 기대를 적게 하
기 때문에 수동적이 되거나 노력을 포기하기 쉽다고 주장하였다(Carver
& Scheier, 2002).

　　둘째, 낙관주의자는 비관주의자에 비해 문제해결에 목표를 둔 능동
적인 대응전략을 더 많이 사용한다. 대학생활 스트레스에 대한 대학생

의 적응 연구(Aspinwall & Taylor, 1992)에서 낙관주의적 학생들이 새로운 강의를 듣고 시험을 준비하고 보고서를 작성하고 새로운 관계를 형성하는 일에 직접적으로 대응하는 방법을 찾는다는 것을 발견하였다. 낙관주의적 학생들이 사용하는 능동적인 스트레스 완화책에는 공부하기, 시험에 대비하기, 다른 학생들과의 대화, 계획된 시간 사용 등이 포함되었다. 그러나 비관주의적인 학생들은 그런 스트레스가 없는 것처럼 가정하거나 사라져주면 좋겠다고 생각하며, 친구들과 어울리는 것을 오히려 피하는 식으로 문제를 회피하는 경향을 보였다.

셋째, 낙관주의자는 스트레스원이 통제 가능한 것인지 불가능한 것인지를 구분하여 그에 적절하게 대응전략을 동원하는 융통성을 보인다(Ness & Segerstrom, 2006). 생명을 위협하는 질병과 같은 통제하기 힘든 어려움에 직면했을 때, 낙관주의자는 쓸데없는 노력을 하지 않고 해결할 수 없는 문제를 풀려고 애쓰기보다는 바뀔 수 없는 현실을 수용하는, 보다 정서중심적 대응 쪽으로 이동한다. 정서적 대응은 스트레스를 주는 사건과 상황으로 인한 부정적 정서를 완화하거나 다루는 방법을 찾는 것으로, 여기에는 즐거운 활동을 하기, 타인과 감정을 공유하기, 스트레스를 주는 현재 상황을 보다 긍정적인 미래로 바라보기 등이 포함된다. 자신이 무엇을 변화시킬 수 있고 무엇을 변화시킬 수 없는지를 아는 것은 효율적인 대응의 핵심요소가 되는데, 이는 익명의 알코올 중독자 재활단체로 인해 유명해진 "신이여, 내가 바꿀 수 없는 것들을 받아들일 수 있도록 평온을 주시고, 바꿀 수 있는 것을 바꿀 수 있도록 용기를 주소서. 그리고 그 차이를 아는 지혜를 주소서"라는 라인홀드 니버의 '평온의 기도'에 잘 나타나 있다. 낙관주의자와 비관주의자의 대응 전략을 비교한 연구들에 관한 요약이 [표 3]에 제시되어 있다 (Scheier, Carver, & Bridges, 2002).

| 표 3 | 낙관주의자와 비관주의자의 대응 전략

낙관주의자	비관주의자
• 정보 추구 • 능동적 대응과 계획 • 긍정적 재해석 • 장점 찾기 • 유머 사용 • 수용함	• 사고의 억압 • 포기 • 자기혼란 • 인지적 회피 • 불편에 초점 • 외현적 부인

넷째, 낙관주의자는 긍정적 정서를 더 자주 경험하여, 프레드릭슨의 긍정적 정서의 확장 및 축적 이론에서 설명하고 있는 긍정적 정서의 이점을 획득할 수 있다. 긍정적 정서는 보다 창의적인 문제해결에 도움을 주고, 부정적 정서의 효과를 없애고, 고통에 직면해서 회복탄력성을 증진시키고, 타인으로부터 사회적 지원을 받을 가능성을 증가시키며, 신체건강에 좋은 효과를 보인다.

낙관적 사고 증진 전략
: 논박 기술

보다 낙관적이 되기 위해서 배워야 할 것에 대해 알아보기로 하자. 만약 당신이 자기 자신과 타인 및 세상에 대해서 대체로 부정적으로 사고하는 경향이 있다면 지금이 변화를 고려해야 할 시점이다. 보다 낙관적이 되기 위한 한 가지 매우 효과적인 방법은 자신의 설명양식을 점검하여 부정적으로 설명하는 방식을 바꾸는 것이다. 심리학자들은 이것을 '논박 혹은 반박'이라고 부른다.

당신에게 일어났던 부정적인 사건을 한 가지 생각해 내고 그것을 새로운 눈으로 다시 살펴보라. 그 사건이나 경험을 달리 해석할 수는 없는가?

부정적인 신념들을 설득력 있게 논박하는 방법에는 다음과 같은 네 가지가 있다(Seligman, 2004; Grenville-Cleave, 2012).

명백한 증거 제시하기 : 그것이 사실인가

다음과 같은 질문을 자기 자신에게 던져보라.

- 당신의 부정적인 설명이나 신념을 뒷받침해주는 증거는 무엇인가?
- 당신이 그것은 사실이 아니라고 생각할 수 있는 반대 증거는 무엇인가?

부정적인 신념을 논박할 수 있는 가장 확실한 방법은 그 신념이 사실과 전혀 다르다는 것을 밝히는 일이다. 당신이 맨 처음에 했던 설명을 지지해 주는 증거는 쉽게 떠올릴 수 있지만 그 반대 증거를 생각해 내는 것은 그보다 어려울 것이다. 어렵더라도 주도면밀하고 끈질기게 반대 증거를 찾아야 한다. 만일 학업성적이 나빠서 자신이 꼴등이라는 생각이 들 때는 반드시 그 증거를 찾아야 한다. 정말로 옆자리 친구의 성적이 당신보다 확실히 더 좋은지 말이다. 다이어트에 완전히 실패했다는 생각이 들 때면 자신이 먹은 피자, 치킨, 맥주의 칼로리를 계산해보라. 그러면 친구들과 함께 밖에서 사먹은 그 음식이 평소에 집에서 먹던 음식보다 칼로리가 아주 조금만 높을 뿐이라는 사실을 발견할지도 모른다. 필요하다면 당신의 친구나 동료에게 반대 증거를 물어보라.

대안 찾기 : 다르게 볼 여지는 없는가

확실히 논박했는데도 소득이 없다면 그 이유는 부정적인 신념을 갖게 한 원인이 다양하기 때문이다. 만일 시험 결과가 나쁘다면 그 원인은 시험 문제가 유난히 어려웠다거나 시험공부를 열심히 하지 않았다거나 교수의 평가가 공정하지 못했다거나 상당히 피곤했다는 등 여러 가지가 있을 수 있다. 자신의 왜곡된 믿음을 반박하려면 그런 믿음이 생기게 만든 모든 가능성을 샅샅이 조사해야 한다. 그 사건에 대해 다르게 해석할 수 있는 낙관주의적 설명을 당신이 생각할 수 있는 만큼 많이 생각해 내라. 세 가지, 다섯 가지, 심지어 열 가지 생각해 보라. 여러 가지 원인 중에 가장 치명적인 원인에만 매달리지 말고 덜 파괴적인 원인에서 대안을 찾는 게 현명하다. 외부적, 일시적 및 특수적 원인의 견지에서 생각해 보는 것이 도움이 될 것이다. 브레인스토밍을 할 때는 떠오르는 생각에 대해 절대 비판하지 말라. 잘 생각나지 않으면 다시 친구나 동료에게 지원을 요청하라.

숨은 진실 찾기 : 그래서 어떻다는 것인가

세상만사가 늘 그렇듯 당신이 찾아낸 논박 증거가 항상 당신에게 유리하지만은 않을 것이다. 어쩌면 그 부정적인 신념이 사실로 판명되어 도리어 당신에게 불리하게 작용하기도 한다. 그럴 때는 자신을 그 불행의 구렁텅이에서 탈출시키는 게 상책이다. 설령 자신에 대한 부정적인 신념이 사실이라 할지라도 그 신념 안에 깃들어 있는 의미가 무엇인지 따져보아야 한다. 당신은 최악의 시나리오를 얼마나 자주 쓰는가? 대학 성적이 나쁘다고 해서 영영 직업도 없이 떠돌아야 한다는 것인가? 닭날개 두 조각과 칼로리 높은 음식 한 접시를 먹었다고 해서 영원히 뚱뚱할까? 이쯤에서 다시 부정적인 신념을 논박할 증거를 찾아보라.

먼저, 발생할 수 있는 최악의 결과를 확인하고 기술하라. 그 최악의 결과에 대해 스스로 1~10점 척도로 응답해 보라. 당신이 이러한 상황을 개선하기 위해 취할 수 있는 조치가 무엇인지 자문해 보라. 둘째, 발생할 수 있는 최상의 결과를 확인하고 기술하라. 끝으로, 가장 발생하기 쉬운 일이 무엇인지 자문해 보라. 모든 각도에서 문제를 살펴보는 것이 사건에 대한 현실적인 설명에 도달할 가능성을 높여준다.

　여기서 상식은 여전히 중요하다. 왜냐하면 낙관주의적 사고가 결코 사용되어서는 안 되는 상황들이 분명히 있기 때문이다. 발생할 수 있는 최악의 결과가 재앙이라고 한다면 절대 그것을 무시해서는 안 된다! 예를 들어, 자동차 브레이크가 고장이 나서 수리할 필요가 있다면 이 문제에 대해서는 낙관적으로 생각하지 마라.

　이렇게 해서 얻게 된 새로운 설명이나 신념 중에서 당신의 동기를 유지하고 목표를 성취하며 좋은 기분을 유지하는 데 가장 유용한 것이 어떤 것인지 생각해 보라. 부정적인 사건에 대한 대안적이고 보다 낙관적인 설명이 당신에게 얼마나 더 활력을 주고 기분을 즐겁게 하는지를 숙고해 보라.

실질적인 접근 : 그것이 어디에 쓸모가 있는가

셀리그만은 부정적 사고를 긍정적 사고로 전환시킴에 있어서 마지막 단계이면서 실질적인 단계를 제안하고 있는데, 그것은 다름 아닌 '최상, 최악, 혹은 가장 많이 발생할 수 있는 상황을 개선하기 위해 당신이 무엇을 할 수 있는가'에 초점을 둔 실천계획 세우기이다. 셀리그만에 의하면, 이것은 무력감을 피하고 자기주도성을 갖게 하는 데에 중요하다.

때로는 부정적인 신념을 통해 내린 결론이 정확한 진상 파악보다 실질적인 도움이 되기도 한다. 부정적인 신념이 꼭 파괴적으로 작용하기만 하는 것은 아니다. 다이어트에 실패한 사람이 "난 못 말리는 먹보야"라고 말한다면 그렇게 함으로써 다이어트의 노예에서 완전히 해방될 수 있는 것이다. 세상이 불공평하다는 사실에 몹시 절망하는 사람들이 있다. 그런 절망감은 누구나 가질 수 있는 것이지만, 문제는 부정적인 신념이 그 절망을 확대해석하게 하는 데 있다. 따라서 공평한 세상이라는 신념을 얻으려면 어떤 마음가짐으로 살아야 할지 생각해 보는 것이 실질적인 도움이 된다.

또 다른 방법은 미래에는 공평한 세상이 되도록 세상을 바꿀 수 있는 방법을 모색하는 것이다. 설령 지금은 세상이 불공평하다는 신념이 사실일지라도 앞으로의 세상은 바꿀 수 있지 않은가. 그렇다면 당신은 자신의 삶을 어떻게 바꿀 것인지 생각해 보라.

한편, 인지정서행동치료rational-emotive behavior therapy : REBT를 발달시킨 앨버트 엘리스는 비합리적이고 불합리한 사고나 신념을 변화시킬 수 있는 방법인 ABCDE 코스를 제안하였다(Ellis, 2004). 불행한 일을 겪은 뒤에 이를 당연시하는 비관적인 생각이나 태도를 파악한 다음, ABCDE 방법을 통해 효과적으로 논박하면 다양한 기회와 행복을 지레 포기하는 비관적인 생각이나 태도를 바꿀 수 있을 것이다.

A(activating events, 사건)　　첫째 단계는 비합리적이고 불합리한 사고나 신념을 갖도록 만든 사건을 찾아내는 일이다.

B(belief system, 신념)　　둘째 단계는 자신의 잘못된 신념체계를 찾아내는 일이다.

C(consequence, 결과)　　셋째 단계는 그 사건을 겪고 난 정서적·행동적 결과를 찾아내는 일이다.

D(dispute, 논박)　　넷째 단계는 잘못된 사고방식을 논박하는 일이다. 자신의 사고방식에 부적절한 점이 있다면 그것을 찾아내고 스스로에게 "내가 갖고 있는 신념을 지지하는 증거가 있는가?", "대안적인 해석을 무시하지는 않았는가?", "그렇게도 끔찍한 일인가?", "나의 생각과 행동이 내게 도움이 되는가?" 같은 질문을 던지면서 그것을 논박한다.

E(energization, 실행)　　마지막 단계는 생각을 바꾸고 실행에 옮기는 일이다. 사건, 그에 대한 신념, 그 결과를 확인하고 부적절한 신념에 스스로 도전해서 논박한 다음에는 이제 어떻게 생각하고 어떻게 행동할 것인지 계획을 세워서 실행에 옮겨야 한다.

이러한 ABCDE 방법의 적용 예를 직장인을 염두에 두고 간단히 제시하면 다음과 같다(이민규, 2008).

A : 잘해보려고 했지만 상사로부터 심한 꾸중을 들었다.

B : 심한 꾸중을 들은 것은 무능력의 증거이고, 따라서 난 능력이 없는 사람이야.

C : 비참하고 죽을 맛이다. 괴롭다. 포기할 수밖에 없다.

D : 한 번 꾸중을 들은 것이 무능의 증거는 아니다. 업무란 새로 배우면 되는 것이다. 지금보다 더 잘할 수 있다. 꾸중을 듣는 것은 누구에게나 흔히 있는 일이다. 괴로워만 하고 있는 것은 내게 아무런 도움이 되지 않는다.

E : 생각을 바꾸니 기분이 한결 좋아졌다. 지금보다 더 잘할 수 있는 방법을 찾아보자. 인생은 도전이다.

부부를 염두에 두고 ABCDE 방법의 적용 예를 제시하면 다음과 같다(Seligman, 2004).

A : 남편과 나는 아이가 생긴 뒤 처음으로 둘만의 오붓한 시간을 갖기 위해 외식을 했다. 그런데 '종업원의 말투가 상냥하네, 아니네'부터 '아들이 외가 쪽을 닮았네, 친가 쪽을 닮았네'까지 저녁식사를 하는 내내 말다툼만 하고 말았다.

B : 대체 우리 부부는 무엇이 잘못된 것일까? 그야말로 낭만적인 저녁식사를 할 계획이었건만 별것도 아닌 문제로 티격태격하느라 소중한 시간을 낭비하다니. 아이가 생기면 그날부터 부부생활은 끝이라던 그 기사가 맞지 뭐야. 지금 우리 부부가 딱 그 꼴이잖아. 만약 이혼을 한다면 내가 과연 혼자

서 아이를 키울 수 있을까?

C : 너무 슬프고 절망적이야. 아니, 무서워. 도저히 식사를 할 수가 없어서 접시를 밀쳐냈지. 남편은 분위기를 바꿔보려고 애쓰는 모습이 역력했지만 나는 남편을 바라보는 것조차 끔찍했어.

D : 내가 지금 환상 속에서 살고 있는지 몰라. 지난 두 달 동안 단 3시간만이라도 편안하게 잠을 자본 적이 없는 내가 낭만적인 생각을 한다는 건 무리야. 게다가 난 지금 젖이 불어서 흘러내릴까 봐 걱정하고 있잖아. 그래, 맞아. 이런 상황에서 낭만이 다 뭐야! 이성적으로 따져봐. 이번 외식을 망쳤다고 그게 이혼 사유가 될 순 없어. 우리 부부는 이보다 훨씬 더 힘든 시련도 이제껏 잘 이겨냈고, 그때마다 부부애가 깊어졌어. 그래, 이제부터 그런 쓸데없는 잡지 기사 따위는 읽지 말자. 아들이 외가 쪽보다 친가 쪽을 닮았다는 남편의 말 하나 때문에 이혼을 생각하다니, 말도 안 돼. 좀 더 여유를 갖고 우리 부부만의 오붓한 시간을 보낼 수 있도록 노력하는 게 중요해. 다음에는 훨씬 더 좋은 시간이 될 거야.

E : 기분이 한결 좋아지고 오로지 남편만 생각하기 시작했어. 그러니까 젖이 흘러내릴까 걱정된다는 말도 남편에게 솔직하게 털어놓고, 종업원의 태도에 대해서도 웃어넘길 수 있는 여유가 생겼어. 우리 부부는 이번 실수를 교훈 삼아 다음 주에는 근사한 저녁 데이트를 하기로 약속했지. 솔직히 털어놓으니까 남편도 나도 훨씬 더 즐겁고 사랑도 깊어진 것 같아.

방어적 비관주의

　　　　낙관주의는 언제나 좋은 것이고 비관주의는 언제나 나쁜 것인가? 모든 낙관주의가 다 유익한 것은 아니다. 낙관적 기대가 현실과 너무 거리가 멀 때 이익보다는 해를 끼칠 수 있다. 예를 들어 암, 심장마비, 실연, 심각한 사고, 알코올 중독 및 이혼과 같은 부정적 인생사건을 경험할 가능성에 대한 평가에서 비현실적으로 낙관적인 편향성이 있음을 여러 연구 결과(Weinstein, 1989; Weinstein & Klein, 1996; Peterson & Vaidya, 2001)에서 보여주고 있다. 대부분의 사람들은 이런 사건들이 자신에게는 일어나지 않을 것으로 믿는 경향이 있다. 특히 낙관주의적 귀인양식을 지닌 사람들은 이러한 심각한 사건들이 자신에게 발생할 가능성을 평균 이하로 과소평가한다. 이러한 낙관주의적 편향성이 위로가 될 수는 있지만 예방적 또는 치료적 대응을 소홀하게 할 수 있다. 자신에게 그런 일이 일어나지 않을 텐데 굳이 걱정할 필요가 없다고 생각하면서 정기적 건강검진을 받지 않고 계속 담배를 피우고 피임을 하지 않는다. 이러한 개인적 민감성을 약화시키는 비현실적인 낙관적 태도로 인해 실제로 위험성과 문제를 야기할 수 있다. 따라서 낙관주의가 긍정적 효과를 낳기 위해서는 현실적이어야 한다.

　모든 낙관주의가 다 유익한 것은 아니듯이 모든 비관주의가 무조건 나쁜 것만은 아니다. 연구 결과에 따르면, 낙관적이 되고 긍정적 기분을 갖기 위한 방법을 학습하는 것이 별로 도움이 되지 못하는 비관주의자 유형이 있다. 이런 사람은 '방어적 비관주의자'라 불린다(Norem & Cantor, 1986). 방어적 비관주의자들은 대처기제로서 결과가 나쁘게 될 것이라는 기대를 한다. 그들은 최악의 결과를 예상하고 낮은 기대를 유지하도록 허용될 때 더 잘 수행한다. 방어적 비관주의는 불안한 사람들에게 자신의 불안을 관리하도록 도와주며, 오히려 그들을 낙관적이 되도록 하면 실제로 그들의 수행을 더 악화시킨다.

이와 같이 앞으로 할 과제 수행에 대해 매우 불안해하고 최악을 예상하며 모든 것이 잘못될 것이라고 예상하지만 대체로 아주 성공적인 사람들이 있는데, 이러한 사고와 행동을 방어적 비관주의라고 말한다. 방어적 비관주의는 잠정적 실패에 대한 불안을 성공적 성취로 나아가게 하는 부정적 사고이다.

어떤 일이든 문제가 있으리라고 예상하는 건 현명한 행동이다. 왜냐하면 무엇인가 나쁜 일이 있으리라는 것을 알면 그 일을 피할 방도를 마련할 수 있기 때문이다. 실제로 나쁜 일이 일어나는 것을 막아야겠다는 행동 동기를 부여받기 위해 바로 그 나쁜 일을 예상하는 사람들도 있는데, 이런 사람들이 바로 방어적 비관주의자다. 방어적 비관주의자는 최상의 결과를 기대하는 게 아니라 최악의 상황을 예상하며, 일이 잘못될 수 있는 모든 가능성을 다 상상한다. 기질적 비관주의와 달리 방어적 비관주의는 좋은 성과를 내기 위한 매우 효과적인 전략일 수 있다.

방어적 비관주의자는 미래 수행에 대해 낙관주의자와는 아주 다르게 생각한다. 대학생들에게 시험에 관한 생각과 감정을 진술하도록 한 연구에서 [표 4]에서 보는 바와 같이 그 차이가 분명하게 나타났다 (Norem & Cantor, 1986).

| 표 4 | 다가올 시험에 관한 낙관주의자와 방어적 비관주의자의 사고

낙관주의자의 진술	방어적 비관주의자의 진술
• 나는 교재를 가지고 잘 공부하고 있다. • 자신감이 있다. • 약간 신경이 쓰인다. • 편안하다. • 준비된 것 같다. • 시험 문제에 흥분된다. • 잠자고 공부하는 계획을 수립한다. • 별로 걱정되지 않는다.	• 성적이 안 좋을 것이라 예견된다. • 신경이 쓰인다. • 불안하다. • 더 열심히 공부하기 위해 무엇이 준비되지 않았는지 생각한다. • 가능한 한 열심히 공부한다. • 시험에 관해 생각한다. • 시험에 실패하면 어떻게 될까 생각한다. • 기대한 것보다 더 잘 수행한다.

방어적 비관주의자는 낙관주의자들만큼 수행을 잘한다. 그러나 아주 다른 전략을 사용한다. 낙관주의자들은 기대수준이 높고, 미래 결과에 대해 광범위하게 생각하기를 피하며, 모든 것이 잘되어 갈 것으로 확신한다. 반면, 방어적 비관주의자들은 기대수준이 낮고 불안하며 실패를 걱정하지만 성공하기 위해 철저하게 준비한다. 그렇지만 방어적 비관주의자는 수행 성공에도 불구하고 특성불안과 신경증 성향과 같은 정서적 대가를 지불할 수 있고, 실패할지 모를 상황에 대한 부정적 생

각과 불안이 자기평가로 이어져 낮은 자기존중감과 대인관계에서의 어려움을 초래할 수 있다. 주변 사람들은 방어적 비관주의자의 끊임없는 걱정, 특히 잘된 일에 대해서조차 걱정하는 것을 달래는 데 지쳐버릴 수 있다.

낙관주의자들의 삶의 태도

비현실적 낙관주의와 방어적 비관주의에 관한 연구는 낙관주의는 항상 옳고 비관주의는 항상 나쁘다는 단순한 결론을 흔들어놓고 있다. 그렇지만 낙관주의가 비관주의보다는 훨씬 더 인간의 행복도와 삶의 만족도에 기여한다. 미국 전역을 비롯하여 세계의 여러 지역에 걸쳐서 낙관주의의 긍정성을 전파하는 모임인 낙관주의자 세계연합은 다음과 같은 신조를 채택하고 있다. 당신도 이와 같은 신조로 삶을 살아가는 자세를 가져보라.

- 그 어떤 것도 내 마음의 평화를 어지럽히지 못하도록 강해진다.
- 내가 만나는 모든 사람들에게 건강, 행복, 번영에 대해서 이야기한다.
- 나의 모든 친구들이 무엇인가 가치 있는 것을 느끼도록 노력한다.

- 모든 일의 밝은 면을 보고 나의 낙관적 미래가 실현되도록 노력한다.

- 최선만을 생각하고, 최선만을 위해서 일하며, 최선만을 기대한다.

- 나 자신의 성공만큼이나 다른 사람들의 성공에 대해서도 열정을 지닌다.

- 과거의 실수들을 잊고, 미래의 더 큰 성취를 위해 열심히 노력한다.

- 항상 쾌활한 표정을 지으며 마주치는 모든 생명체에게 미소를 짓는다.

- 다른 사람을 비판할 시간이 있으면 그 시간을 나 자신의 향상을 위해서 사용한다.

- 걱정에 대해선 담담하게, 분노에 대해선 고매하게, 공포에 대해선 강인하게, 그리고 행복하게 살아감으로써 고난이 닥치는 것을 허용하지 않는다.

회복탄력성
키우기

" 가장 큰 영광은 한 번도 실패하지 않음이 아니라
실패할 때마다 다시 일어서는 데에 있다.
— 공자
"

삶이란 항상 오르막과 내리막이 있기 마련이다. 불행하게도 사람은 누구나 역경의 사건이나 경험에 대처하지 않으면 안 될 때가 있다. 그러나 역경에 처했을 때 그것을 극복하기 위해 노력하고 결과적으로 살아남고 더욱더 강해지는 사람들이 있는가 하면, 이와 반대로 작은 역경에도 쉽게 좌절하고 무너지는 사람들도 있다. 그 이유가 무엇일까? 바로 회복탄력성의 차이에 있다.

회복탄력성(회복력 혹은 적응유연성이라고도 함)의 발달은 웰빙과 인생을 즐겁게 살기 위한 능력에 기여하기 때문에 긍정심리학의 주요 요소이다. 여기서는 심리적 회복탄력성의 중요성에 대한 몇 가지 연구 결과와 역경과 좌절을 이겨내기 위한 방법들을 살펴보고자 한다.

회복탄력성의 의미

회복탄력성은 다시 튀어 오르거나 원래 상태로 되돌아온다는 뜻으로, 밑바닥까지 떨어져도 꿋꿋하게 되튀어 오르는 능력을 일컫는다. 역경으로 인해 밑바닥까지 떨어졌다가도 강한 회복탄력성으로 되튀어 오르는 사람들은 대부분 원래 있었던 위치보다 더 높은 곳까지 올라간다. 물체마다 신축성과 유연성 등 그 탄성이 다르듯이 사람에 따라 탄성이 다르다. 어떤 불행한 사건이나 역경에 대해 어떤 의미를 부여하느냐에 따라 불행해지기도 하고 행복해지기도 한다. 세상일을 긍정적 방식으로 받아들이는 습관을 들이면 회복탄력성은 놀랍게 향상된다. 요컨대, 회복탄력성이란 시련이나 고난, 위기나 역경을 이겨내는 긍정적인 힘을 의미한다.

회복탄력성은 꼭 커다란 역경을 이겨내기 위해서만 필요한 힘이 아니다. 자잘한 일상사 속에서 겪는 수많은 스트레스와 인생의 고민과 인간관계에서의 갈등을 자연스럽게 이겨내기 위해서도 필요한 힘이다. 숱한 실험을 통해 확인되는 회복탄력성의 3대 요소는 '자기조절 능력,

대인관계 능력, 긍정적 정서'라고 전문가들은 말한다. 자기조절 능력이란 스스로의 감정을 인식하고 그것을 조절하는 능력이고, 대인관계 능력이란 다른 사람의 마음과 감정 상태를 재빨리 파악하고 깊이 이해하며 공감함으로써 원만한 인간관계를 맺고 유지하는 능력이다. 그리고 긍정적 정서란 행복감, 안락감, 만족감, 사랑, 친밀감과 같은 긍정적 심리 상태를 말하며, 자신과 미래에 대한 낙관적 생각과 희망, 열정, 활기, 확신 등이 포함된다. 이 세 가지의 능력을 통합한 것을 회복탄력성 지수resilience quotient : RQ라고 하는데, 각각 다음과 같은 요인을 포함하고 있다 (김주환, 2011).

- 자기조절 능력 = 감정조절력 + 충동통제력 + 원인분석력
- 대인관계 능력 = 소통 능력 + 공감 능력 + 자아확장력
- 긍정적 정서 = 자아낙관성 + 생활만족도 + 감사하기

이처럼 어려움에 직면하여 이를 견뎌내고 역경을 극복하며 부정적 정서를 효과적으로 조절하는 능력인 회복탄력성을 우리는 타고나는 인성특성으로 간주하는 경우가 많다. 즉, 사람에 따라 회복탄력성을 갖고 태어나는 사람들이 있는가 하면 그렇지 못한 사람들이 있다는 것이다. 그러나 회복탄력성은 학습될 수 있는 기능이라는 과학적 연구 결과가 점차 증가하고 있다.

회복탄력성을 가로막는 장애물

　　　　　　보리센코 박사는 우리가 회복탄력성을 온전히 발휘할 수 없도록 만드는 세 가지 사고 경향을 지적했는데, 비관적 사고와 자기중심적 사고 및 과거에 집착하는 사고가 그것이다(Borysenko, 2009).

　회복탄력성이 높은 사람은 현실을 있는 그대로 수용한다고 했는데, 이는 자신이 처한 상황을 냉정하게 판단하면서도 미래에 대한 희망을 버리지 않는다는 의미다. 보리센코 박사는 이러한 '낙관적 현실주의'를 지지하며, 많은 사람들이 빠지기 쉬운 부정적이고 비관적인 사고 경향, 곧 문제를 지나치게 개인의 잘못으로 받아들이거나 문제를 확대 일반화하거나 문제가 영구적일 것이라 믿는 태도를 경계한다.

　스트레스를 받게 되면 우리는 불안, 우울, 분노와 같은 부정적 감정에 사로잡히게 된다. 그러나 이런 부정적인 감정에 집착하는 것은 곧 '자기'에 대해서만 생각하는 것으로, 더욱 긴장되게 만들고 자기파괴적인 결과를 초래할 뿐이다. 이러한 '자기중심적 사고'에서 벗어나 사랑, 감사, 연민 같은 긍정적인 감정들로 자기 자신을 해방시키면 우리의 자아가 확대되면서 긴장도 이완된다. 달라이 라마는 다른 사람을 도움으로써 자기 자신도 구원하는 이러한 전환을 '현명한 이기주의'라고 불렀다. 이타주의가 회복탄력성에 실제로 도움이 된다는 것은 헬퍼스 하이 helper's high라는 개념으로도 증명되었다. 달릴 때 처음에는 힘이 들지만 30분 이상 달리면 어느 순간 황홀경을 경험하는 러너스 하이runner's high 처럼, 타인을 도울 때 우리 몸에서는 엔도르핀이 평상시의 세 배 이상 분비되고 혈압과 콜레스테롤 수치가 현저히 낮아진다.

회복탄력성의 이점

흥미롭게도 회복탄력성은 심리적 · 신체적 건강에 도움이 되는 연쇄적인 파급효과가 있다. 회복탄력성이 높은 사람들의 특징은 다음과 같다.

- 시련과 역경에 대처하고 극복할 수 있다고 지각하는 경향이 있다.
- 정서적으로 매우 안정되어 있다.
- 심한 스트레스 요인과 귀찮고 힘든 일상사에 대처하는 능력이 뛰어나다.
- 삶에 대한 열정과 에너지가 많다.
- 새로운 경험에 대해 호기심이 많고 개방적이다.
- (대인관계 형성에 중요한) 주변 사람들 역시 좋은 기분을 가지도록 잘 돕는다.

보리센코 박사는 똑같이 끔찍한 시련과 고난을 겪고도 이를 남보다 성공적으로 이겨낸 사람들, 곧 회복탄력성이 높은 사람들의 세 가지 공통적 특징을 다음과 같이 제시했다(Borysenko, 2009).

첫째, 회복탄력성이 높은 사람은 현실을 있는 그대로 받아들인다. 즉, 어려운 상황에 직면했을 때 이를 회피하려 하지 않고 문제를 직시한다. 한 예로, 9.11 테러의 표적이 된 세계무역센터는 1993년에도 폭탄 테러를 당한 적이 있었다. 당시 이 건물에 있던 모건 스탠리(세계에서 가장 큰 투자은행 및 글로벌 금융 서비스 업체 중 하나)는 테러의 위험을 사실 그대로 받아들이고, 재난 발생 시 대피 훈련을 체계적으로 실시해 정작 9.11 때에는 2,700명의 직원을 무사히 대피시킬 수 있었다. 위기에 처했을 때 사람들이 보이는 가장 흔한 반응은 문제를 부정("테러 같은 게 일어날 리 없어")하거나 합리화("정부에서 뭔가 대책을 세우겠지")하거나 막연히 희망적으로 생각("그래도 여기는 안전할 거야")하는 것이다. 만일 모건 스탠리가 그랬다면 인명 피해는 더욱 컸을 것이다.

둘째, 회복탄력성이 높은 사람은 인생의 의미와 가치를 깊이 믿는다. 다시 말해, 살아야 할 굳건한 이유, 삶에 대한 확고한 신념을 가지고 있는 것이다. 나치 강제수용소에서 온 가족을 잃고도 살아남아 『죽음의 수용소에서』를 써서 전 세계 수많은 독자들에게 삶의 의미를 전한 빅터 프랭클이 대표적인 예다. 그는 말할 수 없이 고통스러운 경험 속에서도 긍정적인 의미를 찾으려고 노력했고, 절망의 끝에서 힘들게 얻은 교훈을 다른 사람들에게 가르쳐주리라 결심함으로써 살아야 할 이유를 잃지 않을 수 있었다.

셋째, 회복탄력성이 높은 사람은 브리콜라주bricolage, 즉 주어진 상황에서 놀라운 주의력을 발휘해 순간적으로 새로운 것을 창조해 내는 임시변통 능력이 뛰어나다. 나치 강제수용소의 쓰레기 더미에서 노끈과 철사를 주워 모아 그것으로 헝겊 조각을 이어 붙여 신발을 만들어 신은 사람들은 다음 날을 맞이했지만 그러지 않은 사람들은 차가운 발로 죽음을 맞아야 했다. 임시변통하는 능력이 생사를 가른 것이다.

한편, 뇌파 실험에 따르면 회복탄력성이 높은 사람과 낮은 사람의 뇌는 역경에 반응하는 방식이 다르다. 회복탄력성이 높은 사람은 실수를 두려워하지 않으면서도 자신의 실수에 대해서는 민감하게 알아차리며, 실수를 범하더라도 실수로부터의 피드백을 적극적으로 받아들이고 새로움을 추구한다. 반면, 회복탄력성이 낮은 사람은 실수를 지나치게 두려워하며, 실수를 했을 경우 적극적으로 모니터링하고 받아들이려 하기보다는 부인하고 무시하려는 경향이 있다.

또한 회복탄력성은 신체에 미치는 스트레스의 효과를 상쇄하는 데에 도움이 된다. 준비할 시간적 여유 없이 갑작스럽게 발표를 해야 하고, 그 발표를 얼마나 잘했는지 평가받게 될 것이라는 말을 들었다고 상상해 보라. 이러한 상황에서 우리는 겉으로는 아무렇지도 않은 척하려고 애쓰지만 속으로는 상당한 스트레스를 받을 것이며 심장박동과 혈압이 상승할 것이다. 실험적 연구에서 회복탄력성이 높은 사람들은 이러한 상황에서 심장박동과 혈압이 보다 빨리 정상으로 돌아왔다. 다시 말하면, 회복탄력성은 부정적 정서와 스트레스의 경험으로 인한 효과를 상쇄하는 데에 도움이 되는 것으로 밝혀졌다.

연구자들은 또한 삶의 한 영역(예: 일)에서 회복탄력성을 키우면 다른 삶의 영역(예: 인간관계)에서 회복탄력성을 키우는 데에 도움이 될 수 있다고 제안한다.

그렇다면 우리는 자신의 회복탄력성을 높이고 낙담이나 좌절을 경험한 후에 원래의 마음 상태로 되돌아오기 위해 어떻게 해야 할까? 우리가 종종 잊고 있는 것 중의 하나가 우리는 이미 풍부한 경험의 자산을 갖고 있다는 사실이다. 누구나 삶을 살아가면서 어느 시점에서 크고 작은 좌절, 거부, 역경을 경험했을 것이므로 그때 어떻게 대처하고 극복했는가를 성찰해 보면 우리는 이미 대처와 극복을 위한 자원을 갖고 있다는 사실을 깨닫게 될 것이다. 그 자원은 창의성이나 인내심과 같은 우리 자신의 내적 특성일 수도 있고, 가족이나 친구 같은 외적 요인일 수도 있다.

또한 심리학 연구 결과에 따르면, 자신의 최악의 삶의 경험에 대해 일기 형식으로 기록해 두는 사람들이 단순히 머릿속에서 그 경험을 생각하는 사람들보다 삶의 만족도와 건강의 측면에서 볼 때 신체적 · 심리적 웰빙 수준이 더 높다고 한다. 삶의 사건이나 경험을 글로 쓰는 것은 우리 자신에게 사고를 보다 주의 깊게 구조화하고 조직화하도록 요구하고 그 사건이나 경험에 수반된 부정적 정서를 처리하도록 해주는 반면, 그저 머릿속으로만 그 사건이나 경험을 생각하는 것은 조직적이지 못하고 제멋대로일 수 있으며 부정적 사고만을 되새김질하는 결과를 초래할 수 있다.

자신의 삶에 대해 5~10분 정도 성찰해 보라. 당신이 이미 성공적으로 극복한 역경이나 좌절이 무엇인가? 아마도 당신은 누군가로부터 거절당하거나 직장에서 해고되었거나 중요한 시험에서 낙방한 경험을 갖고 있을 것이다. 이러한 사건들은 어느 것이든 당신 자신의 회복탄력성과 원래의 마음 상태로 되돌아가는 방법에 대해 학습할 충분한 근거가 될 수 있다. 당신이 성공적으로 극복하여 새로운 기분을 가지게 되었던 한 가지 사건이나 경험을 골라 이에 초점을 두고 다음 사항에 대해 행복일지에 적어보라.

- 무슨 일이었는가? (간단히 기술)
- 어떻게 대처했는가? 즉, 그때의 부정적 정서를 다스리고 성공적으로 극복하기 위해 어떤 노력을 했는가?
- 그때 당신의 기분은 어떠했으며, 그 일에 대해 지금 느끼는 기분과는 어떤 차이가 있는가?

- 지금 당신에게 유용한 회복탄력성 수준에 대해 무엇을 배웠는가?

회복탄력성과
자기조절

존 버크너와 그의 동료들은 가난한 아동과 청소년들을 대상으로 회복탄력성이 있는 집단과 회복탄력성이 없는 집단을 확인한 다음, 이들의 특성을 탐색하였다(Buckner, Mezzacappa & Beardslee, 2003). 이러한 두 집단을 구분하는 주요 특성 중의 하나가 자기조절 능력이었다.

자기조절이란 오랜 시간과 다양한 상황에 걸쳐 바람직한 목표로 행동을 안내하고 지도하는 개인의 능력을 말한다. 그것은 사고나 정서, 주의, 행동을 조절하고 통제하는 능력을 포함한다. 자기조절은 스트레스가 많은 상황에 대처하는 데 특히 중요하다.

자기조절 기술이 뛰어난 사람들은 스트레스를 주는 사건이 일어나는 것을 미리 예측하여 미연에 방지하고, 부정적인 정서를 상쇄하거나 방향을 바꾸는 방법을 찾으며, 효율적으로 문제를 해결하는 대처전략을 사용한다. 자기조절 기술은 안정성을 위협하거나 중요한 목표를 성취하는 데 장애물이 되는 사건에 직면했을 때 중심을 유지하고 방향을 설정하도록 돕는 내부의 자이로스코프와 같다.

버크너와 그의 동료들은 회복탄력성이 있는 아동·청소년들이 회복탄력성이 없는 아동·청소년들에 비해 인지적 자기조절과 정서적 자기조절 측정에서 모두 유의미하게 높은 점수를 얻었다는 것을 발견하였다. 인지적 자기조절은 행동을 이끌어내고 문제를 해결함에 있어 집행 기능을 맡는다.

좋은 인지적 자기조절 기술을 지닌 아동·청소년들은 잘 체계화되어 있고 자기수양이 되어 있으며 시작부터 끝까지 계획을 수행할 수 있었다. 그들은 성공적인 완수를 향해 노력을 경주함으로써 과제의 중요한 측면에 주의와 초점을 맞출 수 있었다. 그들의 사고는 대안적인 해결책을 고려하는 데 유연성을 보이고, 과제를 구체적이기보다는 추상적으로 고려한다. 다시 말해서, 인지적 자기조절은 큰 그림, 즉 나무보다는 숲을 보는 능력을 포함한다.

정서적 자기조절 역시 회복탄력적인 삶을 위해 중요하다. 정서적 자기조절 기술은 어려운 상황에서 냉정함을 유지하는 능력을 의미한다. 이런 기술이 있는 아동·청소년들은 분노를 표출하지 않고 억누를 수 있다. 그들은 정서표출의 강도를 조절하며, 다른 사람들로부터 부정적인 반응이나 소원함을 불러일으키지 않으면서 정서를 표현하는 방법을 찾는 데 매우 능숙하다. 정서적 자기조절은 사회적 역량에서 중요한 부분으로, 이는 다른 사람들과의 효율적이고 지지적인 관계를 맺고 유지하는 데 큰 도움이 된다.

어떠한 환경에서든, 특히 도전과 스트레스를 주는 사건이 계속해서 이어지는 환경에서 이러한 자기조절은 성공적이고 건강한 삶을 위해 중요한 삶의 기술이다. 자기조절 능력이 뛰어난 사람일수록 회복탄력성이 높다. 그러므로 회복탄력성을 키우기 위해서는 자기조절 능력을 개발해야 할 것이다. 앞에서 언급한 바와 같이 자기조절 능력은 회복탄력성의 3대 요소 중 하나다.

회복탄력성을 높이는 방법

회복탄력성이 강한 사람들은 자신만의 방법으로 문제에 접근하고, 스스로 객관적으로 바라볼 줄 안다. 이들은 단기적 성공을 지양하고, 목표지향적으로 자신의 길을 가는 동시에 자신의 행동과 감정을 관리한다. 회복탄력성을 높일 수 있는 구체적 방법은 다음과 같다(Borysenko, 2009).

첫째, 단호하게 현실을 수용하는 것이다. 사람들이 위기 상황에 있을 때 흔히 합리화하고 부정하고 또 막연한 희망적 사고를 한다. 이러한 것들은 위기를 극복하는 데 도움이 되지 않는다. 현실 직시는 단기적으로 매우 고통스러울지 모르나 궁극적으로 삶을 지켜줄 것이다.

둘째, 인생은 의미로 가득 차 있다는 깊은 믿음을 갖는 것이다. 신념은 회복탄력성과 매우 관계가 깊은데, 이러한 신념은 우리가 변화 혹은 절망의 바다에서 길을 잃고 헤맬 때 우리를 인도해 준다.

셋째, 상황에 독창적으로 순간 대처하는 비범한 능력이다. 회복탄력성이 높은 사람들은 혁신의 대가들이다. 그들은 풍요로운 상상력을 아낌없이 발휘해서 힘이 닿는 한 모든 수단을 강구해 해결책을 찾아낸다. 또 다른 사람들이 미처 알아차리지 못하거나 불필요하다고 생각하는 세부사항들에 관심을 가지며, 또한 최선의 결과를 얻기 위해 활용할 수 있는 모든 것을 끌어 모은다.

한편, 회복탄력성을 형성하는 데에 서로 다른 유용한 기법이 세 가지가 있는데 3D, 즉 주의 돌리기distraction, 거리 두기distancing, 논박하기disputation이다(Grenville-Cleave, 2012).

주의 돌리기

부정적인 내적 목소리가 커지기 전에 가라앉도록 빨리 뭔가를 행하는 것을 말한다. 앞에서 언급한 바와 같이 우리는 자신에게 발생한 일에 대해 설명하는 방식에 따라 낙관주의자 혹은 비관주의자가 된다. 나쁜 일이 발생했을 때 비관주의자들은 '나, 항상, 매사'와 같은 용어를 사용하며 설명한다. 외부의 물리적 대상에게 초점을 두고 스스로 큰 소리로 "멈춰"라고 말하는 것과 같은 주의 돌리기 기법은 이러한 부정적 사고의 패턴이 당신을 점령하고 지배하기 전에 차단하는 방법이다. 일단 당신이 부정적 상황을 깊이 생각하기 시작하면 스스로 그 생각을 멈추기 위한 강한 의지가 필요하기 때문에 일찍감치 주의를 딴 데로 돌리는 것이 중요하다.

그러나 이러한 간단한 주의 돌리기는 평정심을 완전히 되찾는 데는 충분하지 못하기 때문에 부정적인 내적 목소리가 다시 커지기 시작할 수 있다. 만약 당신의 부정적인 내적 목소리가 다시 커지기 시작하면 시간을 좀 내서 기분을 전환시키기 위한 뭔가를 해야 한다. 스스로 기분을 전환시키기 위한 방법에는 좋아하는 사람들과 어울려 놀기, 좋아하는 취미생활 즐기기, 개와 함께 산책하기, 커피나 차를 한잔 마시기 등 여러 가지가 있다.

거리 두기

거리 두기 또한 회복탄력성을 증진하는 데에 도움이 될 수 있다. 거리 두기란 우리 주변에서 일어나는 일에 대한 해석이나 해석방식이 반드시 옳은 것은 아니라는 점을 상기하는 것을 말한다. 미국의 과학자이자 논리철학자인 알프레드 코집스키는 『과학과 건전한 정신Science and Sanity』이라는 그의 저서에서 '지도는 영토가 아니다'라고 하였다(Korzybski,

1994). 즉, 지도는 편리를 위해 영토를 그려놓은 그림에 불과하며 실제의 영토가 아니라는 것이다. 다시 말하면, 우리가 실재라고 지각하는 것은 실재와 동일한 것이 아니다. 사람들마다 타당하다고 여기는 해석이 각각 다르며, 다른 사람들의 해석이 우리 자신의 해석보다 더 타당할 수 있다. 잘못된 해석에는 거부, 낙담, 좌절과 같은 정서적 고통이 수반될 수 있다는 점을 기억하라. 다음과 같은 질문을 스스로에게 던져볼 수 있다.

- 이것(부정적 사건이나 경험)이 얼마나 오래(5시간, 하루 종일, 일주일 내내, 1년 내내) 나쁜 영향을 미칠 것인가?
- 바로 이 순간 나보다 더 최악의 사람은 누구인가?
- 이보다 더 나빠질 수 있는 사건이나 경험은 무엇인가?
- 이것에 의해 영향을 받지 않도록 나의 삶에서 갖고 있는 것(예: 가족, 친구, 직장, 건강 등)은 무엇인가?
- 나는 어떻게 하면 이 상황을 보다 긍정적으로 해석할 수 있는가?

또 다른 거리 두기 기법은 당신이 존경하는 신중하고 침착한 사람들을 떠올려보고 그들이 동일 상황에서 어떻게 반응할지를 생각해 보는 것이다. 만약 그들이 당신과 같은 처지에 있다면 그들은 어떻게 말하고 느끼고 행동할 것인지를 상상해 보라.

논박하기

논박하기는 자신의 부정적 신념이나 설명을 지지하는 증거와 그에 반대되는 증거를 찾은 다음, 보다 타당한 대안적인 해석을 발견하는 것이다. 한 페이지에 두 칸을 만들어 지지하는 증거와 반대되는 증거, 그리고 그 증거에 대한 부정적인 설명과 긍정적 설명을 덧붙여 적어보는 것이 도움이 된다. 당신의 행복일지에 그 증거와 설명을 적어보라. 임상심리학자 앨런 카는 어떤 설명이나 신념이 긍정적 기분을 되찾고 목표를 성취하는 데 가장 도움이 될 수 있는지 자문해 보라고 제안한다.

이러한 3D 기법 외에도 유머, 무술, 요가, 명상, 운동과 같은 훈련과 학습에 의해 회복탄력성을 높일 수 있다. 예컨대, 베트남전쟁 당시 포로가 되었던 군인들에 대한 연구에 따르면, 외상 후 스트레스 장애의 발생률이 더 낮은 사람들의 공통점 중 하나가 바로 왕성한 유머감각이었다. 하루에 농담 한마디씩이라도 하려는 의식적 노력은 우리의 우뇌 전두엽을 활성화시켜 더 회복탄력적인 뇌를 만들어준다.

정신적 회복탄력성은 육체적 회복탄력성에 의존하며, 육체적 회복탄력성 없이는 정신적 회복탄력성 역시 제 기능을 다하기 힘들기 때문에 뇌세포(뉴런)의 생성과 재편성에 꼭 필요한, 규칙적인 운동을 하는 것이 필요하다. 하루 30분 정도 빠르게 걷기 같은 간단한 활동만으로 뇌 기능이 최적화되고, 그에 따라 회복탄력성 또한 신장될 수 있다.

당신의
회복탄력성 지수는?

당신의 현재 회복탄력성은 어느 정도 수준일까? 신우열, 김민규, 김주환(2009)이 개발한 회복탄력성 검사를 통해 알아보도록 하자. 각 문항을 읽은 후 '전혀 그렇지 않다'면 1, '그렇지 않다'면 2, '보통이다'면 3, '어느 정도 그렇다'면 4, '매우 그렇다'면 5를 ( ) 안에 기록하라.

1. 나는 어려운 일이 닥쳤을 때 감정을 통제할 수 있다. ( )
2. 내가 무슨 생각을 하면 그 생각이 내 기분에 어떤 영향을 미칠지 잘 알아챈다. ( )
3. 논쟁거리가 되는 문제를 가족·친구들과 토론할 때 내 감정을 잘 통제할 수 있다. ( )
4. 집중해야 할 중요한 일이 생기면 신이 나기보다는 더 스트레스를 받는 편이다. ( )
5. 나는 내 감정에 잘 휘말린다. ( )
6. 때때로 감정적인 문제 때문에 학교·직장에서 공부나 일에 집중하기 힘들다. ( )
7. 당장 해야 할 일이 있으면 나는 어떠한 유혹이나 방해도 잘 이겨내고 할 일을 한다. ( )
8. 아무리 당황스럽고 어려운 상황이 닥쳐도 나는 내가 어떤 생각을 하고 있는지 스스로 잘 안다. ( )
9. 누군가가 나에게 화를 낼 경우 나는 우선 그 사람의 의견을 잘 듣는다. ( )
10. 일이 생각대로 잘 안 풀리면 쉽게 포기하는 편이다. ( )
11. 평소 경제적인 소비나 지출 규모에 대해 별다른 계획 없이 지낸다. ( )
12. 미리 계획을 세우기보다는 즉흥적으로 일을 처리하는 편이다. ( )
13. 문제가 생기면 여러 가지 가능한 해결 방안에 대해 먼저 생각한 후에 해결하려고 노력한다. ( )

14. 어려운 일이 생기면 그 원인이 무엇인지 신중하게 생각한 후에 그 문제를 해결하려고 노력한다. ( )

15. 나는 대부분의 상황에서 문제의 원인을 잘 알고 있다고 믿는다. ( )

16. 나는 사건이나 상황을 잘 파악하지 못한다는 이야기를 종종 듣는다. ( )

17. 문제가 생기면 나는 성급하게 결론을 내린다는 이야기를 종종 듣는다. ( )

18. 어려운 일이 생기면 그 원인을 완전히 이해하지 못했다 하더라도 일단 빨리 해결하는 것이 좋다고 생각한다. ( )

19. 나는 분위기나 대화 상대에 맞게 대화를 잘 이끌어 갈 수 있다. ( )

20. 나는 재치 있는 농담을 잘한다. ( )

21. 나는 내가 표현하고자 하는 바에 대한 적절한 문구나 단어를 잘 찾아낸다. ( )

22. 나는 윗사람과 대화하는 것이 부담스럽다. ( )

23. 나는 대화 중에 다른 생각을 하느라 대화 내용을 놓칠 때가 종종 있다. ( )

24. 대화를 할 때 하고 싶은 말을 다 하지 못하고 주저할 때가 종종 있다. ( )

25. 사람들의 얼굴 표정을 보면 어떤 감정인지 알 수 있다. ( )

26. 슬퍼하거나 화를 내거나 당황하는 사람을 보면 그들이 어떤 생각을 하는지 잘 알 수 있다. ( )

27. 동료가 화를 낼 경우 나는 그 이유를 꽤 잘 아는 편이다. ( )

28. 나는 사람들의 행동 방식을 때로 이해하기 힘들다. ( )

29. 친한 친구나 배우자로부터 "너는 나를 이해 못 해"라는 말을 종종 듣는다. ( )

30. 동료와 친구들은 내가 자기 말을 잘 듣지 않는다고 한다. ( )

31. 나는 내 주변 사람들로부터 사랑과 관심을 받고 있다. ( )

32. 나는 내 친구들을 정말로 좋아한다. ( )

33. 내 주변 사람들은 내 기분을 잘 이해한다. ( )

34. 서로 도움을 주고받는 친구가 별로 없는 편이다. ( )

35. 나와 정기적으로 만나는 사람들은 대부분 나를 싫어하게 된다. ( )

36. 서로 마음을 터놓고 얘기할 수 있는 친구가 거의 없다. ( )

37. 열심히 일하면 언제나 보답이 있으리라고 생각한다. ( )

38. 맞든 아니든 '아무리 어려운 문제라도 나는 해결할 수 있다'고 일단 믿는 것이 좋다고 생각한다. (　　)

39. 어려운 상황이 닥쳐도 나는 모든 일이 다 잘 해결될 거라고 확신한다. (　　)

40. 내가 어떤 일을 마치고 나면 주변 사람들이 부정적인 평가를 할까 봐 걱정된다. (　　)

41. 나에게 일어난 대부분의 문제들은 나로서는 어쩔 수 없는 상황에 의해 발생한다고 믿는다. (　　)

42. 누가 나의 미래에 대해 물어보면 나는 성공한 나의 모습을 상상하기 힘들다. (　　)

43. 내 삶은 내가 생각하는 이상적인 삶에 가깝다. (　　)

44. 내 인생의 여러 가지 조건들은 만족스럽다. (　　)

45. 나는 내 삶에 만족한다. (　　)

46. 나는 내 삶에서 중요하다고 생각하는 것들은 다 갖고 있다. (　　)

47. 나는 다시 태어나도 나의 현재 삶을 다시 살고 싶다. (　　)

48. 나는 다양한 종류의 많은 사람들에게 고마움을 느낀다. (　　)

49. 내가 고맙게 여기는 것들을 모두 적는다면 아주 긴 목록이 될 것이다. (　　)

50. 나이가 들어갈수록 내 삶의 일부가 된 사람, 사건, 생활에 대해 감사하는 마음이 더 커진다. (　　)

51. 난 감사해야 할 것이 별로 없다. (　　)

52. 세상을 둘러볼 때 내가 고마워할 것은 별로 없다. (　　)

53. 사람이나 일에 대한 고마움을 한참 시간이 지난 후에야 겨우 느낀다. (　　)

（　） 안에 기입한 숫자가 점수다. 단, 4~6, 10~12, 16~18, 22~24, 28~30, 34~36, 40~42, 51~53번 문항은 역으로 채점한다. 즉, 1이라고 적었으면 5점, 2는 4점, 3은 3점, 4는 2점, 5는 1점이 된다. 1~18번 문항은 자기조절 능력, 19~36번 문항은 대인관계 능력, 37~53번 문항은 긍정적 정서를 나타낸다. 자기조절 능력, 대인관계 능력, 긍정적 정서,

이 세 가지 점수의 총합이 당신의 회복탄력성 지수다.

자기조절 능력( ) + 대인관계 능력( ) + 긍정적 정서 ( ) = 회복탄력성 지수( )

우리나라 사람들의 자기조절 능력의 평균점수는 63.5점이고, 대인
관계 능력 평균점수는 67.8점이며, 긍정적 정서 평균점수는 63.4점이
다. 세 가지 점수의 총합이 당신의 회복탄력성 지수로, 우리나라 사람
들의 평균점수는 195점이다. 만약 당신의 점수가 190점 이하라면 회복
탄력성을 높이기 위해 노력하는 것이 좋다. 180점 이하라면 사소한 부
정적인 사건에도 쉽게 영향을 받는 나약한 상태이므로 되튀어 오를 힘
을 빨리 길러야 한다. 170점 이하라면 깨지기 쉬운 유리 같은 상태로,
작은 불행에도 쉽게 상처를 입게 되며 그 상처는 치유하기 어려울 것이
므로 지금 당장 회복탄력성을 높이기 위해 온 힘을 기울여야 한다. 만
약 점수가 200점을 넘는다면 일단 안심이다. 그러나 212점 정도는 돼
야 상위 20%에 들 수 있다. 220점 이상이라면 대단히 회복탄력성이 높
은 사람으로, 웬만한 불행한 사건은 당신을 흔들어놓지 못한다. 오히려
역경은 당신을 더 높은 곳으로 올려놓기 위한 스프링보드이니 즐겁게
받아들일 일이다(김주환, 2011). 회복탄력성 지수가 낮게 나온 사람은
앞에서 소개한 회복탄력성을 높이는 방법들을 시행해 보기 바란다.

성격적 강점

" 행복한 삶의 공식은 자신의 대표 강점을
일상생활 속에서 매일 발휘하며
커다란 만족과 진정한 행복을 경험하는 것이다.
— 마틴 셀리그만 "

행복의 비결 중 하나는 자신의 강점에 주목하고, 자신만의 강점을 발견하여 발휘하는 것이다. 벤저민 프랭클린이 지적했듯이 삶의 진정한 비극은 우리가 충분한 강점을 갖고 있지 못하다는 데에 있는 것이 아니라 우리가 가진 강점을 충분히 활용하지 못한다는 데에 있다.

긍정심리학자들은 삶을 풍요롭고 행복하게 만드는 개인의 성격적 강점과 덕성에는 어떤 것이 있으며, 이러한 강점과 덕성을 어떻게 측정하고 육성·계발할 수 있는가에 대해서 깊은 관심을 지닌다.

대표강점의 특징

인간은 자신이 잘할 수 있고 좋아하는 일을 할 때 행복하다. 치타는 들판을 달릴 때 행복하고 원숭이는 나무를 오를 때 행복하듯이 인간은 자신의 강점을 발휘할 때 행복을 느낄 뿐만 아니라 탁월한 성과를 거둘 수 있다. 사람은 누구나 여러 가지의 강점을 갖고 있다. 그러나 개인의 특성을 잘 반영하면서 자주 사용되는 강점들이 있다. 이를 셀리그만은 대표강점이라고 칭했으며, 인간은 대부분 2~5가지의 대표강점을 지니고 있다고 주장한다. 이러한 대표강점을 활용할 때, 우리는 '진정한 자기'가 표현되고 있다는 느낌을 갖게 되면서 활기와 행복감을 느끼게 된다. 이러한 개인의 대표강점은 다음과 같은 특징을 지니며(Peterson & Seligman, 2004), 이러한 특징을 잘 고려하면 자신의 대표강점이 무엇인지 찾아낼 수 있을 것이다.

- 자신의 진정한 본연의 모습("이게 바로 나야")이라는 느낌을 준다.
- 그 강점을 발휘할 때 유쾌한 흥분의 도가니에 휩싸이게 된다.
- 그 강점과 관련된 일을 배우거나 연습할 때 학습 속도가 빠르다.
- 그 강점을 발휘할 수 있는 새로운 방법을 계속해서 찾게 된다.
- 그 강점과 일치되는 방향으로 행동하고 싶은 열망을 느낀다. 즉, 그 강점을 활용할 수 있는 방법을 이모저모로 궁리한다.

- 그 강점을 사용할 수밖에 없다는 느낌, 즉 그러한 강점의 표현을 멈추거나 억제하기 힘들다는 느낌이 든다.
- 그 강점은 숨겨져 있던 자신의 능력이 드디어 발현되어 나타나는 것처럼 여겨진다.
- 그 강점을 활용할 때는 피곤하기는커녕 의욕과 활기가 넘치게 된다.
- 그 강점과 관련된 중요한 일들을 만들어내고 추구하게 된다. 즉, 그 강점을 밑천 삼아 창업이나 사업을 하고 싶어진다.
- 그 강점을 활용하고자 하는 내재적 동기가 강하고 그 강점을 활용할 때 황홀경에 빠지기까지 한다.

이러한 조건에 부합되는 자신의 대표강점을 찾아내어 활용하는 것은 자기실현을 위해서도, 행복 증진을 위해서도 매우 중요하다. 이러한 강점은 어떤 일에서 탁월한 결과와 성취를 가져오게 만드는 역량이 되며, 그 일을 하면서 의욕과 활기를 느끼게 만드는 동기를 부여한다.

강점의 평가도구

강점을 분류하고 평가하기 위한, 꽤 알려진 다음과 같은 여러 도구들이 있지만 가장 대표적인 것으로 '행동가치 강점 척도^{Values in Action Inventory of Strengths: VIA-IS} 혹은 VIA'가 있다. 이것은 긍정
심리학 분야에서 가장 잘 알려진 것으로 '성격적 강점 척도'라고 불리
기도 한다. 창의성, 사랑, 끈기, 용서, 리더십, 낙관성과 같은 24개의 보
편적인 성격적 강점으로 구성되어 있다.

VIA-IS는 크리스토퍼 피터슨과 셀리그만이 청소년들의 잠재력을 키
워주고 긍정적 청소년의 발달을 돕기 위해 만든 덕성 분류 체계, 즉 각
시대와 문화를 통틀어서 공통적으로 찾아낸 지혜, 자애, 용기, 절제, 정
의, 초월의 여섯 가지 덕목과 각 덕목에 이르도록 돕는 24개의 성격적
강점에 기초한 것이다. 그 덕목과 성격적 강점을 간단히 소개하면 다음
과 같다.

1. **지혜**　　더 나은 삶을 위하여 지식을 습득하고 활용하는 것과 관련된 인
지적 강점들

- 창의성 : 어떤 일을 하는 데 필요한 참신한 사고와 생산적인 행동방식
- 호기심 : 발생하고 있는 모든 경험과 현상에 대해 흥미를 느끼는 능력
- 개방성 : 사물이나 현상을 다양한 측면에서 철저하게 생각하고 검토
하는 능력
- 학구열 : 새로운 기술, 주제, 지식을 배우고 숙달하려는 동기와 능력
- 통찰력 : 사물이나 현상을 전체적인 관점에서 생각하고 다른 사람들
에게 현명한 조언을 제공해 주는 능력

2. 자애　다른 사람을 보살피고 친밀해지는 것과 관련된 대인관계적 강점들

- 친절 : 다른 사람을 위해서 호의를 보이고 선한 행동을 하려는 동기와 실천력

- 사랑 : 다른 사람과의 친밀한 관계를 소중하게 여기고 실천하는 능력

- 사회적 지능 : 자신과 다른 사람의 동기와 감정을 잘 파악할 뿐만 아니라 다양한 사회적 상황에서 어떻게 행동하는 것이 적절한지를 잘 아는 능력

3. 용기　내면적 혹은 외부적 난관에 직면하더라도 이에 굴하지 않고 추구하는 목표를 달성하고자 하는 의지와 관련된 강점들

- 진실성 : 진실을 말하고 자신을 진실한 방식으로 제시하는 능력

- 용감성 : 위협, 도전, 난관, 고통으로부터 위축되지 않고 이를 극복하는 능력

- 끈기 : 시작한 일을 끈기 있게 마무리하여 완성하는 능력

- 열정 : 활기와 에너지를 가지고 열정적으로 삶과 일에 임하는 태도

4. 절제　지나침으로부터 우리를 보호해 주는 긍정적 특질들로서 극단적인 독단에 빠지지 않는 중요 강점들

- 용서 : 잘못을 행한 사람을 용서해 주는 것

- 겸손 : 자신이 이루어낸 성취에 대해서 불필요하게 과장된 허세를 부

리지 않는 태도

- 신중성 : 선택을 할 때 신중하게 함으로써 불필요한 위험을 초래하지 않으며 나중에 후회할 일을 말하거나 행하지 않는 능력
- 자기조절 : 자신의 다양한 감정, 욕구 및 행동을 적절하게 잘 조절하는 능력

5. 정의   건강한 공동체 생활과 관련된 사회적 강점들

- 공정성 : 편향된 개인적 감정의 개입 없이 모든 사람을 동등하게 대하고 모두에게 공평한 기회를 주는 태도
- 지도성 : 집단 활동을 조직화하고 그러한 활동이 진행되는 것을 파악하여 관리하는 능력
- 시민정신 : 자신이 속한 집단의 이익을 추구하고자 하는 책임의식으로서 사회나 조직 속에서 자신에게 주어진 임무와 역할을 인식하고 부응하려는 태도

6. 초월   현상과 행위에 대해 의미를 부여하고 커다란 세계인 우주와의 연결성을 추구하는 초월적 혹은 영적 강점들

- 심미안 : 다양한 삶의 영역에서 나타내는 아름다움, 수월성, 뛰어난 수행을 인식하고 평가하는 능력
- 감사 : 좋은 일을 잘 알아차리고 그에 대해 감사하는 태도

- 낙관성 : 최선을 예상하고 그것을 성취하기 위해 노력하는 태도
- 유머감각 : 웃고 장난치는 것을 좋아하며 다른 사람에게 웃음을 선사하는 능력
- 영성 : 삶의 궁극적 목적과 의미에 대한 일관성 있는 신념을 갖고 살아가는 태도

강점 확인하고 활용하기

우리가 어떤 것에 능력, 재능 혹은 기술을 갖고 있다면 그것을 매우 잘 수행한다. 그래서 사람들은 종종 강점을 능력, 재능 혹은 기술과 혼동하지만 긍정심리학에서는 이들 개념을 같은 것으로 보지 않는다. 예를 들어, 앞에서 소개한 24개의 VIA-IS 성격적 강점들은 나름의 도덕적인 가치를 지니고 있고 소모될 수 없다는 점에서 능력, 재능 및 기술과는 다르다. 긍정심리학 용어로 강점이란 우리가 조금만 사용해도 잘할 수 있지만 반드시 그런 것은 아니다. 예를 들어, 당신은 '인식되지 못한 강점', 즉 최대한의 잠재력이 발견되고 개발되기 위해 대기하고 있는 잠재된 강점을 갖고 있을 수 있다. 예를 들어보자.

회사원 홍대리는 뛰어난 조직자이다. 직장동료들이 어떤 일이 원만하게 처리되기를 원할 때는 그것이 기획업무에 관한 것이든 인간관계에 관한 것이든 고객관리에 관한 것이든 간에 그에게 자문을 구한다. 홍대리는 누구와 접촉해야 하고 무엇을 해야 하고 어떻게 해야 하는가를 즉각 안다. 그래서 그는 효율적이고 전문적으로 그 일을 처리한다. 적재적소에 사람을 배치하여 모든 사람들이 만족해하며 그의 일처리에 놀라움을 금치 못한다. 그러나 홍대리는 자신의 조직 능력에 대해 기분 좋게 느끼지 않는다. 그는 "저는 조직하는 능력이 뛰어나다는 것을 알고 있고, 눈을 감고서도 그 일을 처리할 수 있어요. 그래서 사람들이 언제나 저에게 그 일을 하라고 하지요. 그 일이 저에게는 매우 쉬운 일이지만 그 일에 대해 생각할 때 저는 전혀 좋은 기분이 들지 않아요. 또한 그 일을 통해서 활력을 느끼지 못하고 오히려 그 반대입니다. 사실 저는 그 일을 하는 내내 힘이 쭉 빠집니다"라고 말한다.

이 사례에서의 홍대리는 조직화하는 능력은 갖고 있지만 그것이 그의 강점은 아니다. 강점은 자신에게 활력을 주고 '진정한 자기'를 느끼게 해주며, 최대한의 수행을 이끌어낸다. 때문에 자기 자신의 강점을 확인해야 하며, 자신에게 강점을 사용하도록 강요할 필요는 없다. 왜냐하면 자신의 강점을 사용하기 위한 동기가 내재적으로 유발될 것이기 때문이다.

어떤 종류의 일이 당신에게 적격일까? 당신이 최고의 상태에 있을 때 당신은 무엇을 하고 있는가? 알렉스 린리는 그 질문에 대한 대답의 단서를 얻기 위해 자신의 어린 시절을 되돌아보라고 권장한다(Linley, 2008). 어린 시절을 회상해 보는 시간을 가지면서 자신이 좋아했던 일, 능숙하게 잘했던 일, 쉽게 수행했던 일이 무엇인지 기억해 보라.

자신의 강점이 무엇인지가 항상 명백한 것만은 아니다. 때때로 우리는 자신의 강점을 전혀 알지 못하거나(즉, 그 강점을 확인하지 못했거나) 잘 알아차리기도 한다. 우리는 종종 우리가 잘할 수 있는 일을 다른 사람들도 할 수 있다고 생각한다. 린리는 당신의 잠재된 혹은 인식되지 않은 강점을 확인하기 위한 또 다른 실마리로 당신만큼 잘 또는 빨리 일을 하지 못하는 다른 사람들의 무능력에 대해 좌절했던 때를 생각해 보라고 제안한다. 이것은 당신이 충분히 인정받지 못했던 영역에 강점을 가지고 있다는 표시일 수 있다.

강점 활용은 행복과 웰빙을 증진시켜 줄 뿐만 아니라 또한 일에 대한 수행을 증진시키고, 보다 몰입된 삶을 살도록 이끌며, 목표 성취를 용이하게 한다는 것을 연구 결과들이 밝혀주고 있다. 따라서 우리가 가정에서나 직장에서나 자신의 강점을 확인하여 더욱 활용해야 하는 이유가 분명하다.

앞에서 소개한 행동가치 강점 척도[VIA-IS]를 웹사이트에 들어가 온라인상으로 검사해 보자. 간편 버전보다는 정식 버전의 검사를 받아보는 것이 좋다. 정식 버전은 무료이며 25분 정도 소요된다. 당신의 강점이 무엇인지 결과 보고를 받으면 강점 목록을 유심히 살펴보라.

약점과 강점의
고려사항

경험적 연구에 따르면, 강점을 확인하여 발휘하는 것이 장기적인 행복에 도움이 되는 것은 확실하지만 염두에 두어야 할 세 가지 중요한 사항이 있다.

첫째, 어떤 영역에서는 강점을 갖고 있지만 다른 영역에서는 약점을 갖고 있을 가능성이 크다는 점이다. 행동가치 강점 척도 검사를 받으면 상위 강점과 하위 강점이 무엇인지 알게 될 것이다. 우리는 살아가면서 어떤 상위 강점에도 주의를 기울이지 않고 하위 강점을 잘 발휘할 수도 있을 것이다. 그러나 이런 경우는 드물다. 예를 들어, 당신의 하위 강점 중에 지도성과 사회적 지능이 포함되어 있고 당신은 팀 리더로서 일하고 있다면 당신이 일터에서 매우 몰입 경험적인 사람이 되기 위해서는 어떤 방식으로든 지도성과 사회적 지능을 발휘할 필요가 있을 것이다. 따라서 이러한 경우 자신의 약점을 극복하기 위한 방법, 예컨대 연수교육을 받거나 코치나 멘토와 함께 일하거나 필요할 때 의지할 수 있는 해당 강점을 지닌 동료들과 함께 일하는 등의 대안을 찾아야 한다.

둘째, 강점을 너무 발휘하거나 지나치게 사용하게 되면 강점이 약점이 된다는 점이다. 이를 '강점의 과열 상태'라고 부른다. 이 점을 명심할 필요가 있다. 예를 들어, 만약 당신이 '용기' 강점을 지나치게 사용하면 실패할 가능성이 높은 불필요한 위험이나 도전을 감행하게 되고, 친구나 동료들은 당신을 무모하고 충동적이며 어리석은 사람으로 지각할 수 있다. 따라서 우리가 강점을 언제 어떻게 발휘할 것인가를 고려할 때 약간은 옛날 방식의 상식을 따르는 것이 좋을 것이다.

셋째, 자신의 강점뿐만 아니라 다른 사람의 강점에도 주목해야 한다는 점이다. 우리는 다른 사람의 강점보다는 약점을 더 잘 포착하는 경향이 있다. 그래서 다른 사람을 칭찬하기보다는 비판하게 되는 경우가 더 많고, 다른 사람을 진정으로 좋아하거나 존중하기가 쉽지 않으며 인간관계가 만족스럽게 유지되기 어렵게 된다. 자신이든 타인이든 인간의 긍정적 성품과 강점에 주목하고, 서로의 강점을 발현하며 더불어 살아가는 것이 행복한 삶일 것이다. 그러므로 다른 사람의 약점을 포착하는 우리의 관점을 바꾸어 그들의 강점에 주목해 보자. 먼저 가족 구성원의 강점에 주목해 보라. 바쁜 일상 속에서 무심히 대하는 당신의 배우자가 어떤 성격적 강점을 지니고 있는지 살펴보라. 그러면 여러 강점을 지니고 있는 배우자가 더욱 소중하게 느껴질 것이다. 또한 늘 기대에 못 미치는 말썽꾸러기 자녀도 찬찬히 살펴보면 나름의 강점을 지니고 있음을 알게 될 것이다. 개성과 강점을 지닌 자녀가 강점을 발휘할수 있도록 격려하고 지원해 보라. 다음으로, 직장동료와 친구들의 강점에 주목해 보라. 괴팍한 성격의 소유자라고 여기던 사람들도 나름의 성격적 강점이 있기 마련이며, 무능하게 보이던 동료에게도 나름대로의역량과 기술이 있기 마련이다. 그들의 강점을 발견하는 순간 그들에 대해 호의적인 느낌이 증가하고 좋은 사람들과 함께 지내고 있다는 긍정적인 기분이 들 것이다. 동료에 대한 호감은 협동적인 관계로 이어지고업무성과 향상을 가져올 것이다.

정서지능

미래학자인 앨빈 토플러는 지식정보화 시대로 대표되는 21세기를 지식 못지않게 감성을 중시하는 사회라고 강조한 바 있다. 지식사회로 진화할수록 시스템이나 제도로 해결할 수 없는 문제들은 더욱 증가하는데 대부분 감성과 관련된 문제라는 점에 주목할 필요가 있다는 것이다. 21세기로 접어들면서 지적 능력과 기술적 능력에 대한 격차는 상당히 줄어들었고, 새로운 제품이 나오더라도 큰 차이가 없을 정도로 기본적인 기능은 거의 평준화되어 있다. 그러다 보니 상품의 구매를 결정하는 것은 그 성능이 아니라 소비자의 '마음'이다.

즉, 소비자의 기호에 맞고 사용에 편리하며 매혹적인 제품이 선택되는 것이다. 이런 추세에 발맞춰 오늘날의 마케팅은 감성을 중시하고 있다.

그리하여 최근에 들어와 인간의 성공, 건강, 행복에 대한 새로운 관점을 제공한 정서지능(감성지능 혹은 감정지능이라고도 일컬음)과 이의 측정개념인 정서지수EQ가 세계적인 선풍을 일으키며 관심을 끌고 있다. 정서지능은 삶에 대한 만족도나 행복에 큰 영향을 미친다.

정서지능의 의미와 구성요소

정서지능이란 개념은 1990년 미국의 예일대학교 심리학 교수인 피터 셀로비와 뉴햄프셔대학교 존 메이어 교수에 의해 처음 정의되었다. 정서지능을 대중화한 사람으로 알려져 있는 골먼은 정서지능이란 정서를 지각하고, 정서를 조절하며, 스스로에게 동기를 부여하고, 타인의 정서에 대해 인식하며, 대인관계를 다루는 능력(Goleman, 1995)이라고 정의하였다.

정서지능은 구체적으로 어떤 요인으로 구성되어 있는가? 골먼의 정의에 따르면 정서지능은 정서의 자기인식, 자기동기화, 자기조절, 감정이입(공감), 그리고 대인관계기술 등의 다섯 가지 요소로 구성되어 있다.

자기인식

자기인식이란 자신의 감정을 스스로가 인식하는 것으로서, 여기에는 자신의 감정을 인지하고 그 감정에 이름 붙이는 능력, 자신의 감정이 발생한 이유를 이해하는 능력, 감정과 행동 간의 차이를 인식하는 능력 등이 포함된다. 이같이 자신의 감정을 알아차리는 능력은 정서지능의 근본 바탕이 된다.

자기동기화

자기동기화란 자신의 감정을 생산적으로 이용하는 것으로서, 자기 자신에게 동기를 부여하는 능력이다. 여기에는 좀 더 책임을 지는 능력, 현재 하고 있는 일에 집중하는 능력, 더욱 인내심을 갖고 사려 깊게 일을 처리하는 능력, 희망과 낙천적 태도를 갖고 긍정적으로 생각하는 능력 등이 포함된다.

감정이입

감정이입은 다른 사람의 감정을 읽을 줄 아는 것으로서, 여기에는 타인의 감정을 수용하는 능력, 타인의 감정에 민감해지는 능력, 타인의 말에 귀를 기울이는 능력 등이 포함된다. 다른 사람의 감정을 읽을 줄 아는 능력을 상담 분야에서는 '공감'이라고 하는데, 자신의 감정을 잘 표현하면 표현할수록 남의 감정도 잘 읽을 수 있다.

정서적 표현이나 느낌 같은 것은 말과 행동에 의해 미묘하게 짜인 옷감과도 같은 것으로서 눈에 드러나지 않는 목소리의 변화, 신체 표정이나 자세의 변화 등 미묘한 변화들이 서로 얽혀 있는 것이다. 이러한 미묘한 감정 표현을 잘 못하거나 잘 읽지 못하는 사람은 정서지능에 결함이 있는 것이다.

심리학적 연구 결과, 다른 사람이 느끼고 있는 감정을 알아차리는 공감력의 발달은 남을 아끼고 사랑하는 이타심의 발달과 관련이 있는 것으로 밝혀졌다.

자기조절

자기조절은 자신의 감정을 관리하고 조절하는 것으로서, 여기에는 자신의 감정을 적절히 표현하는 능력, 공격적인 행동과 자기파괴적인 행동을 절제하는 능력, 자신과 가족 및 학교에 대해 좀 더 긍정적인 감정을 가지는 능력, 스트레스에 잘 대처하여 다루어나가는 능력, 고독감과 사회적 불안감을 덜 느끼는 능력 등이 포함된다.

적절하게 정서를 다룰 줄 안다는 것은 곧 지각을 더욱 확고하게 해나가는 능력이 있다는 것이다. 즉, 만연하는 불안, 우울, 흥분과 같은 불쾌한 정서에 대처할 수 있는 능력이 있다는 뜻이다.

만일 이러한 불쾌한 정서에 대처할 수 있는 능력이 부족하면 계속되는 불쾌감 속에서 헤어나지 못하고 계속 머물러 있거나 점점 더 깊게 빠져들게 될 것이다. 그러나 불쾌한 정서에 적절히 대처할 수 있다면 좌절이나 역경에서 쉽게 벗어날 수 있을 것이다.

대인관계기술

다중지능 이론의 제안자인 하워드 가드너에 의하면, 대인관계지능은 지도 능력, 협상 능력, 인간적 결합 능력, 사회적 분석 능력 등 네 가지 요인으로 구성되어 있다. 지도 능력은 조직 구성원들의 자발성을 선도하고 협동성을 장려할 줄 아는 능력이고, 협상 능력은 갈등을 사전에 예방하는 능력과 분쟁이 악화되어 가는 것을 해결해 내는 능력이다. 인간적 결합 능력은 개인의 감정과 관심거리를 알아차리고 이를 연결시켜 주는 능력이며, 사회적 분석 능력은 사람들이 갖는 미묘한 감정과 동기 및 관심 따위를 재빨리 알아차리는 감식력과 통찰력이다.

이 다섯 가지 구성요소를 종합해 볼 때, 결국 정서지능이란 자신의 내부에 감정이 발생했을 때 어떤 감정이 어느 수준으로 왜 일어났는가를 스스로 인식하는 능력, 자신의 불안이나 분노와 같은 부정적 감정을 달래고 조절하는 능력, 어떤 일을 할 때 자신을 적절히 분발시키는 능력, 상대방의 기분이나 분위기를 파악하고 이해하는 능력, 대인관계를 원만하게 맺고 유지하는 능력 등의 의미가 총체적으로 내포된 개념이라고 할 수 있다.

당신의
정서지능지수는?

당신의 EQ, 즉 정서지능지수는 어느 정도일까? 다음은 골먼 박사가 인터넷을 통해 비공식적으로 실시한 설문조사에서 사용한 질문들이다(Maertin & Boeck, 1996). 제시된 문제를 읽고 이러한 문제 상황에서 당신이 실제로 어떻게 행동할 것인지 솔직하게 응답해 보라. 옳고 그른 답이 없으므로 자신의 행동과 가장 근접하는 답지의 번호를 즉각 선택하면 된다.

---

1. 당신은 지금 매우 심하게 흔들리는 비행기 안에 있다. 당신은 어떻게 행동할 것인가?

(a) 대수롭지 않게 생각하고 조용히 읽던 책이나 신문을 계속해서 읽는다.

(b) 승무원들의 태도를 통해 상황의 심각성을 확인해 보는 한편, 신중을 기하기 위해 구명조끼를 한번 만져본다.

(c) a와 b의 중간쯤

(d) 모르겠다. 생각해 보지 않았다.

2. 당신은 어린 자녀를 데리고 몇몇 이웃 아이들과 함께 놀이터에 갔다. 갑자기 한 아이가 울기 시작했다. 다른 아이들이 그 아이와 같이 놀려고 하지 않기 때문이다. 당신은 어떻게 행동할 것인가?

(a) 간섭하지 않는다. 아이들끼리 해결해야 한다.

(b) 어떻게 하면 다른 아이들이 그 아이와 같이 놀아줄까에 대해 우는 아이와 함께 곰곰이 생각해 본다.

(c) 그 아이이게 울지 말라고 친절하게 달래준다.

(d) 가지고 놀 수 있는 다른 물건을 보여주어 울고 있는 아이의 관심을 다른 것으로 돌리게 한다.

3. 당신은 대학 중간고사에서 좋은 성적을 기대했던 과목에서 나쁜 성적을 받았다. 당신은 어떤 반응을 보이게 될 것인가?
   (a) 다음 기말고사에서 성적을 올리기 위한 공부 계획을 세우고, 이 계획을 철저하게 지키기로 결심한다.
   (b) 앞으로 더 열심히 노력하려고 다짐한다.
   (c) 스스로에게 그 과목의 성적은 그렇게 중요하지 않다고 말하며, 그 대신 성적이 더 잘 나온 과목에 집중한다.
   (d) 담당 교수를 찾아가 면담을 하고 성적을 다시 한 번 생각해 달라고 부탁한다.

4. 당신은 전화를 통해 어떤 물건을 판매하는 일을 하고 있다. 그런데 당신이 접촉한 15명의 고객이 당신의 전화에 거절을 했다. 당신은 어떻게 행동할 것인가?
   (a) 오늘은 포기하고 내일에는 행운이 따를 것이라고 기대한다.
   (b) 성공하지 못한 원인이 무엇인가에 대해 골똘히 생각한다.
   (c) 다음 번 전화할 때는 새로운 방법으로 시도하고, 그렇게 빨리 포기해서는 안 된다고 자신을 타이른다.
   (d) 이 일이 당신에게 적합한 직업인지 스스로 물어본다.

5. 친구가 운전하는 차를 함께 타고 가는데 다른 차가 매우 위험스럽게 갑자기 끼어들자 친구가 흥분하여 화를 냈다. 그 친구를 진정시키기 위하여 당신은 어떻게 행동할 것인가?
   (a) 친구에게 사고가 난 것도 아니고 큰 문제가 아니니까 잊어버리라고 말한다.
   (b) 친구의 마음을 달래기 위해 친구가 좋아하는 음악을 들려준다.
   (c) 운전하는 친구의 기분을 맞춰주기 위해 끼어들었던 운전자에 대한 그 친구의 욕설에 동조한다.
   (d) 당신도 최근에 비슷한 경험을 한 일이 있는데, 알고 보니 그 차에 응급 환자가 실려 있었다고 말해준다.

6. 부부 사이에 언쟁이 벌어져 부부 모두가 기분이 상하고 매우 화가 나서 진심이 아니지만 욕설을 하는 단계에 이르렀다. 이때 당신은 어떻게 행동할 것인가?

(a) 20분간 휴식을 제의하고, 그 뒤에 토론을 계속한다.

(b) 싸움을 중단하고 더 이상 아무 말도 하지 않는다.

(c) 유감스럽다고 말하고 상대방에게 사과를 청한다.

(d) 잠시 멈추어 생각을 정리한 후, 당신의 입장을 가능한 한 상세하게 설명한다.

7. 당신의 세 살 된 아이가 태어나면서부터 낯선 사람과 환경에 소심한 반응을 보이고 수줍음을 많이 탄다. 당신은 어떻게 대처할 것인가?

(a) 그 아이가 선천적으로 수줍어한다는 사실을 인정하고, 아이를 자극하는 상황으로부터 어떻게 하면 보호할 수 있을까에 대해 깊이 생각한다.

(b) 아동심리 전문가와 상담한다.

(c) 아이를 새로운 사람과 상황에 가급적 많이 직면하게 하여 불안을 떨치게 한다.

(d) 아이에게 다른 사람과 많이 어울릴 수 있도록 용기를 주는 경험들을 하게 한다.

8. 당신은 어렸을 때 피아노를 배웠으나 오랫동안 치지 않았다. 이제 당신은 피아노를 다시 치려고 한다. 어떻게 하면 당신이 가장 빨리 배울 수 있을까?

(a) 매일 엄격한 연습 시간을 정하여 연습한다.

(b) 나의 능력에 비추어 약간만 노력하면 소화해 낼 수 있는 작품을 선택하여 연습한다.

(c) 정말로 피아노를 치고 싶은 기분이 들 때만 연습한다.

(d) 나의 능력에 비추어 현재로서는 매우 어려운 작품이지만 끈기 있게 노력하면 숙달될 수 있는 작품을 선정하여 연습한다.

각 질문에 대한 항목별 점수와 특정 응답에 대한 해설은 다음과 같다.

질문 1의 경우 a=20점, b=20점, c=20점, d=0점이다. 답변 d는 당신이 스트레스 반응을 의식하고 있지 않다는 것을 보여준다.

질문 2의 경우 a=0점, b=20점, c=0점, d=0점이다. 최상의 답변은 b이다. 정서지능이 높은 부모는 아이들의 부정적 감정을 감성 훈련의 기회로 삼는다. 부모는 아이들에게 흥분의 원인을 이해하게 하고, 자신들의 감정을 인지하고 다른 행동 가능성을 찾도록 도와준다.

질문 3의 경우 a=20점, b=0점, c=0점, d=0점이다. 최상의 답변은 a이다. 스스로의 동기부여는 무엇보다도 행동계획을 세우고 실천시킬 수 있는 능력에서 나타난다.

질문 4의 경우 a=0점, b=0점, c=20점, d=0점이다. 최상의 답변은 c이다. 낙관주의는 정서지능의 한 표시이다. 낙관주의자는 실패를 학습할 수 있는 도전의 기회로 간주한다. 포기하거나 스스로를 책망하거나 의기소침하기보다는 끝까지 견디며 항상 새로운 것을 시도한다.

질문 5의 경우 a=0점, b=5점, c=5점, d=20점이다. 최상의 답변은 d이다. 몹시 화가 난 사람에게는 그 분노에 대해 설명을 해주면 빨리 진정된다. 분노의 원인으로부터 그 사람의 마음을 돌려놓거나 왜 화를 내는지 충분히 이해가 간다고 말해주는 것도 도움이 된다.

질문 6의 경우 a=20점, b=0점, c=0점, d=0점이다. 최상의 답변은 a이다. 지각을 왜곡시키고 상대에게 손상을 입히는 공격이 시작되기 쉬운 생리적 분노의 각성을 정화하는 데는 적어도 20분이 걸린다. 분노를 진정시킨 후에는 보다 유익한 토론이 이루어질 가능성이 높다.

질문 7의 경우 a=0점, b=5점, c=0점, d=20점이다. 최상의 답변은 d이다. 선천적으로 수줍어하는 아이들은 불안을 야기하는 상황에 점진적으로 직면한다면 자신이 갖고 있는 억제감을 쉽게 떨칠 수 있다.

마지막 질문 8의 경우 a=0점, b=20점, c=0점, d=0점이다. 최상의 답변은 b이다. 스스로에게 적당한 도전적인 과제를 제공할 때 과업을 원활하게 수행할 가능성이 가장 높다. 이런 상태에서 유쾌하고 가장 몰입 경험적으로 학습하고 실행할 수 있다.

점수가 120점 이상이라면, 당신의 EQ는 높다. 당신은 상당한 정서지능을 소유하고 있고, 자신과의 문제가 없으며, 자신의 감정을 잘 다루고 다른 사람을 잘 이해할 뿐만 아니라 다른 사람들과 다감하게 교제하는 편이다. 점수가 60~120점이라면 당신의 EQ는 보통 수준이다. 만약 점수가 60점 이하라면 정서지능이 약한 편이므로 정서지능에 관한 책을 읽고, 정서지능을 높이기 위해서 노력해야 한다. IQ와 달리 EQ는 상대적으로 쉽게 향상될 수 있으므로 정서지능을 높이기 위한 방법들을 찾아 실천에 옮겨보기 바란다.

정서지능을 높이기 위한 방법

정서지능을 높이기 위한 여러 가지 방법들이 있겠지만, 그중에서 몇 가지를 소개해 보면 다음과 같다(김언주 외,

1998; 정종진, 2008).

첫째, 정서지능을 높이기 위해서는 기본적으로 SLP, 즉 미소smile, 경청listening, 칭찬praise을 생활화해야 한다. 평소 자주 웃어야 한다. 찡그리고 있으면 올 복도 달아난다고 하지 않던가. 보통 여자가 남자보다 더 오래 사는 이유는 자주 웃기 때문이다. 웃음은 내면의 조깅이고, 동서양을 막론하고 웃음이 묘약이며 명약이라고 말한다. 자주 웃으려면 무엇보다도 긍정적인 사고와 낙천적인 성품을 가져야 한다. 먼저 사물을 긍정적으로 생각하면 뇌에서 좋은 호르몬이 분비되고 그 감각의 기억이 잠재의식으로 바뀐다. 이는 웃음의 원리와도 같아서 '즐겁다=웃는다'는 것이 일반적인 패턴이지만 실제로는 '웃어본다=즐거워진다'는 식도 성립된다는 것이다.

현실요법의 창시자 윌리엄 글래서는 "우리는 행복하기 때문에 노래를 부르는 것이 아니라 노래 부르기를 선택할 때 행복해진다"고 하였다. 유머가 없는 생활 속에서는 성공과 행복 그리고 건강이 존재할 수 없다. 웃음은 긍정적인 의식을 만드는 최고의 방법이자 정서지능을 높이는 보약이다. 따라서 자꾸 웃도록 노력해 보자.

경청은 대화의 최고 기술이자 정서지능을 높이는 효과적인 방법 중 하나이다. 말은 3년이면 배우지만 듣는 것은 60년이 걸려야 배운다고 한다. 공자가 나이 60에 이순耳順, 즉 귀를 열고 순하게 잘 들었다고 하니 제대로 듣는 것은 쉬운 일이 아니다. 말하는 사람의 이야기를 잘 들기 위해서는 의식의 화살을 말하는 사람에게 돌려야 한다. 흔히 커뮤니케이션에서는 듣기, 읽기, 쓰기, 말하기의 순서로 중요하다고 한다. 그렇지만 요즘 현대인들은 듣기를 잘 못하고 있다. 경청은 상대방을 이해하려는 의도를 가지고 듣는 것을 말한다. 나의 관점 대신 상대방의 관점에서 바라보는 것이다. 귀로 말을 듣는 것이 아니라 눈과 가슴으로 듣는 것을 의미한다.

칭찬은 긍정적 의식의 산물이다. 칭찬은 우리에게 가장 좋은 식사와 같다. 영혼이 배고프고 힘들다면 당장 주변 사람을 향해 칭찬하라. 그러면 금세 배가 불러올 것이다. 이처럼 칭찬은 받는 사람도 기분이 좋고 영혼의 배를 부르게 하지만 먼저 칭찬하는 사람의 허기부터 채우는 놀라운 영혼의 식사인 것이다. 선물을 하는 데는 비용이 들지만 칭찬은 단돈 1원도 들이지 않고도 사람을 기쁘게 하는 최고의 선물이라고 한다. 아울러 자신의 의식성장을 꾀할 수 있는 최고의 방법이기도 한 것이다. 하지만 칭찬을 무조건 많이 한다고 의식성장이 되는 것은 아니다. 진심이 담긴 칭찬이어야 한다. 칭찬하라. 칭찬은 당신의 영혼을 춤추게 할 것이다.

둘째, 정서지능을 높이기 위해서는 자신이나 다른 사람의 감정을 잘 알아차리고 공감할 줄 알아야 한다. 그러기 위해 다음과 같은 연습을 꾸준히 해보라.

- 자신이 영화나 TV 드라마의 주인공이 되었다고 생각하고 그들이 어떤 느낌일지 깊이 느껴본다. 부모나 자녀 혹은 친구와 함께 연습을 하며 느낌을 설명하거나 몸짓 혹은 표정으로 흉내내어 보거나 그림으로 그려보면 더욱 좋다.
- 불쾌하거나 자신감이 없어질 때 자신만의 마법의 말을 만들어본다. 예를 들어, "난 할 수 있어"와 같이 자기확신을 만들어주는 말들을 반복하고 다른 사람에게는 "넌 잘할 수 있어"라는 격려의 말을 자주 해준다.
- 사람들이 화가 나거나 슬프거나 당황스러울 때 어떻게 행동하는지 관찰해 보고 행동이나 표정, 말투에 대해 설명해 본다.
- 자신의 느낌에 대해 스스로에게 편지를 쓰는 식으로 대화를 해본다. 일기를 쓸 때 자신의 감정과 느낌을 잘 표현하도록 한다.

셋째, 정서지능을 높이기 위해서는 자기 자신이나 다른 사람의 감정을 잘 느끼고 표현해야 한다. 그러기 위해 다음과 같은 연습을 꾸준히 해보라.

- 잡지나 그림책에 있는 사람들의 정서 상태를 단어나 문장(예: 고통, 기쁨, 속상하다, 그립다, 행복하다 등)으로 설명해 본다.
- 거울을 들여다보며 희로애락의 정서를 얼굴표정을 통해 다양하게 표현해 본다.

- 우울하거나 기분이 나쁠 때 기분을 전환하는 자신만의 방법을 함께 이야기해 본다.
- 꼭 성취하고 싶은 목표나 하고 싶은 일을 정해놓고 그것을 실천한 다음, 결과에 대해 가족이나 친구들과 서로 이야기를 나눈다.

넷째, 정서지능을 높이기 위해서는 자신의 감정 상태와 상대방의 감정 상태를 섬세하게 감지해야 한다. 그러기 위해 다음과 같은 연습을 꾸준히 해보라.

- 몸짓, 얼굴표정, 언성 같은 비언어적 행동을 적절하게 표현하는 연습을 해본다. 즉, 감정 상태를 정해놓고 다 같이 그것을 어떻게 표현할지 각자 몸으로 보여주는 것이다.
- 상대방이 말하는 동안 표정이나 언성 등을 통해 상대방의 정서 상태를 읽어내는 연습을 해본다. 연기를 하는 사람은 빈 종이에 표현할 감정 상태를 미리 적어놓고, 알아맞혀야 하는 상대방이 볼 수 없도록 접어놓는다. 그런 다음 연기를 하는 사람은 말없이 표정이나 행동으로 그 감정을 표현한다. 그러면 알아맞혀야 하는 사람은 그 감정 상태를 추측한다. 이제 종이를 펴보고 알아맞힌 것과 표현하려 했던 것이 일치하는지 확인해 본다.

다섯째, 정서지능을 높이기 위해서는 자신의 정서를 효과적으로 조절할 수 있어야 한다. 예를 들어, 나쁜 기분을 개선하는 방법, 신경이 날카로울 때 이완시키는 방법, 화가 났을 때 마음을 진정시키는 방법을 알아야 한다. 정서를 관리하고 나쁜 기분을 개선하기 위한 몇 가지 전략들을 제시하면 다음과 같다.

- 어느 정도 에너지를 소모하라. 10~20분 정도 간단하면서도 숨찬 신체 운동을 하라. 빨리 걷고 뒤로 걷는 것도 정신을 고양시킬 수 있다.
- 자세를 변화시켜라. 일어서고 고개를 들고 온몸을 스트레칭하고, 여기저기 걸어 다녀라. 할 수만 있다면 밖으로 나가라.
- 알코올, 약물, 즉석음식을 피하라. 이러한 것들은 잠시 기분을 좋게 하지만 우리의 자기통제를 약화시킬 뿐이며, 결국엔 다른 문제를 야기한다.
- 자신이 좋아하는 긴장이완의 음악이나 사기와 기상을 드높이는 음악을 들어라.
- 5분 정도 명상 혹은 마음챙김을 실시하라. 마음챙김을 위한 몇 가지 제안에 대해서는 뒤에 나오는 '마음챙김 명상' 부분을 참조하기 바란다.
- 즐거운 기분을 가질 수 있는 오락이나 기분전환거리를 찾고 좋은 행위(선행)를 하라. 30분 정도 좋아하는 취미활동을 하고, 이웃을 위해 심부름을 해주거나 직장에서 동료들을 위해 커피를 타줘라.

- 상황을 보다 긍정적인 방식으로 재구성하라.

- 좋은 친구에게 전화를 걸어라. 문제를 함께 공유하는 것만으로도 문제의 반이 해결되는 경우가 종종 있다.

동기부여와
목표설정

> 만약 배를 만들고 싶다면 사람들에게 목재를 가져오라고 하거나
> 일감을 지시하지 말라. 대신 그들에게 바다를 그리워하게 하라.
>
> — 생텍쥐페리

　　동기와 목표에 관한 이론은 긍정심리학 접근의 일부로 행복과 웰빙 연구의 중요한 한 부분을 차지하고 있다. 최근에는 동기의 유형에 따라 행복에 미치는 영향이 달라진다는 주장이 제기되면서 내재적 동기와 외재적 동기의 구분이 주목을 끌고 있다. 즉, 외부의 보상에 의해 충족되는 일에서 동기를 가진 사람들보다는 행위 자체에서 만족을 얻게 되는 데서 동기를 가진 사람들이 더 행복감을 느낀다는 주장이다.

　　내재적 동기는 개인의 내적 요인과 그가 수행하는 과제 자체에 의

하여 동기화되는 것이다. 무언가를 하기 위해 내재적으로 동기화되었다면 이는 동기가 내부에 있어 자신의 흥미나 호기심 혹은 즐거움에 의해서 유발된 것임을 의미한다. 반면, 외재적 동기는 활동하는 과정과 무관한 외적 요소, 즉 과제의 해결이 가져다줄 보상이나 벌에서 비롯되는 동기이다.

무언가를 하기 위해 외재적으로 동기화되었다면 이는 동기가 외부에 있어 돈, 좋은 성적, 지위와 권력, 사회적 인정과 명예, 경쟁 혹은 벌에 대한 두려움 같은 외부의 유인가와 반유인가(저해요인)에 의해서 유발된 것임을 의미한다.

높은 자발적인 동기부여, 즉 내재적 동기와 관련된 이점은 자신감, 활력, 흥미와 관심, 수행 및 성취도, 지속력과 끈기, 창의성, 자존감, 일반적인 웰빙의 향상을 비롯하여 상당히 많이 있다.

자기결정성 이론

내재적 동기와 외재적 동기의 구분은 행복과 정신건강을 이해하는 데에 중요하다. 미국 로체스터대학교의 사회심리학 교수인 에드워드 데시와 리처드 라이언에 따르면, 내재적 동기를 지닌 사람들은 외적인 보상에 의해 동기가 부여된 사람들에 비해 업무성과, 끈기, 창의성, 자존감, 활력이 향상되었으며 전반적 행복 수준을 더 높게 보고했다. 동일한 과제를 수행하는 경우에도 두 집단은 이러한 차이가 나타났다. 또한 내재적 동기를 지닌 사람들은 건강증진 행동, 종교적 참여, 친밀한 인간관계, 정치적 활동과 같은 다양한 영역에서도 긍정적인 결과를 나타내는 경향이 있었다. 내재적 동기를 지니고 흥미로운 일에 전념하게 될 때 몰입 경험이라는 독특한 긍정적 심리 상태를 경험하게 된다(Deci & Ryan, 1987; Ryan & Deci, 2000). 라이언과 데시는 내재적 동기를 증진하는 요인들을 설명하기 위해서 자기결정성 이론을 제시하였다.

라이언과 데시는 내재적 동기를 새롭고 도전적인 것을 추구하고 자신의 능력을 확장하여 연마하며 항상 탐구하고 배우고자 하는 선천적 경향이라고 정의하면서 인간의 대표적인 긍정적 속성으로 간주했다. 그들의 인간 동기와 행동에 대한 자기결정성 이론에 따르면, 우리의 자발적 동기부여와 행복에 중요한 것은 목표 그 자체가 아니라 목표를 확인하여 추구함에 있어서 세 가지 기본적인 인간 욕구, 즉 자율성, 유능성, 관계성에 대한 욕구가 충족되느냐 그렇지 않으냐에 달려 있다. 자율성은 삶의 중요한 문제에 관해서 독립적이고 자주적인 결정을 내리고자 하는 성향이고, 유능성은 환경에 몰입 경험적으로 대응할 수 있는 숙달된 경험을 추구하는 성향이며, 그리고 관계성은 서로에게 지지적인 인간관계를 형성하고자 하는 성향이다.

자기결정성 이론에서는 외적 유인가의 유무 여부가 아니라 자기결정성에 대한 주관적 지각이라는 측면에서 동기를 정의하고 있다. 인간의 행동을 순전히 타율적인 행동(외재적으로 동기화된 행동)에서 완전히 자기결정된 행동(내재적으로 동기화된 행동)에 이르는 연속체 선상에서 개념화하고 있다.

자기결정이란 어떻게 반응할 것인가를 스스로 결정하는 과정을 말한다. 우리는 특정한 과제 자체에 대한 흥미 때문에 과제를 수행하는 경우도 있지만, 외재적 보상 때문에 시작한 행동이 점차로 자신에게 내면화되어 결국에는 외재적 보상이 없는 상황에서도 그러한 행동을 하는 경우가 많다는 것이다.

사람들은 자기 자신의 행동과 운명을 자율적으로 선택할 수 있다는 자기결정력을 가질 때 과제에 보다 오랫동안 참여하게 되고, 과제에 대하여 유의미하고 창의적인 사고를 하게 되며, 활동에서 즐거움을 경험하게 되며, 보다 높은 수준의 성취를 이룬다. 반면, 환경이나 자신이 하는 일에 대해 자기결정력을 가지지 못할 때에는 자신의 삶의 과정을 결정하는 데 소극적으로 임하게 되고 내재적 동기보다 외적 요구에 따르게 되는 경향이 있다.

데시와 라이언은 인간의 자기결정성에 대한 인식에 영향을 주는 요인으로 [그림 5]와 같이 선택, 위협과 마감시한, 통제적인 표현, 외재적 보상, 그리고 평가와 감독을 들고 있다(Deci & Ryan, 1987, 1992).

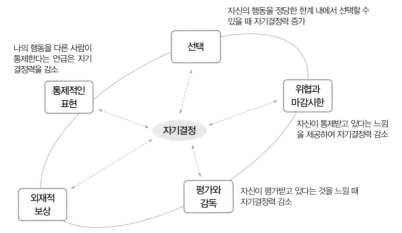

자신의 행동을 정당한 한계 내에서 선택할 수
있을 때 자기결정력 증가

나의 행동을 다른 사람이
통제한다는 언급은 자기
결정력을 감소

선택

통제적인
표현

위협과
마감시한

자기결정

자신이 통제받고 있다는 느낌
을 제공하여 자기결정력 감소

외재적
보상

평가와
감독

자신이 평가받고 있다는 것을 느낄 때
자기결정력 감소

과정에 대한 정보 제공이 아닌, 행동 통제나 조종의
수단으로 인식될 때 자기결정력 감소

| 그림 5 | **자기결정성 인식에 영향을 미치는 요인**

내재적 동기에 영향을 미치는
세 가지 욕구

　　　　　　이러한 자기결정성 이론에서는 스스로 선
택을 하고 결정을 하는 것은 내재적 동기를 향상시킨다고 보며, 내재적
동기에 영향을 미치는 자율성(통제) 욕구, 유능성 욕구, 관계성 욕구를
타고난다고 가정한다.

　　자율성 욕구는 스스로의 결정에 의해 선택하고 행동하고자 하는 욕

구를 말한다. 이러한 자율성의 욕구는 자신의 활동을 다른 사람이 시켜서가 아니라 자기 스스로 선택할 수 있을 때, 그리고 자기개념과 일치할 때 충족된다. 당신의 목표가 스스로 선택한 것이라면 어느 누구도 당신에게 그것을 하라고 요구하지 않으며, 무엇을 하고 어떻게 할 것인지에 대한 결정은 당신 자신에게 달려 있다. 당신이 자신의 삶을 어떻게 살 것인가에 대한 선택권을 갖고 있다는 느낌은 당신의 자발적인 동기부여와 행복에 큰 도움이 된다.

이와는 반대로, 만약 당신이 어떤 방식으로 사고하고 느끼고 행동하도록 압력을 받고 있다고 느낀다면(예컨대, 당신이 강요를 받고 있거나 어떤 종류의 보상을 바라고 무엇인가를 하고 있다고 느낀다면) 당신은 자율적으로 행동하고 있는 것이 아니며, 따라서 자발적인 동기부여와 행복 수준이 감소될 것이다.

일이든 개인적인 것이든 자신의 현재 목표에 대해 생각해 볼 때, 그 목표를 당신이 정말 자유롭게 선택한 것인가? 당신은 자기 자신 혹은 그 밖의 누군가를 기쁘게 하기 위해서 그 목표를 행하고 있는가? 만약 당신의 목표가 자신의 선택에 의한 것이 아니라면 당신은 자신의 통제력을 증진할 수 있도록 그 목표를 어떻게 변화시킬 것인가?

여러 차례 수행된 연구 결과에 따르면, 내재적으로 동기화된 사람은 자신이 해야 할 일을 선택할 뿐만 아니라 그 일을 어떻게 할 것인가도 선택한다. 이러한 사실은 사람들에게 선택의 기회를 제공해서 자신을 자율적 행위자로 지각하도록 했을 때 내재적 동기를 향상시킬 수 있다는 것을 보여준다. 그러므로 인간의 자율성 욕구를 충족시키기 위해서는 그들에게 선택권, 즉 스스로 공부나 일을 통제할 수 있는 권리를 가능한 한 많이 제공하는 것이다.

자기결정성 이론의 두 번째 요소는 유능성(유능감)이다. 유능성 욕구는 목표를 어떻게 성취할 것인지 이해하고 이를 효율적으로 달성하는 능력을 가지려는 욕구로서, 행하는 것이 무엇이든 간에 자신감, 효능감 및 숙달감을 느끼고 싶은 인간의 욕구를 말한다. 이러한 유능성의 욕구는 자기 능력에 더 많은 확신을 갖게 하는 어떤 좋은(자신이 바라던) 결과가 자신의 노력을 통해 달성되었을 때 충족된다. 유능성은 당신이 현재 수행하는 활동과 능력 간의 관계에 대한 지각에서 유발된다. 즉, 유능성은 과제 완성과 관계가 있는데 난이도가 적당한 과제를 완성했을 때 생긴다.

따라서 유능성 욕구를 충족시키고 동기를 유발시키기 위해서는 현재 인지적 수준과 약간의 불일치를 조장할 수 있는 도전감 있는 과제를 택하는 것이 좋다. 자신의 능력에 비해 너무 쉬운 과제는 수행 과정에서 따분해하거나 과제에 흥미를 느끼지 못하고 당신이 유능하다는 것을 알려줄 수 없기 때문에 내재적 동기를 유발할 수 없다. 반면, 도전적 과제는 당신의 능력이 증가하고 있다는 것을 나타내줄 수 있으므로 동기유발에 도움이 된다. 당신의 이해와 능력이 증가하고 있다는 구체적 증거를 보게 되고 주변 사람들로부터 긍정적 피드백을 받게 되면 당신의 유능성에 대한 인식이 높아질 수 있다.

이 밖에 유능성 욕구를 충족시킬 수 있는 방법으로는 자신의 지식과 기술 수준에 적절한 활동을 하기, 능동적으로 활동을 할 수 있는 기회와 즉각적인 피드백을 제공받기, 놀이와 게임의 특성을 활용한 활동을 하기, 과제의 실제적 유용성과 의미를 이해하기 등이 있다.

관계성은 자기결정성 이론의 세 번째 요소다. 관계성 욕구는 부모, 교사, 친구 등 다른 사람들과 안전하고 친밀하며 만족스러운 관계를 맺고 싶은 모든 인간의 욕구를 말한다. 관계성에 대한 욕구는 타인과의 긴밀하고 긍정적인 연결에 의해 충족된다. 친밀함과 지지를 제공하는 사회적 상호작용은 이러한 욕구를 만족시키는 데 기여한다. 이러한 관계성은 우리에게 스스로 선택할 수 있는 자유를 제공한다.

다른 사람들이 반응적이고 당신의 흥미와 안녕감에 관심을 보일 때 당신은 높은 내재적 동기를 나타내게 된다. 다른 사람들과의 긍정적 관계는 사람들이 당신에게 기대하는 바를 수행함으로써 다른 사람들에게 기쁨을 주려고 하는 원인이 되며, 당신은 자신이 좋아하거나 존경하는 사람들의 가치를 쉽게 내면화할 수 있다. 협동은 당신에게 일의 사회적 구성에 참여하도록 해주기 때문에 일에 도움이 되며, 당신의 관계유지 욕구를 충족시켜 주기 때문에 동기유발에도 도움을 준다.

데시와 라이언의 자기결정성 이론은 자율성(통제), 유능성, 관계성의 기본 욕구들이 충족될 때 우리의 자발적인 동기부여와 행복도 증진될 것이라는 점을 시사하고 있다. 따라서 우리가 생각해 보아야 할 중요한 질문은 다음과 같다.

- 우리는 자신의 삶에서 보다 많은 자율성, 유능성, 관계성의 욕구를 어떻게 충족할 수 있는가?
- 우리는 다른 사람들이 자율성, 유능성, 관계성을 촉진함으로써 그들의 목표를 성취하도록 어떻게 도와줄 수 있는가?

접근목표 대 회피목표

무언가 추구하는 목표가 있다는 것은 그 자체로 행복을 증진한다. 왜냐하면 목표를 향해 살아가는 것은 삶의 의욕과 생동감을 줄 뿐만 아니라 일상적인 삶의 방향과 의미를 제공하기 때문이다. 그러나 모든 목표가 행복을 증진하는 것은 아니다. 개인이 선택하는 목표의 유형에 따라 행복에 대한 영향력이 달라질 수 있다. 일반적으로 추구하는 목표가 내재적 동기와 잘 부합하고 자율적으로 선택한 것일 때 행복감이 증가한다. 자기수용, 긍정적 인간관계, 다른 사람을 돕는 것과 관련된 목표를 추구하는 사람들이 물질적 성공, 신체적 매력, 사회적 명성을 추구하는 사람들보다 행복 수준이 더 높다(Cantor & Sanderson, 1999; Kasser & Ryan, 1993).

목표는 크게 두 가지 유형, 즉 접근목표와 회피목표로 구분된다. 접근목표는 무언가를 향해 움직이도록 동기를 부여하고 우리가 열심히 일하는, 긍정적 결과를 포함한 목표를 말한다. 여기서 '긍정적'이란 상황에 따라 다른 의미, 즉 좋아하는, 바라는, 기쁜, 이득이 되는 것을 뜻하기도 한다. 과제에서 A등급을 받는 것이 접근목표의 한 예라 할 수 있다. 반면에 회피목표는 위험, 곤란, 공포 등을 피하기 위한 것으로, 회피하기 위해 일하는, 부정적 결과를 포함한 목표를 말한다. 여기서 '부정적'이란 또한 상황에 따라 다른 의미, 즉 싫어하는, 바라지 않는, 고통스러운, 해치는 것을 뜻하기도 한다. 시험에서 떨어지는 것을 피하거나 전에 했던 것보다 더 나빠지는 것을 피하는 것이 회피목표의 예라 할 수 있다. 다시 말하면, 접근목표는 무언가(예: 칭찬이나 보상)를 얻기 위해 어떤 일을 열심히 하게끔 하지만, 회피목표는 무언가 좋지 않은 것(예: 꾸중이나 벌)으로부터 벗어나거나 회피하기 위해 열심히 일을 하게끔 만든다.

목표 이론의 전문가들은 접근목표가 회피목표보다 우리의 행복과 웰빙에 중요한 기여를 할 수 있다고 제안한다. 우리는 누구나 자신의 삶에 있어서 목표를 필요로 한다. 왜냐하면 가치 있는 목표를 성취하기 위해 나아가는 것은 좋은 기분을 갖게 만들기 때문이고, 또한 우리의 핵심 가치와 일치하는 삶의 목표를 확인하여 추구해 나감으로써 만족감을 얻기 때문이다. 심리학 연구에 따르면, 회피목표는 부정적인 가능성을 계속 점검하여 우리의 에너지와 즐거움을 고갈시키기 때문에 스트레스를 주며, 결과적으로 우리의 행복과 웰빙에 손해를 끼친다. 더욱이 회피목표는 단지 생존만을 쉽게 할 수 있을 뿐인데, 그 이유는 회피목표가 성공적으로 달성되더라도 무엇인가 부정적인 결과가 나타나지 않도록 이끌기만 하기 때문이다. 반면, 우리가 열심히 일하기 위한 접근목표를 스스로 설정하면 보다 많은 에너지와 즐거움 같은 무엇인가 긍정적인 것이 나타나도록 하는 것에 중점을 두게 된다. 심리학자들에 의하면 이것은 또한 궁극적으로 보다 높은 수준의 행복과 웰빙으로 이끈다.

미래를 내다볼 것인가, 과거를 들여다볼 것인가?

사람들의 목표에 대한 노력(전념)을 다룬 연구에 따르면, 목표를 향해 이미 이룩한 진전 결과에 초점을 두는가 아니면 아직 더 성취해야 할 것에 초점을 두는가에 따라 자발적인 동기부여에 차이를 가져온다.

- 만약 당신이 자신의 목표에 전념하다면 당신은 아직 성취하지 못한 것에 초점을 둠으로써 자발적인 동기부여를 유지할 수 있다.
- 그러나 만약 당신의 노력(전념)이 불확실하다면 당신은 이미 성취한 것에 초점을 둠으로써 자발적인 동기부여를 증진시킬 수 있다.

내재적으로 동기화된 목표들은 자기통제가 덜 필요하다. 그러므로 당신이 자신의 자발적인 동기부여를 증진시키기 위한 방법을 모색할 수 있다면 자신의 의지력에 대해 그토록 신경을 쓸 필요가 없을 것이다.

감사의 마음 전하기, 낙관적이 되기, 행복한 사건 떠올리기, 자신의 장점 찾기, 타인에게 친절하기 등 행복의 다섯 가지 비결을 제시했던 미국 캘리포니아대학교 리버사이드 캠퍼스의 심리학과 소냐 류보미르스키 교수에 의하면, 행복 수준을 높이기 위해서는 목표가 어떤 특성을 갖고 있어야 한다. 예를 들어, 목표들이 내재적이고 당신의 동기 및 욕구와 일치하고 서로 상충되지 않는다면 당신의 행복과 삶의 만족도를 더욱 고양시키기 쉽다.

요컨대, 모든 목표들이 다 같지 않다. 어떤 목표는 행복과 웰빙에 도움이 되지만 어떤 목표는 행복과 웰빙에 도움이 되지 못한다. 지금까지 수행된 연구 결과에 따르면, 자신의 욕구와 가치에 부합하는 목표, 자신의 정체감을 잘 표현하는 목표, 내재적으로 만족을 주는 행위를 지향하는 목표, 자기 스스로의 자율적 선택에 의한 목표들이 우리의 행복과 웰빙 증진에 크게 기여한다. 이와 반대되는 특징을 갖는 목표들, 즉 자신의 욕구와 가치에 부합하지 않는 목표, 정체감과 부조화되는 목표, 외재적인 목표, 그리고 타인이나 여건에 의해 부과된 목표는 우리의 행복과 웰빙에 기여할 가능성이 낮다. 그리고 돈, 소유물, 사회적 인정, 신체적 외모에 높은 우선순위를 둔 사람들은 불행해질 가능성이 높다. 기본적 욕구충족에 필수적인 수준 이상으로 많은 돈을 갖거나 오직 돈만을 추구한다는 것이 개인적 행복에 별로 기여하는 바가 없다는 것을 물질적인 목표에 관한 많은 연구들이 재확인해 주고 있다.

성장의
마음가짐

마음가짐(심적 경향이나 태도, 신념, 혹은 사고방식으로도 불림)의 이론과 마음가짐이 우리의 수행, 동기, 행복과 어떤 관련성을 갖고 있는가에 대한 것은 1970년대 이래로 심리학 교수인 캐롤 드웩의 연구 주제가 되어왔다. 그녀는 수십 년에 걸친 연구를 통해 마음가짐에 따라 인생 자체가 달라지는 것으로 확인되었다고 주장한다.

당신은 다음 네 가지 중 어떤 문장에 가까운가?

1. 나는 특정한 유형의 사람이며 좀처럼 다른 유형으로 변화하기 힘들다.

2. 내가 어떤 유형의 사람이든 나는 상당 부분 바뀔 수 있다.

3. 행동 방식을 바꿀 수는 있겠지만 '나'라는 사람이 지닌 주요 특성은 바꾸기 힘들다.

4. 나는 언제나 '나'라는 사람의 특정한 유형에서 기본적인 부분을 바꿀 수 있다.

이 질문은 자기 자신과 주변을 바라보는 기본적인 태도를 추정하는 문항이다. 1번 혹은 3번을 선택하였다면 고정된 마음가짐, 2번이나 4번을 선택하였다면 성장의 마음가짐을 가지고 있을 확률이 높다. 당신 스스로를 하나의 완성품으로 보고 있다면 고정된 마음가짐이고, 제작 중인 작품으로 보고 있다면 성장의 마음가짐이다. 고정된 마음가짐을 가진 사람은 사고가 폐쇄적이며 눈앞의 성공에 관심을 두는 반면, 성장의 마음가짐을 가진 사람은 개방적이며 배움과 성장을 중요시한다.

고정된 마음가짐 대 성장의 마음가짐

지능지수가 높은 사람은 공부를 잘할까? 높은 지능지수는 학업성취도에 늘 좋은 영향만 미치는 것일까? 공부를 잘하기 위해서는 어느 정도 이상의 지능지수가 필요한 것은 사실이지만 그것이 모든 것을 설명하지는 못한다.

드웩 교수는 뉴욕의 20군데 초등학교의 5학년 학생을 대상으로 다음과 같은 연구를 했다(Mueller & Dweck, 1998). 먼저 아이들을 대상으로 비언어식 지능검사를 실시하고, 그 또래 아이라면 쉽게 풀 수 있는 문제를 주었다. 검사를 마치고 난 다음 점수를 알려주면서 한 집단에는 "너는 참 똑똑하구나"라고 칭찬했고, 다른 집단에는 "너는 참 열심히 했구나"라고 칭찬했다. 곧 두 번째 시험을 치르면서 하나는 전처럼 쉬운 문제이고, 다른 하나는 전보다 어려운 문제라고 설명했다. 똑똑하다는 칭찬을 받은 아이는 대부분 쉬운 문제를 선택했고, 노력한다고 칭찬받은 아이의 90퍼센트가 더 어려운 문제를 선택했다. 이에 대해 드웩 교수는 "지능지수 자체를 칭찬받은 아이는 다음에 도전하는 게임으로 자신의 지능을 확인받게 되므로 틀릴 수도 있는 모험을 하려 하지 않는다"라고 설명했다.

이번에는 아이들이 모두 풀기 어려운 중학교 수준의 문제를 내고 풀게 했다. 두 집단의 아이들 모두 문제를 풀지 못했다. 그러나 노력을 칭찬받은 집단의 아이들은 끝까지 열심히 풀었고, 문제해결을 위해 적극적으로 노력했다. 또 이런 문제를 "좋아한다"라고 대답했다. 이에 반해 똑똑하다는 칭찬을 받은 아이는 문제를 끝까지 풀지 않고 비교적 쉽게 포기했고 '똑똑하지 않기 때문에' 풀지 못했다고 대답했다. 마지막으로 드웩 교수는 처음만큼 쉬운 문제를 풀게 했다. 그랬더니 노력을 칭찬받은 아이는 30퍼센트 정도 성적이 향상되었고, 똑똑하다고 칭찬받은 아이는 20퍼센트 정도 성적이 떨어졌다.

드웩은 이 결과를 마음가짐으로 설명한다. 노력을 칭찬받은 아이는 미래를 향해 커가는 '성장의 마음가짐'을 갖게 되어, 시간은 걸리지만 여러 가지 능력을 개발하게 된다. 현재를 걱정하지 않고 능력을 발전시키는 데 집중하기 때문이다. 이에 반해 똑똑하다는 칭찬을 받는 경우 현재에 안주하는 '고정된 마음가짐'을 갖게 되어 더 이상 노력하지 않는다. 이와 같이 한 번의 지능지수 검사에서 좋은 평가가 나오는 것이 경우에 따라서 독이 될 수도 있다. 중요한 것은 과정에 대한 노력이다. 열심히 노력했다는 칭찬이 성장의 마음가짐에 자양분이 되며, 이것이 문제를 해결하고 일을 풀어가는 데 가장 중요한 힘이 된다.

요컨대, 드웩은 사람이 스스로를 바라보는 두 종류의 마음가짐이 있다고 주장한다. 하나는 자신의 자질(예: 지능)과 능력(예: 음악 재능, 운동 솜씨)이 돌에 새긴 듯 이미 일정한 수준으로 정해져 있다고 믿는 '고정된 마음가짐'이고, 다른 하나는 자질과 능력을 포함해 나란 존재는 노력과 학습을 통해 지속적으로 향상될 수 있다고 믿는 '성장의 마음가짐'이다. 다시 말하면, 고정된 마음가짐은 자신의 기본적인 자질과 능력을 믿고 더 이상의 도전을 통한 발전을 회피하는 고정적 사고 체계를 말하고, 성장의 마음가짐은 자신의 기본적인 자질은 아직 훌륭하지 못하고 미흡하지만 지속적인 발전 가능성이 있다고 믿는 사고 체계를 말한다.

고정된 마음가짐을 가진 이들은 에고ego가 강하다. 그들은 개인적인 욕구와 욕망 그리고 바람에 사로잡혀 있으며 외적인 것, 이익, 권력, 인간이 주는 단물을 빨아 먹는 데 민감하게 반응한다. 곡선의 노력보다는 직선의 재능으로 쉽게 무엇인가를 얻으려 한다. 그들은 일이 잘못되었을 때 남의 탓을 한다. 그래서 그와 그 주변의 사람들은 고통스럽다. 반면, 성장의 마음가짐을 가진 이들은 내적인 만족을 충족하고 노력과 배움을 추구한다. 성공에도 크게 압도당하지 않고 실패에서도 무엇인가 배울 것을 찾아내고 다시 일어선다. 그들은 똑같이 아픔을 느끼지만 이내 그것을 자신만의 방법으로 이겨낸다. 그리고 더 큰 사랑으로 그것을 안고 간다. 그들에게는 집중력, 헌신 그리고 사랑이 많은 듯하다.

드웩의 연구에 따르면, 마음가짐이 특히 중요한 것은 우리의 행동과 삶의 방식에 지대한 영향을 미치기 때문이다. 고정된 마음가짐을 지닌 사람들은 대부분 상대적으로 기본 자질이 뛰어난 편이다. 어느 정도 소기의 목적도 이루어낸다. 그러나 항상 잘해야 하고 틀리지 않아야 한다는 생각에 사로잡혀 불확실한 것에 도전하기보다는 자신의 현재 능력으로 충분히 소화해 낼 수 있는 일과 과제만 하기 때문에 더 이상의 초월적인 발전을 이루기가 힘들다. 반면, 성장의 마음가짐을 지닌 사람들은 '실패는 성공의 어머니'라는 격언이 잘 맞는 유형으로, 가능하면 자신의 능력에 비해 어렵거나 힘든 과제를 선택하고 그것을 이루기 위해 노력한다. 잘해야 한다는 생각보다는 과제를 성취해 가는 과정을 즐기는 것을 더 좋아한다. 안정된 성취보다도 불확실한 것에 도전하는 것을 더 가치 있는 것으로 여긴다.

마음가짐이 행동에 미치는 영향

우리의 마음가짐이 자신의 행동에 영향을 미치는 방식은 다양하다. 그중 어떤 것은 우리를 놀라게 할 수도 있다. 우리의 마음가짐은 다음과 같은 것에 영향을 준다(Grenville-Cleave, 2102).

- 추구하는 목표가 어떤 종류의 것인가?
- 실패에 어떻게 반응하는가, 즉 부단히 노력하는가 아니면 쉽게 포기하는가?
- 목표나 야망을 이루기 위해 얼마나 노력을 기울이는가?
- 문제가 생겼을 때 새로운 해결책을 시도하는가 아니면 시도하지 않는가?

목표 : 여정인가 종착점인가?

고정된 마음가짐을 지닌 사람의 뇌와 성장의 마음가짐을 지닌 사람의 뇌는 서로 다른 방식으로 작동한다는 뇌영상 연구 결과가 있다(Mangels et al., 2006). 고정된 마음가짐을 가진 사람의 뇌는 자신이 몇 점을 받았는지, 다른 사람과 비교해서 얼마나 잘했는지에 관한 정보가 주어질 때 가장 예민하게 반응하고 활성화된다. 따라서 이들은 결과에 집착하고 항상 남과 나를 비교하려 든다.

반면, 성장의 마음가짐을 가진 사람의 뇌는 주어진 문제를 어떻게 하면 더 잘 풀 수 있는지에 관한 정보에 가장 민감하게 반응하고 활성화된다. 따라서 이들은 과정에 더 집중하며 문제를 풀거나 일을 더 잘하는 것 자체에 훨씬 더 관심이 많다.

드웩에 따르면, 고정된 마음가짐을 가진 사람들은 자신의 능력을 증명해 보이고 얼마나 똑똑한가를 나타내고자 하는 '수행목표'를 설정한다. 수행목표는 자신의 유능함과 능력이 다른 사람의 능력과 어떻게 비교되느냐에 초점을 둔 목표로, 항상 주변의 다른 학생들보다 더 잘하는 데 일차적인 관심을 둔다.

반면, 성장의 마음가짐을 가진 사람들은 자신의 수행에 그렇게 열중하지 않는다. 그들은 새로운 것을 배우고 싶어 하고 도전을 통해서 완전히 익히려는 '학습목표'를 설정하는 데에 보다 관심을 둔다. 학습목표는 과제의 숙달 및 향상, 이해 증진에 중점을 두며(Dweck & Legget,

1988), 스스로 몰랐던 것을 깨우치고 배우는 내용 자체에 더 큰 관심을 갖는다.

따라서 성장의 마음가짐을 가진 사람들은 먼저 어떤 영역에서 유능감을 얻고 그다음에는 그것을 완전 습득하는 데에 초점을 둔다. 그들은 삶을 살아가면서 승리와 패배 혹은 성공과 실패에 별 관심이 없고, 그들이 행하는 모든 것으로부터 배우고 성장하는 것에 보다 많은 관심을 둔다.

고정된 마음가짐과 성장의 마음가짐을 다음과 같은 여행에 비유하여 생각해 보는 것이 도움이 될 것이다. 성장의 마음가짐을 가진 사람들은 여행을 통해 최대한 많은 것을 즐기고 얻는 것을 목적으로 여행을 시작하는 반면, 고정된 마음가짐을 가진 사람들은 여행 종착점에 도달하는 것에 관심을 두고 여행을 시작한다.

고정된 마음가짐을 가진 사람들을 혼란과 당황에 빠트리는 것은 실패만이 아니다. 아이러니하게도, 자신의 수행목표를 성취하는 것조차도 불안을 야기할 수 있다. 왜냐하면 일단 자신의 수행목표를 달성하면 자신이 영리하고 능력 있고 재능 혹은 가치가 있다는 신념을 유지하기 위해서 그 수준 혹은 그 이상의 수준에서 수행을 계속 보여야 하기 때문이다.

기준 이하로 떨어지게 되면 자기 자신과 능력에 대한 신념이 흔들리게 되고, 이것은 점점 더 높은 수준에서 수행을 보이도록 부가적인 압력을 행사하는 원인이 된다. 고정된 마음가짐을 가지면 우리는 결코 성공하기 어렵다!

실패에 대한 반응

드웩의 연구는 고정된 마음가짐을 가진 사람들이 자신의 수행목표를 성취하는 데 실패하게 되면 무력과 절망을 느끼게 된다는 것을 제시하고 있다. 예를 들어, 고정된 마음가짐을 가진 대학생들은 과제를 할 때 오로지 점수에만 초점을 둘 뿐 학습에 도움이 되거나 다음 번에 수행을 개선하는 데에 도움이 되는 정보에는 별로 주의를 기울이지 않으며, 또한 교수의 강의내용을 주목하지 않고 무시한다. 그들이 바라거나 기대했던 것보다 점수가 낮으면 바로 우울해지고 자신감을 상실하게 되며 활력을 잃게 된다.

그들은 앞에서 언급한 수행목표를 가지고 있기 때문에 시험에서 실패하거나 바라던 점수를 얻지 못하는 것은 자신이 어리석거나 능력이 없다는 걸 증명하는 것으로 생각하게 된다. 그리하여 뭔가 보여주려고 했는데 실패하거나 기대에 미치지 못하게 되면 눈에 띄게 용기와 자신감이 없어지고 무력감을 갖게 된다.

성장의 마음가짐을 가진 사람들은 실패에 대해 크게 신경 쓰지 않는다. 그들은 학습목표를 가지고 있기 때문에 어떤 기분을 갖게 되는가에 초점을 두기보다는 경험을 통해 무엇을 배웠는가에 초점을 두고 다음 번에 경험을 살려 보다 잘하도록 하는 데에 관심을 기울인다. 또한 그들은 개선과 향상을 위해서 새로운 접근들을 시도하는 데 주저하지 않는다.

그들은 시험에서 나쁜 점수를 받은 것은 자신이 어리석거나 능력이 없다는 것을 의미하는 것이 아니라 이 시점에서 어떻게 해야 하는가에 대한 반성과 성찰의 기회라고 믿는다. 성장의 마음가짐을 가진 사람들은 실패를 능력에 대한 도전으로 여기지 않으며, 그들에게 실패는 새로운 것을 배울 기회일 뿐이다. 그들은 새로운 성공 전략을 찾는 데 관심을 갖는다. 실패하면 아직 배우고 발전하는 중이니까 괜찮다고 생각하며 용기를 잃지 않고 원인과 방법을 찾는 데에 관심을 기울인다. 그들은 포기라는 단어와 개념을 전혀 모르는 사람처럼 끈기 있게 성공할 때까지 도전의 문을 두드린다.

고정된 마음가짐을 가진 사람들과 성장의 마음가짐을 가진 사람들의 차이점에 관한 또 하나의 영역은 그들이 도전을 받을 때 보이는 행동이다. 고정된 마음가짐을 가진 사람들은 어떠한 일에 실패하거나 역경이 닥쳤을 때, 혹은 원하는 결과가 나오지 않았을 때 자신의 이미지를 보호하고 유지하기 위해 뭔가 새로운 것을 시도하기보다는 얼른 포기하는 경향이 있다. 한 번 해보고 안 되면 움츠러들고 마는 것이다. 결국 성취의 원동력인 열정과 끈기를 발휘할 수 없다.

성장의 마음가짐을 가진 사람들은 그렇게 쉽게 단념하지 않는다!

그들은 실패와 역경을 성장의 과정으로 받아들이며 당면한 문제를 새로운 전략을 시도할 기회로 여긴다. 해봐서 안 되면 스스로를 돌이켜보고 새로운 방법과 전략을 시도하며 끊임없이 적극적으로 달려든다. 따라서 그들은 강력한 동기부여와 함께 열정과 끈기를 가지고 실제 새로운 전략을 시도함으로써 결국은 훨씬 더 성공하기가 쉽다.

행복한 삶을
위해서
무엇을 해야 할까

고통 없이는 얻는 것도 없다는 말이 있듯이 행복한 삶, 웰빙의 삶을 살아
가기 위해서는 부단한 노력이 수반되어야 한다. 행복은 그저 우리에게 다
가오는 것이 아니라 우리가 만들어가는 것이기 때문이다. 진정한 행복을
위해서 기울여야 할 노력과 행복의 꽃을 더욱 아름답게 활짝 피우기 위한
마음 공부법에 대해 알아보자. 행복은 '방법'의 문제이기도 하지만 '마음'
의 문제이기도 하다.

감사

감사하는 마음은 행복과 밀접한 관계를 가지는 성격적 강점으로 알려져 있다. 감사의 성향을 가진 사람들은 그렇지 않은 사람들에 비해서 긍정적 정서, 삶의 만족도, 활력, 낙관주의에서 더 높은 수준을 나타냈고, 주변 사람들에 대해 친사회적 행동과 지지적 행동을 많이 하는 것으로 평정되었다(McCullough, Emmons, & Tsang, 2002). 감사를 표하는 사람들은 보다 더 친절하고 결연하고 힘이 넘치고 열정적이고 조력적이고 관심을 표명하고 즐거우며 낙관주의적이라는 심리학적 증거가 점차 늘어나고 있다.

무엇보다도 최근의 연구는 감사하는 마음이 심리학자들이 일컫는 긴밀감, 즉 삶이란 관리될 수 있고 의미가 있으며 이해될 수 있다는 신념과 매우 밀접한 관계가 있다는 것을 시사하고 있다. 감사는 행복에 강력하고 지속적인 영향을 미치기 때문에 자신의 경험을 긍정적인 방식으로 재구성하는 데 도움이 된다. 연구는 또한 감사하는 성향을 가진 사람들이 불안, 우울, 스트레스, 질투, 고독, 물질 추구가 덜하다는 결과를 나타내고 있다. 그리고 감사는 삶의 만족도뿐만 아니라 규칙적인 운동과 신체적 건강과도 일관되고 밀접한 관련이 있는 것으로 드러났다.

감사함을 자주 느끼는 사람은 만족감과 행복감을 많이 느끼고, 삶에 대한 열정과 에너지를 더 많이 느끼고, 이타적이며 협동적인 행동을 더 많이 한다. 그래서 감사하는 마음은 우리의 삶에 유쾌함과 활기를 불어넣어 줄 뿐만 아니라 다른 사람과의 관계를 더욱 긍정적인 것으로 증진함으로써 우리를 행복한 삶으로 인도한다.

감사할 줄 아는
능력과 특성

감사함을 느끼고 표현하는 정도는 사람마다 다르다. 자신의 삶에 감사할 줄 아는 것은 하나의 능력이자 성격특성이기도 하다. 자신에게 베풀어진 다른 사람의 수고와 배려를 잘 인식하고 고마움을 느끼며 보답하려는 감사의 마음은 개인의 미덕인 동시에 행복의 조건이다.

감사의 미덕을 지닌 사람들은 다음과 같이 생각하며 살아간다(권석만, 2008). "살아 있는 하루하루에 대해서 감사함을 느낀다", "다른 이들의 수고로 나의 삶이 얼마나 수월해졌는지 자주 생각한다", "삶은 부담스러운 짐이라기보다 고마운 선물이다", "나에게 베풀어주신 부모님의 은혜에 감사한다", "많은 사람의 도움이 없었더라면 내가 지금 이 자리까지 올 수 없었을 것이다", "나에게 생긴 나쁜 일에도 감사하게 여길 만한 것들이 있다."

감사는 심오한 영적 태도이기도 하다. 우리의 삶을 기적과 같은 축복으로 여기며 모든 것을 겸손한 자세로 고맙게 받아들이는 초월적 태도가 바로 감사의 본질이다. 항상 선물을 듬뿍 받은 아이처럼 기쁜 마음으로 살 수 있다면, 우리의 삶은 참 행복할 것이다. 우리가 이러한 행복을 누리지 못하는 이유는 감사하는 마음이 부족하기 때문이다. 자신에게 주어진 수많은 혜택을 소중한 것으로 인식하지 못하기 때문이다.

인간은 긍정적인 것보다 부정적인 것에 더 많은 관심을 기울이는 부정성 편향을 지닌다. 인간은 이익보다 손해에 더 많은 주의를 기울이며 강렬한 감정반응을 보인다. 자신이 가진 것보다 갖지 못한 것에 더 많은 관심을 지니며 불만스러워한다. '은혜는 물 위에 새기고 원한은

돌에 새긴다'는 말이 있듯이 우리 인간은 다른 사람으로부터 받은 고마운 일들은 잘 잊어버리지만 피해를 당한 일과 사소한 상처는 오래도록 기억하며 앙심을 품는 경향이 있다.

이러한 부정성 편향 탓에 우리는 감사함을 느끼기보다 불만감을 느끼기가 더 쉽다. 자신이 누리는 다양한 혜택은 당연한 것으로 여기며 무덤덤하게 받아들이지만 자신에게 주어진 사소한 손해는 있을 수 없는 부당한 일로 여기며 강렬한 분노를 느낀다. 이러한 부정성 편향에 마음을 내맡겨버리면 불행의 골짜기로 빠져들게 된다. 행복의 관건 중 하나는 우리의 부정성 편향을 극복하는 것이다. 감사는 부정성 편향을 극복하고 자신에게 주어진 다양한 혜택을 새롭게 인식함으로써 삶에 대한 긍정적 관점을 키워나가는 노력이다. 긍정심리학자들이 감사라는 심리적 현상에 주목하는 이유가 바로 여기에 있다.

감사하는 마음을 키우는 방법

다행히도 감사하기는 노력을 통해서 함양할 수 있는 행복의 기술이자 능력이다. 우선, 일상생활에서 우리에게 호의를 베푼 사람들에게 "감사합니다", "고맙습니다"라는 표현을 아끼지 말자.

감사의 표현은 호의를 받은 사람과 베푼 사람 모두에게 기쁨을 선사한다. 호의를 베풀면 감사로 이어지고 감사는 다시 베풂을 이끌어내는 선순환이 일어난다. 베풂과 감사의 선순환이 사회 전체로 확산한다면 좀 더 행복한 사회가 될 수 있을 것이다.

앞만 내다보고 달리는 바쁜 삶이지만 가끔은 뒤를 돌아보며 현재의 내가 있을 수 있도록 도움을 주신 분들의 은혜를 기억하자. 그들의 도움이 없었더라면 내가 어떻게 되어 있을지를 상상해 보자. 나에게 도움을 주기 위해 그들이 어떤 노고와 희생을 치렀는지 곰곰이 생각해 보자. 그들이 베푼 은혜를 잊지 않고 있음을 전달하며 감사하는 마음을 표현해 보자.

만약 당신이 '감사의 태도'를 적극 발달시키고 싶다면 다음의 활동들을 시행해 보라(Grenville-Cleave, 2012).

감사일지 쓰기

멋있는 백지의 노트 혹은 일지를 구입하여 감사일지(혹은 감사일기)로 사용하라. 전자문서로 처리하는 것을 선호한다면 자신의 PC나 스마트폰에 새로운 파일을 간단히 만들어라. 매주 주말에 15분 정도 시간을 할애하여 안락한 곳을 찾아 의자에 등을 기대고 앉아 마음을 평온하게 하라. 지난 일주일을 되돌아 생각해 보고 당신이 감사하게 여기는 모든 것들을 감사일지에 적어라. 꼭 중대한 사건이나 경험일 필요는 없다.

이러한 감사일지를 몇 주, 몇 개월 작성하다 보면 당신의 관점이 변화되고 있음을 알게 될 것이다. 삶을 보다 긍정적으로 바라보기 시작할 것이고, 당신의 주의가 삶의 부정적인 측면에서 벗어나 긍정적인 측면으로 향해 갈 것이다. 이것은 우리 인간이 발전시켜 온 부정적인 편견의 영향을 방해하기 때문에 우리의 행복과 웰빙을 증진시키는 데에 중요한 부분이다.

무엇보다도 감사일지 쓰기는 긍정적인 삶의 순간에 대한 아름다운 기록을 남길 수 있고, 기분이 저하되어 있어 힘을 낼 필요가 있을 때 그 아름다운 기록을 성찰해 볼 수 있다는 이점이 있다.

어떤 사람들은 감사일지를 매일 쓸 것을 권하지만 이것이 잡일이 되어버리면 감사일지를 쓰기 위한 동기가 상실될 수도 있다. 실제로 감사일지를 꾸준히 쓰려면 일주일에 한 번 쓸 것을 권하고 싶다.

감사한 마음을 편지로 보낼 수 있는 웹사이트가 점차 늘어나고 있다. www.iamthankful.com이나 www.thankfulfor.com이 그 예라 할 수 있다. 이런 웹사이트를 이용하여 감사함을 전하는 것이 좋다면 접속하여 시도해 보라. 다른 사람들이 감사함을 적어 놓은 내용을 읽어보는 것도 당신에게 용기와 영감을 불러일으킬 수 있다.

감사카드나 감사편지 쓰기

감사카드나 감사편지를 쓰는 것은 다른 사람이 당신에게 어떻게 했는가를 인식하기 위한 간단한 방법이다. 당신이 누군가로부터 감사카드나 감사편지를 받아보았던 때가 언제인가? 아마도 그 횟수가 많지 않을 것이다. 친구와 직장동료들에게 진심으로 감사한 마음을 카드에 적어 보내라. 그러면 그 감사카드를 볼 때마다 표정이 밝아질 것이다. 감사의 표현은 하는 사람뿐만 아니라 받는 사람에게도 이익이 된다.

당신을 위해 크든 작든 무엇인가를 했던 사람을 생각해 보라. 당신은 새해 전날 함께 술 한잔하자고 당신을 초대한 이웃들에게 감사를 표하고 싶을 것이다. 당신의 미술에 대한 열정을 격려하고, 모든 사람이 반대할 때 미술대학으로 진학할 것을 권했던 선생님에 대해 정말 감사를 표하고 싶을 것이다. 직장에서 무척 힘든 프로젝트를 수행할 때 당신을 도와준 상사나 동료에게도 감사를 표하고 싶을 것이다.

당신이 정말로 감사하게 생각하는 이런 사람들의 행위에 대해 숙고해 보라. 그들이 무엇을 했고 당신에게 어떤 영향을 주었는가를 구체적으로 기술하는 카드나 편지를 쓰라. 길게 쓰든 짧게 쓰든 상관없다. 카드나 편지를 실제로 전달할 필요는 없다. 하지만 당신이 다른 사람들 또한 좋은 기분을 갖도록 하고 싶다면 우편으로 보내거나 개인적으로 전달해도 좋다.

세 가지 좋은 일

하루 일과를 마치면서 그날 당신에게 있었던 세 가지 좋은 일에 대해 생각해 보라. 중요한 것이든 사소한 것이든 상관없다. 당신은 세 가지 좋은 일을 배우자와 함께 나누어도 좋지만 반드시 그럴 필요는 없다. 당신 마음대로 하면 된다. 2주 동안 매일 이런 활동을 실시하면 오랜 기간에 걸쳐 당신의 행복 수준을 향상시킬 것이다. 이러한 연습을 자녀들과 함께 실시해 보는 것도 매우 좋다. 그것은 '행복의 습관'을 형성하기 위한 좋은 방법이다.

잘된 것이 뭐지?

심리학자들은 인간의 뇌는 수천 년 동안 제일 먼저 삶의 부정적 측면에 초점을 두도록 진화되어 왔다고 말한다. 석기시대에 언덕 꼭대기에 검 모양의 송곳니를 가진 검치 호랑이가 있다는 것을 예상하는 능력이 없었더라면 우리는 하나의 종으로서 생존하지 못했을 것이다. 오늘날, 특히 개발된 세상에서 이와 같은 생존의 위험, 즉 호랑이로부터 물려 죽을 가능성은 거의 없는 반면, 우리의 뇌가 이를 학습하고 배선을 바꾸는 데에는 시간이 걸린다. 한편, 심리학자들은 인간은 부정적으로 사고하도록 조건화되어 왔기 때문에 우리가 마음을 긍정적으로 바꾸기 위해 의식적으로 노력해야 한다고 말한다.

'잘된 것이 뭐지?'라는 연습은 긍정적인 것에 제일 먼저 관심을 두게 하는 좋은 방법이다. 이 연습은 잘되었던 일, 우리가 그 일로부터 배울 수 있는 것, 우리가 다음에 다시 할 수 있는 것에 초점을 두게 함으

로써 효력을 발휘한다. '잘된 것이 뭐지?'라는 연습은 특히 일의 상황에
서 시도할 만한 유용한 기법으로, 뭐가 잘못됐고, 개선해야 할 점이 무
엇이며, 혹은 다음에 더 잘하기 위해 무엇을 해야 하는가를 논의하는
사후평가를 위한 수단이 된다.

용서

용서하는 것이 용서받는 것보다 낫다. 우리는 끊임없이 용서해야 한다.
그럼으로써 우리 자신도 누군가로부터 또는 신으로부터 용서받을 수가 있다.

— 버트런드 러셀

일상생활을 하면서 우리는 누군가로부터 종종 상처를 받게 된다. 우리의 상처는 쉽게 잊어버리거나 무시할 수 있을 정도로 경미한 경우도 있지만 어떤 경우에는 증오와 분노가 일상적 삶을 방해할 만큼 심각하기도 하다.

이러한 대인관계로 인해 경험하는 상처를 긍정적이고 건강하게 극복하는 심리과정이자 가해자에게 보복하거나 위해를 가하기보다는 오히려 그를 이해하고 공감하며 우호와 선의를 실천하는 이타적인 행동이 바로 용서이다.

용서의 의미

　　　　　　　대부분의 사람들은 용서를 자신에게 일어났던 일을 그저 잊어버리거나 가해자에 대한 증오나 분노에 대해 무관심하거나 주의를 두지 않는 것 정도로 이해하거나 때로는 자신이 잘못을 저지른 사람보다 도덕적으로 우월한 사람임을 보여주는 증거로서 용서를 고려하기도 한다. 또 어떤 사람들은 잘못을 저지른 사람과 화해하거나 그 사람이 저지른 잘못을 정당화하는 것으로 지나치게 용서를 확대 해석하여 이해하기도 한다. 이러한 생각이나 태도는 모두 진정한 용서라고 할 수 없다.

　잘못된 용서 개념은 사람들로 하여금 용서했다고 믿게 하지만 실제로는 용서로 인해 얻을 수 있는 다양한 심리적 안녕감이나 정서적 평안을 갖지 못하는 경우도 많다. 예를 들어, 용서한다고 해서 반드시 가해자와 화해할 필요는 없다. 용서는 대인관계의 회복을 목표로 하는 것이 아니기 때문에 상대방의 태도나 행동과 무관하게 용서할 수 있다. 반면에 용서하지 않더라도 모종의 이해관계나 다른 이유로 인해 가해자와 화해하기도 한다. 또한 용서했다고 해서 상대방이 저지른 잘못이 정당화되는 것은 아니다. 용서는 사람을 대상으로 하는 것이며, 그 잘못된 행동은 도덕적으로나 법적으로 비난받고 책임져야 할 부분이기 때문이다(박종효, 2006).

그렇다면 진정한 용서란 무엇인가? 1985년부터 지금까지 용서와 그 몰입 경험에 관한 과학적 연구를 주도하는 세계적인 용서 학자이면서 〈타임〉지에서 '용서의 개척자'로 칭했던 미국 위스콘신대학교 교육심리학과 교수인 로버트 엔라이트는 용서란 피해를 준 사람에 대한 부정적인 감정과 판단을 극복하는 것으로, 이는 이러한 판단과 감정을 가질 권리를 부인하는 것이 아니라 상대방이 그럴 만한 자격이 없음에도 불구하고 그에 대해 자비, 동정심, 심지어 사랑으로 대하려고 노력하는 인지, 정의, 행동의 복합체라고 했다(Enright, Gassin, & Wu, 1992; Enright & Fitzgibbons, 2000; Enright, 2012).

이와 유사하게 용서의 대가인 미국 버지니아커먼웰스대학교의 에버렛 워딩턴은 용서란 부정적인 정서를 가질 권리를 자발적으로 포기하는 것 그 이상으로서 피해자가 가해자를 동정과 자비, 사랑으로 바라봄으로써 부정적 정서나 사고를 줄여가는 인지적, 정서적, 행동적 현상이라고 정의하였다(McCullough & Worthington, 1995. Worthington, Sandage, & Berry, 2000; Worthington, 2005, 2006)

용서에 관한 두 가지 정의는 공통적으로 피해자가 깊은 심리적 상처로 고통을 받게 되어 가해자에게 분노나 적대감이 생기는 것은 당연하며 정당한 것임을 강조한다. 그럼에도 불구하고 가해자에 대한 부정적인 정서(분노, 적대감)나 사고와 판단(비난, 비판) 및 행동(복수, 처벌)을 줄이고 긍정적인 정서(동정심, 공감, 사랑)나 사고와 판단(비판단적, 상대가 잘되기를 바람) 및 행동(도움을 주고자 함, 화해하고자 함)이 나타나는 심리적 반응이 바로 용서라고 정의한다.

결국 용서한 사람은 더 이상 가해자에게 분노나 적대감을 느끼기보다는 그에 대해서 긍정적인 정서나 사고 및 태도를 갖게 된다. 이러한 변화로 말미암아 용서는 가해자나 피해자 모두에게 가장 바람직한 결과를 이끌 수 있으면서 대인관계 갈등을 성공적으로 해결하는 좋은 방법이 될 수 있다.

요컨대, 용서는 결국 원칙적으로 자기치유이며 상대방이 부당하게 자신에게 입혔던 상처에서 자신이 해방되어 자신의 고유한 삶을 회복하고 삶의 희망을 가지는 것이다.

용서는 일반적으로 피해자 관점에서 가해자 '용서하기'를 뜻하지만 용서에는 가해자 입장에서 피해자에게 '용서 구하기'와 자신의 잘못에 대해 자기 스스로 용서하는 '자기용서'도 있다(Enright & The Human Development Study Group, 1996). 개념적으로 살펴보면, 용서하기는 위에서 언급한 바와 같이 누군가로부터 피해를 받았을 때 가해자에게 분노나 적대감을 느끼기보다는 그에 대해서 긍정적인 사고, 정서나 태도를 갖는 것이다(Enright, 2001).

용서 구하기는 사람들 사이에 도덕적으로 비난받을 만한 잘못을 저지른 후에 그 잘못에 대해 도덕적 책임을 수용하고 배상하며 보상하려는 동기를 의미한다(Sandage et al., 2000).

선행 연구에 의하면, 대부분의 가해자나 피해자는 지속적인 관계를 유지하는 사람들인 경우가 많기 때문에 피해자의 용서만으로는 부족하며 가해자가 자신의 잘못에 대해 용서를 빌 때 피해자도 온전하게 가해자를 용서할 수 있다. 용서 빌기는 가해자가 자신의 행동으로 인해 고통을 받는 사람의 관점을 채택하고 공감해야 한다. 특히 진정한 용서 구하기는 변명하고 합리화하거나 거절하는 것이 아니라 사죄나 고백을 통해 자신의 잘못을 배상하려고 노력하는 과정이다. 이러한 가해자의 용서 구하기는 상처받기 이전으로 가해자와 피해자의 관계를 회복하는 데 가장 결정적 요인이 된다.

사람들은 누군가에게 잘못을 했을 때 스스로 자신을 용서하지 못하는 경우도 많다. 자신을 용서하지 못하는 사람들이 자신의 잘못에 대해 책임을 느끼고 수용하면서 수치감이나 죄의식, 우울과 불안으로부터 자유로워질 수 있는 심리적 과정이 자기용서이다(Ingersoll-Dayton & Krause, 2005). 이처럼 자기용서를 통해 떨쳐버릴 수 있는 감정이 수치심과 죄의식인데, 이러한 수치심과 죄의식은 사람들이 실패하거나 잘못을 저질렀을 때 스스로 느끼는 고통스러운 감정이다.

이러한 용서하기와 용서 구하기, 자기용서는 용서가 화해로 나아갈 수 있도록 돕는 과정이며, 용서를 통해 깨어진 대인관계를 회복하고 자신과의 화해를 통해 통합된 자아로 나아가는 지름길이기도 하다.

용서가 가져다주는 선물

용서는 주로 심리 치유와 관계가 있다(Smedes, 1984). 용서를 통해 피해자는 가해자에 대한 분노와 복수를 극복하게 되고, 가해자 또한 내적 분노에서 해방되어 피해자에 대한 심리적 집착에서 벗어나게 된다. 그리고 사죄는 용서를 촉진한다(조수아, 2008; Darby & Schlenker, 1982). 용서를 구하며 사죄하는 가해자에 대하여 피해자가 동정 심리를 갖게 됨으로써 가해자에 대한 분노와 보복 욕구가 감소하며, 또한 사죄하는 사람이 저지른 가해행위에 대하여 피해자는 좀 더 관대하게 생각하는 경향이 있다.

엔라이트와 그의 동료들은 용서에 관한 기존의 종교적 문헌과 철학적 연구를 토대로 한 용서 개념에 대한 심리학적 탐색을 통해 용서의 특성을 다음과 같이 제시했다(Enright, Gassin, & Wu, 1992).

첫째, 용서는 사람 사이에서 이루어지는 것이다. 비록 비생명체로 말미암아 인생에 깊은 상처가 발생할 수 있지만 사람과 비생명체 간에는 인격적인 용서가 일어나지 않는다. 예컨대, 사람들이 폭풍우와 같은 자연재해에 대해서 용서할 필요성을 느끼지 않는다.

둘째, 용서는 상대방으로부터 개인적이고 부당하며 깊은 상처를 경험한 후에 발생한다. 즉, 용서는 자연(예 : 태풍)이나 체제(예 : 기관, 조직)

에 대해서가 아니라 사람이라는 대상에 대해서만 인격적으로 가능하다는 점에서 개인적이고, 개인이 그 고통을 받을 이유가 없고 그 고통이 불필요하다는 점에서 부당한 상처에 관한 것이며, 또한 다른 사람으로부터 받은 깊고 오래 지속되는 상처에 대해서 한다는 점에서 깊이라는 측면이 있다. 그 깊고 오래 지속되는 상처는 심리적, 정서적, 신체적, 물질적, 도덕적인 것일 수 있다.

셋째, 용서는 개인이 먼저 정의에 대한 의식을 가질 때에만 가능하다. 정의 혹은 공정성에 대한 의식 없이는 도덕적 상처를 깊이 인식하고 이를 느낄 수 없다.

넷째, 용서는 시간이 걸리는 길고 어려운 과정이 될 수 있다.

다섯째, 용서가 이루어지기 위해서 피해자가 먼저 사과를 해야 할 필요는 없다. 만약 그래야만 용서가 가능하다면 용서를 통해서 오게 되는 상처의 치유는 가해자의 후회나 사과 여부에 좌우될 것이고, 가해자가 사과하기 전에 죽으면 피해자는 용서를 하지 못한 상태에 빠지게 되고 고통과 분노만 연장될 것이다. 따라서 용서의 선물을 주는 것은 상대방의 마음 변화(사과)를 반드시 기다릴 필요가 없는 것이다.

여섯째, 가해자가 언제나 잘못을 의도하고 피해를 준 것은 아니다. 실제 생활에서는 어떤 피해도 주지 않으려던 좋은 의도를 가진 사람에 의해서도 깊은 상처를 받게 되는 경우도 있을 수 있다.

일곱째, 용서를 통한 해결에 이르는 데 있어서의 어려움은 피해의 정도나 피해 이전의 관계의 질과 같은 외적 변인에 따라 달라질 수 있다. 또한 그것은 문제해결 전략으로서 용서를 이해하고 선택하는 능력과 같은 내적 심리적 특성에 따라서 달라질 수도 있다.

여덟째, 한 사람은 항상 피해를 주고 상대방은 항상 피해를 입는 것만은 아니다. 용서는 관계적이다. 그래서 가해를 받은 가해자가 있을 수 있다. 예를 들어, 한 종업원이 자기를 부당하게 해고한 사장에게 날카롭고 위협적인 편지를 보냈다고 하자. 사장은 피해를 준 사람이었지만 이제는 피해자인 그 종업원의 편지에 의해 가해를 받은 것이다. 따라서 둘 다 서로를 용서할 필요성이 있는 것이다.

아홉째, 사람은 대체로 관계를 다시 회복하면 상대방을 신뢰하게 된다. 다른 사람을 용서하는 것은 상대방에게 전해지는 사랑으로 말미암아 자신과 상대방 모두에게 변화를 가져올 수 있다. 어떤 경우에 있어서 용서는 관계를 본래의 수준으로 회복시킬 뿐만 아니라 그 이상으로 향상시킬 수 있다.

열째, 용서는 선택에 의해 이루어지는 것이지 강요될 성질의 것이 아니다. 선물은 자유롭게 제공되어야 하는 것이다.

이러한 특성을 가진 용서는 누군가로부터 상처받은 사람이 가해자에 대한 분노나 증오심을 버리고 오히려 가해자를 이해하고 공감해 주는 패러독스와 같은 심리적 과정이다. 이러한 심리적 과정은 피해자를 생존자로 변화시킴으로써 자존감을 회복시켜 주고 도덕적으로 성숙해지도록 돕는다. 또한 용서라는 문제해결 방식은 본인뿐 아니라 상대방을 포함한 주위 사람들에게 긍정적인 영향을 주고 더 나아가 대인관계와 사회를 건강하게 회복시킬 수 있다.

용서는 개인내적 측면에서 볼 때 적극적인 자기치유, 자기회복의 방법으로서 개인을 내적 상처에서 회복시키고 내적 자아의 부정적 상황을 극복하도록 기능을 한다. 또한 용서는 심리적 평안을 가져다주기도 하고, 신체적 건강을 증진시키는 기능을 하기도 한다. 대인관계 측면에서는 복수와 원한의 사슬을 끊어버리고 손상된 관계를 회복하도록 도와줄 뿐만 아니라 타인에게 자비의 원리를 실천할 의무와 동기를 부여함으로써 대인관계를 바람직한 방향으로 이끌어주는 중요한 역할도 한다.

용서가 어떤 몰입 경험을 가져올 수 있는가와 관련하여 수행된 상담 및 임상 분야에서의 연구들은 자신에게 상처를 준 사람들을 용서한 사람들은 분노, 우울, 불안 증상이 감소하였음을 보고하고 있고(Enright & Fitzgibbons, 2000), 최근에는 용서가 심리적 · 신체적 건강을 증진하거나 건강상의 문제를 예방하고 주관적 안녕감을 향상시키는 데에도 도움이 되는 것으로 밝혀지고 있다(박종효, 2003, 2012; Bono, McCullough, & Root, 2008; Lawler-Row & Piferi, 2006).

이처럼 용서가 분노, 우울, 불안, 적개심과 같은 부정적 정서나 정신병리 현상을 줄여주고, 건강이나 주관적 및 심리적 안녕감을 높여주는 결과를 가져온다는 것을 여러 연구 결과들이 보여주고 있다.

용서에 이르는 길

구체적으로 어떻게 해야 용서에 이를 수 있을까? 용서의 심리적 과정은 대개 자신과 자신의 상처에 집착하는 과정에서 벗어나 상대방과 가해 상황을 객관적으로 그리고 더 나아가서는 새로운 눈으로 바라보면서 상대방의 입장에서 느껴보고 그의 고통에 대해 동정심을 가지며 마음의 전환을 가져오는 과정으로 이루어진다. 사람들이 어떤 과정을 거쳐서 용서할 수 있게 되는가를 설명하는 가장 대표적인 용서심리과정 모형으로 엔라이트의 UDWD 모형(Enright & Fitzgibbons, 2000; Enright, 2001)과 워딩턴의 REACH 모형(Worthington, 2005)이 있다. 여기서는 이 두 모형을 통해 용서에 이르는 심리과정을 알아보기로 한다. 용서하고 싶은 마음은 굴뚝같은데 뜻대로 되지 않는 사람이 있다면 이 두 모형 중 어느 하나를 적용하고 실천해 보길 바란다.

엔라이트의 용서심리과정 : UDWD 모형

엔라이트 박사는 용서에 대한 명확한 정의에 기초하여 용서에 관한 문헌을 검토하는 이론적 작업을 토대로 용서가 이루어지기 위해서 필요한 과정을 정리하여 다른 사람을 어떻게 용서하는지, 용서가 이루어지기까지 거치게 되는 과정이 어떠한지를 보여주는 용서심리과정 모형을 제시하였다. 이 모형에 따르면, 용서에 이르는 길은 4수준 20단계로 구성되어 있다. 4수준이란 노출Uncovering－결정Decision－작업Work－심화Deepening 수준을 말하며, 영문 첫 자를 따서 UDWD 모형이라고도 한다.

노출 수준　　피해자는 자신이 경험했던 부당한 사건에 대해 탐색해 보고 어느 정도 분노를 느끼는지, 그 일로 자신의 삶이 어떻게 변화되었는지를 살펴본다. 노출 수준은 다음과 같은 8단계로 이루어진다.

1. 피해자는 심리적 고통을 극복하기 위해 어떤 방어기제를 사용하는지 살펴본다.

2. 부당한 대우나 상처로 인해 자신이 얼마나 화가 났는지 인식해야 한다.

3. 그 사건과 관련해서 죄의식이나 수치심을 느낀다면 어느 정도 느끼는지 가늠해야 한다. 예를 들어, 성폭력 피해자들은 피해를 받는 동안 자신이 느꼈던 신체적 쾌락 때문에 심한 죄의식에 시달린다(Freedman & Enright, 1996).

4. 그 사건과 관련해서 자신이 얼마나 많이 지쳤는지를 알게 된다.

5. 반복적으로 그 사건을 떠올리며 괴로워하는 자신을 발견하게 된다.

6. 그 사건이 일어난 후 자신은 이렇게 괴로워하고 있는데 오히려 가해자는 어떤 고통도 느끼지 않고 잘 살고 있다는 사실을 깨닫기도 한다.

7. 자신이 피해를 통해 영구히 불행하게 될지도 모른다는 것에 대한 인식을 하게 된다. 이런 과정을 거치면서 피해자는 상처 그 자체보다 일련의 사고 과정을 통해 더 많이 고통받고 괴로워한다.

8. 자신이 받은 상처와 심리적 고통에 근거하여 세상은 불공평하다고 평가한다.

결정 수준　피해자는 이러한 고통 때문에 혹은 이러한 고통에도 불구하고 자신에게 상처를 준 사람을 용서하기로 마음의 결정을 내린다. 용서 결정은 일련의 과정을 거치면서 현실화된다. 먼저 피해자들은 상처와 심리적 고통을 줄이기 위해 어떤 방법을 사용했는지 살펴보고, 이러한 방법들이 얼마나 몰입 경험적이었는지 평가해 본다. 결정 수준은 다음과 같은 3단계로 이루어진다.

9. 대부분의 경우 사용한 방법들이 상처와 고통을 줄여주는 데 몰입 경험적이지 못하다는 인식에 이르게 된다.

10. 한 가지 대안으로 용서를 선택하고 이를 진지하게 고려한다.

11. 자신에게 잘못을 저지른 사람을 용서하기로 결심하게 된다.

작업 수준　자신에게 잘못을 저지른 사람을 새로운 눈으로 바라보는 과정으로 구성된다. 용서가 실질적으로 촉진되는 작업의 핵심 활동들로는 새로운 눈으로 보기, 가해자와 가해상황에 대한 인지적 재구조화, 내가 가해자가 되었던 상황 인식하기, 용서받은 경험 떠올리기, 역할극을 통한 가해자의 입장 경험하기, 상대방의 입장이 되어 나에게 편지 쓰기, 빈 의자 활동(가해자와의 갈등이나 어려움을 겪고 있는 피해자의 경우 자기 앞에 놓인 의자에 그 가해자가 앉아 있다고 상상하고 자신이 하고 싶던 행동이나 말을 하게 하는 것) 등이 있다. 비록 용서하기로 마음의 결정을 했다고 해서 바로 용서할 수 있는 것은 아니기 때문에 다음과 같은 4단계의 심리과정을 경험해야 한다.

12. 자신에게 잘못을 저지른 사람의 입장을 이해해 보려고 시도한다.

13. 상대의 입장이 되어서 그가 경험했을 혼란, 불안, 스트레스를 이해하려고 노력한다.

14. 상대에 대한 동정심이나 공감을 경험한다.

15. 자신에게 잘못을 저질렀던 사람에게 보복하려고 하기보다는 그가 저지른 잘못에도 불구하고 자신과 마찬가지로 존귀한 인간으로 인정하고 수용한다.

심화 수준　피해자는 용서의 작업과정을 거쳐 나가면서 점차 용서로 인한 개인적인 유익을 인식하게 된다. 심화 수준은 다음과 같은 5단계로 이루어진다.

16. 그동안 겪은 심리적 고통과 상처 속에서 새롭게 의미를 찾아낸다.

17. 자신도 누군가에게 잘못을 저질렀을지도 모른다는 생각과 함께 그 사람에게 용서를 빌어야겠다는 생각을 하게 된다.

18. 용서를 구하는 과정에서 다른 사람으로부터 도움이나 지원을 받을 수밖에 없는 나약한 존재임을 깨닫게 된다.

19. 고통과 용서를 경험하면서 자신이 성숙해지고 있음을 인식하고 새로운 삶의 목표를 찾는다.

20. 가해자와 가해사건에 대한 분노나 적개심 등의 심리적 고통으로부터 완전히 자유로워지는 느낌을 갖는다.

이 20단계의 과정은 용서할 때 사람들이 거치게 되는 일반적 경로에 대한 추정이다. 이것은 엄격한 일련의 단계라기보다는 개인에 따라 달라질 수 있는 유연한 과정으로 보아야 한다. 즉, 용서를 할 때 어떤 사람들은 어떤 단계를 건너뛸 수도 있다. 엔라이트 박사가 제시하는 용서의 심리과정 모형은 용서치료와 용서교육 프로그램을 만드는 데 활용되고 있다. 실제로 이 모형을 기초로 한 경험적 연구들은 참여자의 우울과 불안과 같은 부정적 정서가 줄어들고 용서, 희망, 자존감 등의 긍정적 정서가 증가되는 결과를 보여 UDWD 모형이 상처를 입힌 사람들을 용서하고, 피해를 입은 사람들의 심리적 치료를 증진시키는 데에 효과적이라는 것을 입증해 주고 있다.

워딩턴의 용서심리과정 : REACH 모형

쉽지 않고 단숨에 되기도 힘들지만 용서에 이르는 길을 워딩턴은 5단계, 즉 회상Recall – 공감Empathize – 이타성Altruistic gift – 실천Commit – 유지Hold로 나누어 설명하고 있다. 이것을 영문 첫 자를 따서 REACH 모형이라고 부른다. 각 단계에 대해 설명하면 다음과 같다(Seligman, 2004).

회상 단계 자신이 받은 상처를 돌이켜 생각하는 것이다. 이때는 최대한 객관적인 자세를 취해야 한다. 가해자를 악한으로 생각해서도, 자기연민에 휩싸여서도 안 된다. 천천히 심호흡을 하면서 마음을 가라앉히고 그때의 사건을 되짚어보아야 한다.

공감 단계 감정이입, 즉 역지사지를 의미한다. 나에게 피해를 준 이유가 무엇인지 가해자의 입장을 헤아려보려고 노력하는 것이다. 이것은 그다지 쉬운 일이 아니다. 그래도 가해자에게 해명할 기회를 주었을 때 그가 했을 법한 이야기를 꾸며본다.

이타성 단계 용서가 곧 이타적 선물임을 인식하는 것이다. 이것 또한 몹시 어려운 단계이다. 먼저 자신이 다른 누군가를 해코지하고 죄의식에 시달리다가 용서를 받았던 때를 돌이켜보라. 그 용서는 자신이 다른 사람에게 받은 선물인 셈이다. 용서를 필요로 하는 사람은 자신이고, 그 용서라는 선물을 고마워하는 것 또한 자신이기 때문이다. 그러나 용서하는 것은 이기심의 발로가 아니다. 아니, 오히려 용서라는 선물은 피해자가 가해자에게 베푸는 선물이다. 용서가 진정한 선물이 되려면 스스로 마음의 상처와 원한을 극복할 수 있다고 다짐해야 한다. 선물을 주면서도 원망을 떨쳐내지 못하면 자유를 얻지 못한다.

실천 단계　공개적으로 용서를 행하는 것이다. 워딩턴은 자신의 환자들에게 가해자에게 보내는 용서의 편지를 쓰게 하거나 일기나 시 혹은 노래로 용서를 표현하게 하거나 절친한 친구에게 자신이 한 용서에 대해 털어놓게 한다. 이런 것들이 모두 '용서 계약서'가 되는 셈인데 이것이 마지막 단계로 나아가게 해주는 밑거름이 된다.

유지 단계　용서하는 마음을 굳게 지키는 것이다. 이 마지막 단계 또한 어려운데 그 사건에 대한 기억이 어느 순간 불쑥 되살아나곤 하기 때문이다. 용서란 원한을 말끔히 지워 없애는 게 아니라 기억 끝에 달려 있는 꼬리말을 긍정적으로 바꾸는 것이다. 용서하지 않는다는 사실만으로 가해자에게 보복하는 것은 아니다. 원한을 곱씹으며 기억에 얽매이기보다 기억에서 헤어나기 위해 노력해야 한다. 직접 작성한 '용서 계약서'를 읽으며 "나는 용서했다"는 말을 되뇌이면 이 단계를 극복하기가 한결 쉬울 것이다.

용서의 편지 쓰기

앞에서 살펴본 용서의 심리과정에 대한 2개의 모형에서 알 수 있듯이 용서에 이르는 길은 전혀 불가능한 것은 아니지만 그렇다고 쉽지도 않은 일이다. 누군가를 용서하는 일은 참으로 어려운 일이다. 머리로는 용서한다고 생각하지만 마음이 허락하지 않는 경우가 많다. 작은 용서라도 실천하기 위해서는 평소 용서 능력 향상을 위한 노력을 기울이지 않으면 안 된다.

일상생활에서 용서 능력을 배양하기 위해서는 매일 불쾌한 분노 감정을 그날에 풀어버리고 오래도록 마음속에 담아두지 않도록 해야 한다. 분노를 느끼게 되면 정당한 분노라 할지라도 그것을 상대방에게 직설적으로 표현하기보다 서로의 관계를 해치지 않는 방법을 찾아보도록 한다. 그리고 자신에게 불쾌한 일을 한 사람을 용서하는 편지를 써보고 그것을 보내지는 않지만 일주일 동안 매일 읽어보는 것이 좋다.

정목 스님은 『비울수록 가득하네 : 행복을 키우는 마음연습』이란 저서에서 우리의 마음 깊은 곳에 켜켜이 쌓여 있는 상대를 향한 분노와 적개심을 쉽게 내려놓을 수가 없는 경우, 원한 떠나보내기의 한 방법으로 용서 편지 쓰기를 권하고 있다. 용서의 편지가 실제 상대방에게 전달되어 서로 화해를 이루는 데 도움이 된다면 더할 나위 없이 좋겠지만 용서의 편지 쓰기 과정의 일차적 목적은 누군가에게 편지를 쓰는 동안 자기 안의 부정적인 감정을 떠나보내는 데 있다. 용서의 편지를 쓸 때는 혼자 조용한 곳에서 좀 더 솔직하고 진솔하게 자신과 대면하는 데 마음을 모으면서 자신에게 상처를 많이 주어 용서하기 힘든 사람을 떠올린다. 그리고 마치 그 사람을 앞에 두고 말하듯이 다음의 순서대로 편지를 쓴다.

1. 상대가 한 구체적인 말이나 행동을 쓰고, 그 일로 인해 자신의 감정이 어떠했는지 자세히 쓴다.

2. 지금까지 상대를 용서하기 힘든 이유가 무엇인지 쓴다.

3. 상대가 거친 어떤 말이나 행동을 할 때 그것을 용서할 수 있을지 쓴다.

4. 화해가 이루어진다면 어떤 느낌이 들지 생각해 보고 그때 그에게 하고 싶은 말이 무엇인지 써본다.

5. 진심을 다해 그를 축복하는 말과 용서의 뜻을 전하고 마무리한다.

편지를 쓰다가 감정이 솟구치면 잠시 크게 심호흡을 한 뒤, 떠오른 그 감정을 마음에 모은다. 마지막 축복의 말과 용서의 말을 쓰며 그만두고 싶기도 하겠지만 힘들더라도 인내심을 가지고 끝까지 쓰도록 한다. 다 쓴 편지는 며칠 후 다시 꺼내어 읽어보고 여전히 상대를 떠올리는 것이 괴로운지 자신의 마음을 들여다본다. 만약 적개심이 남아 있다면 다시 새로운 편지를 쓴다. 같은 방식으로 반감이 사라질 때까지 계속 편지를 쓴다.

가벼운 언쟁이나 사소한 행동으로 갈등이 일어난 경우라면 상대에게 용서의 편지를 전달해도 좋다. 하지만 자신이 상대와 상하 관계에 놓여 있다거나 감정을 그대로 드러내는 것을 이해받기 힘든 불편한 관계라면 용서의 편지를 전하는 일이 또 다른 갈등의 불씨가 될 수 있으므로 전하지 않는 것이 더 나을 수 있다(정목, 2013).

신체운동

　　행복과 신체건강은 양방향적이다. 즉, 행복
이 우리의 신체건강에 기여하며 또한 신체건강이 우리의 행복에 기여
한다. 행복한 사람일수록 오래 살고 질병에 대한 취약성이 낮으며 심장
질환과 같은 질병으로부터의 더 좋은 회복력을 보인다. 신체적으로 건
강하지 못하면 고통, 불안, 우울과 같은 부정적 정서가 증가하고 긍정
적 정서가 감소하여 우리의 행복 수준에 부정적인 영향을 미칠 수 있
다. 특히 울형성 심부전, 에이즈, 암, 류머티즘 관절염 등과 같이 질병이
심하고 만성화되면 불안과 우울을 더 많이 경험하며 행복과 삶의 만족

도는 크게 감소될 수 있다(Diener & Seligman, 2004).

신체운동의 이점

운동 부족은 비만의 주된 요인이다. 비만은 여러 신체건강 문제를 수반할 뿐만 아니라 또한 기분 저하를 초래한다. 운동은 튼튼한 심장, 고혈압의 감소, 건강한 체중의 유지, 튼튼한 뼈와 근육의 발달을 위해 중요하다.

몸을 움직이면 뇌가 건강해진다. 운동은 우울, 불안장애, 치매 등을 불러일으키는 병든 뇌를 치료할 수 있는 특효약이다. 이 약은 부작용도 없으며 체중조절 몰입 경험까지 덤으로 제공한다. 운동은 뇌 안의 혈액순환을 향상시킴으로써 스트레스를 감소시키고 사고 능력을 증진시키며 중독의 가능성을 크게 줄인다. 운동은 신체건강뿐만 아니라 정신건강을 유지하는 데 매우 강력한 방법임을 시사하는 연구들이 점차 증가하고 있다. 많은 연구들이 우울증과 신경과민 증상에 대해 약물치료와 운동을 병행해 비교한 결과, 운동이 몇몇 약물에 비해 훨씬 몰입 경험적이라는 결과를 제시하고 있다.

운동은 우리의 뇌를 건강하게 해줄 뿐만 아니라 머리를 좋게 해주기도 한다. 운동은 신경세포 간에 연결된 망을 만들어내며 뇌세포에 혈액과 영양을 공급한다. 특히 운동을 할수록 뇌에서 생기는 향신경성 물질은 지적 능력을 향상시킨다. 또한 에어로빅과 같은 정기적인 유산소 운동은 노화로 인한 뇌 기능 저하를 막을 뿐만 아니라 뇌 기능을 발달시키며 노년층이라도 운동을 통해 뇌 기능을 향상시킬 수 있다. 규칙적인 유산소 운동은 기억력과 판단력 등 인지기능을 향상시킨다. 운동은 노인성 치매와 알츠하이머에도 탁월한 효과가 있음이 밝혀지고 있다. 미국 캘리포니아대학교 어바인 캠퍼스의 뇌 노화와 치매 연구소의 연구팀은 운동이 뇌 기능을 향상시킬 뿐만 아니라 면역력도 증가시켜 준다는 연구 결과를 발표하였다.

신체운동이 새로운 뇌세포를 생성하는 것 외에 다른 도움이 되는 점은 무엇인가? 심리학 연구에 따르면, 신체운동은 다음과 관계가 있는 것으로 밝혀지고 있다(Grenville-Cleave, 2012).

- 신체 이미지, 자아존중감 및 자기지각의 향상
- 수면 패턴의 개선
- 정서적 고통의 감소와 웰빙 수준의 증가
- 우울증의 감소
- 스트레스의 완화
- 전반적인 건강의 증진
- 학습 능력, 집중력, 추상적 사고 능력의 향상

- 동기부여

- 대인관계 향상

신체운동을 즐겨 하는 방법

　　　　　　　우리는 운동 후반에 훨씬 더 좋은 느낌을 가진다는 것을 알면서도 조깅 신발을 신거나 수영복을 입기가 왜 그렇게 힘이 들까? 최근 연구에 따르면, 사람들은 운동을 즐기면서 하는 것을 과소평가한다. 어떤 종류의 운동이든, 예를 들어 요가, 필라테스, 에어로빅, 웨이트 트레이닝을 포함한 개인 운동이든 단체 운동이든 즐기면서 한다는 것이 중요하다. 우리가 긍정적 정서를 예상하는 데에 익숙하지 않은 이유는 운동의 중반이나 후반보다는 대체로 성가심을 느끼게 하는 초반에 더 초점을 두기 때문이다.

　이러한 장애물을 극복하고 동시에 보다 많은 운동을 하려는 의도를 살리기 위해서 연구자들은 우리가 기대하는 즐거움을 증진시키는 여러 가지 방법을 제시하고 있다. 첫째는, 운동을 시작하는 초반에 긍정성을 증진하는 것이다. 그러기 위해서는 해야 할 여러 운동들 중에서 자신이 가장 즐겨 하는 운동부터 시작하라. 운동 초반에 보다 즐거움을 느끼도록 하기 위한 또 다른 방법은 운동을 시작할 때 자신이 좋아하는 음악을 들으면서 하는 것이다. 세 번째 좋은 방법은 운동 초반에 느끼는 불유쾌한 정서를 해소하기 위해서 중반에 혹은 휴식 중에 느끼는 즐거움과 만족감에 세심한 주의를 기울이는 것이다.

자기통제력의 흥미로운 특성 중의 하나가 우리의 삶의 한 영역에서 자기통제력이 발달하면 다른 삶의 영역에서도 자기통제력을 증진하는 데에 도움이 된다는 점이다. 한 연구에서 2개월에 걸친 신체운동 프로그램(역도, 저항운동, 에어로빅)에 참여했던 사람들은 흡연, 음주, 카페인 복용, 패스트푸드 섭취, 충동성, TV 시청이 보다 성공적으로 감소되었다. 뿐만 아니라 그들은 건강에 좋은 음식을 섭취했고 더 열심히 공부했으며 심지어는 설거지도 더 많이 하였다. 즉, 신체운동을 열심히 하는 것이 보다 건강한 다이어트와 삶의 방식으로 변화시키는 데에 도움이 되었다. 이에 연구자들은 자제력 향상이 삶의 전반에 걸쳐 도움이 될 수 있다고 제안하였다. 그러므로 자기통제력은 몰입 경험적인 신체운동의 일정을 마련하고 그에 따라 열심히 운동해야 하는 또 다른 좋은 이유이기도 하다.

운동에서의 몰입 경험은 규칙적으로 해야 나타난다. 일주일에 한 번 7시간 몰아서 하는 것보다는 1시간씩 세 번 하는 것이 훨씬 더 몰입 경험적이다. 최근 체계적으로 수행된 한 연구에 따르면, 뇌를 긍정적으로 변화시키기 위한 최소 조건은 일주일에 세 번씩 30분 이상, 최대 심박수의 60~80% 정도의 세기로 8주 이상 운동하는 것이다. 최대 심박수는 본인의 나이를 넣어 (220-본인의 나이)×(0.6~0.8)과 같이 계산하면 된다. 예를 들어, 40세 성인이라면 분당 108~144가 최대 심박수이다.

새로운 시냅스 연결을 위한 단백질 합성에는 시간이 걸리기 때문에 적어도 2개월 정도는 해야 긍정적 정서 향상에 도움이 되기 시작한다. 따라서 무엇보다도 규칙적이고 꾸준하게 운동하는 것이 중요하다. 늘 스트레스에 시달리며 감정통제력이 부족한 사람들에게 특히 필요한 것이 이러한 규칙적인 신체운동이다.

쉽게 행할 수 있는 네 가지 신체운동

가장 돈을 들이지 않고 쉽게 행할 수 있는 네 가지 운동 형태는 걷기, 달리기, 수영하기, 자전거 타기이다(Grenville-Cleave, 2012). 이 네 가지 운동 형태는 대체로 우리가 원할 때 언제든지 행할 수 있다는 점에서 실천하기가 쉽다. 이러한 운동들은 혼자서도 즐길 수 있고, 파트너와 함께 혹은 단체의 일원으로 즐길 수도 있다. 모든 운동 절차와 마찬가지로 당신이 과체중이거나 병력을 갖고 있거나 혹은 수술 후 회복 중에 있다고 한다면 먼저 의사의 자문을 구해야만 한다.

걷기

우리가 운동을 처음 하거나 원래의 신체건강 수준으로 개선할 필요가 있다고 한다면 걷기가 가장 시작하기 좋은 활동이다. 걷기는 부담을 주지 않는 운동이지만 언덕을 위 아래로 활발하고 힘차게 걷는 것은 다소 에어로빅 운동 효과가 있고 심장과 폐 기능을 향상시켜 줄 뿐만 아니라 15~20분 계속하면 약 100칼로리를 소비하게 된다. 걷기는 신문 배달하기, 자녀들 학교에 데려다주기, 개와 함께 산책하기와 같은 일상 업무와 쉽게 통합될 수 있다. 만약 당신이 평소 대중교통을 이용하여 출퇴근을 하고 있다면 한두 정류장 일찍 내려서 나머지 구간을 걸어라. 만약 당신이 큰 건물 안에서 일하고 있다면 엘리베이터를 이용하지 말고 계단을 이용하라. 그리고 점심시간에 활발하게 걸을 수 있는 시간을 확보하라.

달리기

달리기(조깅하기)는 비록 전문가들이 좋은 러닝 운동화를 구입하여 착용할 것을 권장하고는 있지만 쉽게 행할 수 있고 비교적 값싼 에어로빅 운동의 형태다. 달리기 전에 먼저 활기찬 속도로 걸어서 몸이 좀 따뜻해지면 달리기 시작하라. 만약 당신이 과거에 달려본 적이 없다면 한 번에 10분 정도 달리는 것을 목표로 하고 나머지 시간에는 활발하게 걸어라. 달리기 연습이 진행됨에 따라 30분 정도 달리는 것을 목표로 해야 한다. 달리기는 속도와 지형에 따라 시간당 300~600칼로리를 소비한다. 만약 달리는 것이 쉽게 지루해지면 파트너와 함께 이야기하며 달리거나 좋아하는 음악을 들으며 달려라.

수영

수영은 부담이 적으면서도 관절에 부담을 주지 않으면서 동시에 전신을 정상 상태로 유지시켜 주기 때문에 매우 좋은 운동 형태다. 수영을 빠른 속도로 하면 에어로빅 운동 효과가 있으며 시간당 300~500칼로리를 소비하는 데에 도움이 된다. 수영의 가장 큰 이점 중의 하나가 각자 자신의 속도에 맞추어 행할 수 있다는 점이다. 시계 반대방향으로 어느 정도 천천히 수영을 한 다음 속도를 올려라. 수영을 할 때마다 얼마만큼의 길이로 수영했는가를 기록하고, 점차 그 길이를 늘려나가거나 길이는 똑같되 속도를 높이도록 하라. 점심시간에 30분만 수영하더라도 기분이 새롭고 활력이 넘칠 수 있다.

자전거

자전거 타기는 수영하기와 마찬가지로 관절에 압박을 주지 않기 때문에 관절에 문제가 있는 사람들에게 매우 좋은 운동 형태다. 숨찰 정도의 속도로 자전거를 타라. 숨이 차지 않을 정도의 속도로 자전거를 타더라도 시간당 300~500칼로리를 소비하므로 자전거 타기는 체중 감량을 위해서도 좋은 운동 방법이다. 자전거를 1주일에 한 번씩 오래 타기 보다는 짧게 타더라도 정기적으로 자주 타는 것이 좋다.

　운동 진행과정, 운동시간, 운동 후의 기분 등을 기록하면 운동에 대한 동기를 유발하는 데에 도움이 된다. 당신의 행복일지에 그것들을 기록하라.

즐거운 경험
향유하기

　　행복과 웰빙을 증진하는 방법 중 하나는 우리의 삶에서 접하게 되는 긍정적인 경험들을 충분히 향유하는 것이다. 똑같은 음식이라도 허겁지겁 먹으며 맛을 느끼지 못하는 사람이 있는가 하면 천천히 맛을 음미하며 행복한 식사시간을 갖는 사람도 있다. 행복한 사람들은 부정적인 사건에 지혜롭게 잘 대처할 뿐만 아니라 긍정적인 경험을 음미하면서 삶의 즐거움과 기쁨을 향유한다.

　　앞에서 언급한 부정성 편향을 극복하지 않으면 우리는 불행의 바다로 떠밀려가기 쉽다. 따라서 이러한 부정성 편향을 막기 위한 전략들을 학습함으로써 우리는 자신의 행복 수준을 증진시킬 수 있다. 향유하기는 이러한 전략들 중 하나다.

향유하기의 의미와 유형

진정한 행복은 인생의 즐거움을 충분히 향유하는 것이다. 우리 삶에는 즐거움을 주는 것들이 너무도 많다. 음식, 오락, 독서, 자연, 사랑, 스포츠, 유머 등 수없이 많다. 행복을 증진하기 위한 한 가지 방법으로서 향유하기savoring를 제안하고 있는 미국 로욜라대학교 심리학과 교수인 프레드 브라이언트에 따르면, 향유하기는 긍정적 경험을 자각하여 충분히 느낌으로써 행복감이 증폭되고 지속되도록 의도적인 노력을 기울이는 것이다(Bryant, 2003; Bryant & Veroff, 2007). savor는 '맛을 보다', '좋은 맛을 느끼다'라는 어원을 지니고 있어 '음미하기' 혹은 '만끽하기'라고 번역될 수도 있지만, 브라이언트가 제시하는 savoring은 감각적 즐거움 이상으로 지적인 의미를 부여하는 성찰과정을 포함하고 있으므로 여기서는 '향유하기'라는 용어를 사용하기로 한다.

향유함으로써 우리는 자신의 모든 감각(촉각, 미각, 시각, 청각, 후각)

에 천천히 의식적으로 주의를 기울이게 된다. 우리는 한 잔의 시원한 샴페인을 마시는 것이든 어린이집에서 어린 자녀를 데리고 오는 것이든 좋아하는 축구팀이 골을 넣는 장면을 보는 것이든 간에 정말로 즐기고 있는 것에 주의를 집중하며 경험을 확장한다. 향유하는 것을 학습함으로써 우리는 자신의 삶에 있어서 좋은 것을 인식하는 능력과 그것의 가치를 보다 완전히 인정하는 능력을 향상시킬 수 있다.

향유 경험은 [표 5]와 같이 네 가지 유형으로 구분될 수 있다(Bryant & Veroff, 2007).

| 표 5 | **향유 경험의 네 가지 유형**

	인지적 성찰	경험적 몰입
세계초점적 향유	감사하기(고마움)	경탄하기(경외감)
자기초점적 향유	자축하기(자긍심)	심취하기(즐거움)

브라이언트와 미시건대학교 심리학과 교수인 조셉 베로프는 주의 초점의 방향성에 따라 세계초점적 향유와 자기초점적 향유로, 그리고 내향적 분석의 여부에 따라 인지적 성찰과 경험적 몰입으로 구분하고 있다.

세계초점적 향유란 외부 대상을 긍정적 감정의 원천으로 지각하는 경우로, 호의를 베풀어준 사람에게 고마움을 느끼거나 아름다운 자연환경이나 예술작품을 대하며 경이로움을 느끼는 것이 이에 해당한다.

반면에, 자기초점적 향유는 긍정적 감정의 원천을 자기 자신이나 자신의 특정한 측면(신체, 성격, 행동, 능력)으로 지각하는 경우로, 어떤 성취(좋은 성적, 승진, 자격시험 합격)에 대해서 자신의 능력이나 노력에 대하여 스스로 인정하며 기쁨을 만끽하는 것이 이에 해당한다.

그리고 인지적 성찰은 긍정적 감정을 상위 관점에서 관찰하고 정교화하며 의미를 부여하는 과정을 뜻하는 반면, 경험적 몰입은 긍정적 강점에 자신을 맡기고 푹 빠져서 그러한 감정을 충분히 경험하는 과정을 의미한다.

이러한 두 가지 분류 차원에 따라 향유 경험은 감사하기, 경탄하기, 자축하기, 심취하기의 네 가지로 구분된다.

감사하기는 자신에게 긍정적 경험을 제공해 준 대상에 대해서 고마움을 느끼는 것이다. 자신의 행복에 대해서 감사함을 느낄 뿐만 아니라 그에 도움이 되었던 사람이나 환경에 감사함을 느끼고 표현하는 것이다. 이를 위해서는 긍정적 경험의 원천에 대한 인지적 과정과 원인 지각이 필요하다.

감탄하기는 긍정적 경험을 새롭고 놀라운 것으로 여기며 이에 몰입하는 동시에 그러한 경험을 제공해 준 대상에 대해서 경외감이나 경이로움을 느끼는 것이다. 예를 들어, 높은 산의 정상에 올라 자연의 웅대함에 경외감을 느끼거나 베토벤의 음악에 감동하여 감탄하는 경우가 이에 해당한다.

자축하기는 긍정적 경험과 성취에 대해서 스스로 축하와 칭찬을 함으로써 자긍심이 증폭되도록 하는 것이다. 자신의 몸에 따스한 햇볕을 쪼이며 일광욕을 하듯이 긍정적 경험에 대해서 스스로에게 따뜻한 축하와 칭찬을 함으로써 행복감이 증진될 수 있다. 긍정적 경험과 성취에 대한 지나친 겸손과 자기비하는 즐거움과 행복감이 억제되도록 만든다. 충분한 자격을 가지고 누릴 수 있는 행복감은 최대한 누리는 것이 바람직하다.

끝으로 심취하기는 긍정적 경험에 수반하는 신체적 쾌감과 정서적 흥분을 섬세하고 다각적으로 체험하며 만끽하는 것이다. 심취하기를 통해서 긍정적 경험이 섬세하고 풍부해질 뿐만 아니라 오랜 기간 지속될 수 있다. 예를 들어, 와인 애호가는 와인을 마시며 그 맛과 향을 섬세하게 느끼며 심취함으로써 더 많은 즐거움을 경험하게 된다.

향유하는 방법

향유하는 방법은 다양하다. 먼저 다음과 같은 간단한 연습으로 시작해 보라. 당신이 생각해 낼 수 있는 '향유하기'와 유사한 뜻을 가진 단어로는 어떤 것들이 있는가? 당신이 행할 수 있는 일들 중에서 기분 좋게 하는 것이 무엇이고 소중한 것이 무엇이며 열중할 수 있는 것이 무엇인가? 5~10분만 생각해 보라. 그런 다음 이 책을 읽고 있는 현재 순간에 주의를 돌려라. 지금 이 순간 당신이 만끽할 수 있는 무엇인가가 있는가?

향유하기의 대표적 전문가인 브라이언트와 베로프는 향유하기는 다음과 같은 뜻을 모두 포괄하고 있다고 주장한다.

- 음미하기
- 만끽하기
- 열중하기
- 감명받기
- 소중히 여기기
- 기분 좋게 하기
- 받들기
- 기쁘게 하기
- 즐기기

당신은 이 연습을 통해 긍정적인 일상의 경험들로부터 훨씬 더 많은 즐거움을 이끌어내기 위한 다양한 방법들을 발견할 수 있다는 것을 알게 될 것이다. 예를 들어, 당신은 따스한 햇볕을 쬐면서 기분이 좋아지고, 향기가 그윽한 욕실에서 목욕을 하는 것을 즐기고, 특별한 생일이나 크리스마스를 만끽하고, 아름다운 저녁노을에 감명을 받으며, 정확하게 기억하고 있는 것에 대해 감탄을 할 것이다.

이처럼 향유하기는 어렵지 않으며, 우리의 삶에는 즐거움을 선사하는 것들이 너무 많다. 음식, 음악, 가족, 오락, 독서, 자연, 사랑, 성생활, 유머 등 수없이 많다. 브라이언트와 베로프에 의하면, 향유하기는 이러한 즐거움의 원천을 접하면서 지금-여기 현재의 순간에 머물며 긍정적인 감정에 주의를 집중하는 것이다.

브라이언트와 베로프는 또한 좋아하는 음식을 먹는 것과 같이 현재의 긍정적 경험뿐만 아니라 행복했던 어린 시절이나 결혼식 날을 회상하는 것과 같이 과거에 경험한 긍정적 사건과 곧 있을 졸업식이나 손자의 생일을 예상하고 기대하는 것과 같이 미래에 일어날 긍정적 사건에 대해서도 향유할 수 있다고 제안한다. 즉, 현재의 긍정적 경험을 잘 음미하며 즐길 뿐만 아니라 과거의 긍정적 경험을 회상하여 즐거움을 이끌어내고, 미래의 긍정적 사건을 기대하며 행복감을 느낄 수 있다는 것이다.

향유하기 위한 손쉬운 다섯 가지 방법은 다음과 같다.

- 천천히 하라.
- 지금 행하고 있는 것에 주의를 집중하라.
- 모든 감각을 이용하라.

- 경험을 확장하라.
- 즐거움을 성찰하라.

향유하기는 하나의 과정이지 결과가 아니라는 점을 잊지 마라. 다시 말해, 향유하기는 우리가 행하는 대상이지 획득하는 대상이 아니다. 인생을 잘 향유하는 사람들이 긍정적인 경험을 음미하며 행복감을 만끽하는 열 가지 방식은 다음과 같다(Bryant & Veroff, 2007).

1. 다른 사람과 공유하기　긍정적인 경험을 자기 일처럼 좋아할 수 있는 사람을 찾아서 기쁨을 함께 나눈다. 만약 그럴 만한 사람이 없다면 그러한 경험이 자신에게 얼마나 소중했는지를 주변 사람에게 이야기한다.

2. 기억을 잘 해두기　긍정적 사건을 자세하게 잘 기억해 두거나 사진 또는 일기로 기록해 두었다가 종종 회상해 보는 것이다. 행복한 가족사진, 즐거운 여행의 사진이나 기념품, 과거의 성취물이나 상장 같은 걸 종종 꺼내 보며 행복했던 순간의 즐거움과 기쁨을 다시 느껴볼 수 있다.

3. 자축하기　자신에 대한 자부심을 느끼는 것에 대해서 수줍어하거나 두려워할 필요는 없다. 우수한 업무성과나 인상적인 발표와 같은 긍정적인 사건에 대해서 다른 사람들이 얼마나 깊은 인상을 받았는지 되새기면서, 그러한 결과를 위해 자신이 기울여온 노력을 돌아보며 자신을 아낌없이 격려하며 축하하는 것이 필요하다.

4. 세밀하게 감각을 느끼기   감각적 즐거움을 세밀하게 그리고 충분히 느끼는 것이다. 와인 애호가들이 와인 한 모금을 입안에 머금은 채 그 오묘하고 복합적인 맛을 천천히 음미하는 것이 이에 해당한다.

5. 비교해 보기   이는 다른 사람과의 사회적 비교나 과거와의 시간적 비교를 통해서 현재 자신의 긍정적 경험을 충분히 즐기는 것이다. 이 경우에는 하향적 비교가 즐거움을 증폭시킨다. 예를 들어, 과거의 힘들었던 순간이나 불행한 사람들과의 비교를 통해서 현재 자신이 얼마나 행복한지를 더욱 실감나게 느끼는 것이다.

6. 몰입하기   이는 즐거운 경험에 주의를 집중하며 다른 것에 대해서 생각하지 않는 것이다. 주의를 산만하게 만드는 것들은 차단하고 즐거운 경험에 몰입하는 것이다.

7. 행동으로 표현하기   이는 기쁨을 느낄 때 크게 웃거나 노래를 부르거나 적극적인 신체적인 행동을 통해 표출하는 것이다. 행동적인 표현이 크고 강렬할수록 긍정적 감정은 증폭된다. 축구선수가 골을 넣고 나름대로의 세리모니 행동을 하면서 기쁨을 만끽하는 것이 그 예다.

8. 일시적으로 인식하기   지금 이 순간의 경험은 한 번 지나가면 결코 다시 경험할 수 없는 소중한 것이다. 이러한 인식을 하게 되면 현재의 긍정적 경험을 충분히 만끽하며 즐기고자 하는 노력을 기울이게 될 뿐만 아니라 즐거움의 강도가 더 강렬해진다.

9. 축복으로 여기기   이는 긍정적 경험을 행운이자 축복으로 생각하며 이에

감사한 마음을 지니는 것이다. 이처럼 즐거운 긍정적 경험을 하는 데 기여한 모든 사람과 여건들을 생각하며 축복이라고 여기게 되면 행복감이 더욱 증가하게 된다.

10. 즐거움을 해치는 생각을 하지 않기　　즐거움을 해치는 생각이란 긍정적인 경험으로부터 기쁨을 충분히 느끼지 못하도록 방해하며 행복감을 냉각시키는 부정적인 생각을 의미한다. 예컨대, 긍정적인 경험을 평가절하하거나 더 좋았을 상황들을 생각하면서 후회하고 자책하는 것이다. 자존감이 낮은 사람들은 긍정적인 경험을 하더라도 이처럼 부정적 생각을 통해서 즐거움과 기쁨을 해치는 경향이 있다(Wood, Heimpel, & Michela, 2003).

향유하기를
증진하는 방법

향유하기는 인생을 좀 더 즐겁고 행복하게 살아가는 데에 중요하다. 사람마다 향유하는 방식이 각기 다를 수 있지만 다음과 같은 방법들은 누구나 인생에서 마주치게 되는 다양한 긍정적 경험을 더 잘 향유하는 데, 즉 향유하기를 증가시키는 데에 도움이 될 수 있다(Grenville-Cleave, 2012).

생활경험 기록하기

자신의 경험을 일기, 편지, 시, 생활일지 등의 형태로 글로 기록하는 것은 정서를 긍정적으로 변화시킬 뿐만 아니라 그러한 경험의 의미를 깨닫도록 해준다. 자신의 경험을 글로 기록하거나 다른 사람에게 이야기하는 것은 부정적 감정을 해소하고 긍정적 감정을 강화하는 기능을 지닌다.

미니휴가 시간 갖기

현대인들은 매우 바쁜 일상 속에서 살아가기 때문에 삶의 경험을 음미하고 만끽하며 향유할 시간을 갖기 어렵다. 따라서 하루의 생활 중에서 짧은 시간 동안 의도적으로 향유할 휴식 시간을 갖는 것이 향유하기를 증가시키는 기본적인 방법이 될 수 있다. 그래서 하루에 한 번씩 매일 20~30분간 스스로에게 미니휴가를 주는 것이다. 이 시간에는 하던 일을 일단 접어두고 산책을 하거나 독서를 하거나 음악 감상을 하거나 친구와 대화를 나누거나 샤워를 하거나 그림을 그리거나 경치를 구경하거나 간식을 먹는 등 자신이 좋아하고 즐거워하는 일을 한다. 이렇게 즐거운 시간을 갖는 동안 즐겁다고 느끼는 자극과 감각을 알아차리고 언어적으로 명명해 본다.

그리고 미니휴가가 끝나면 다음 날의 미니휴가를 계획하며 기대한다. 한 주가 지나면 지난 7일간의 일일 미니휴가를 회상하면서 즐거웠던 경험들을 다시 음미하고 만끽해 본다.

혼자서 긍정적 경험 음미하기

주말에 데이트를 하거나 멋진 파티를 열거나 좋은 친구가 찾아오는 등의 앞으로 일어날 긍정적 경험이나 사건을 생각해 보는 것이다. 이때 사건이나 경험이 얼마나 자세하게 전개될 것인지를 상상해 보면서 자신이 어디에 있을 것인지, 어떤 옷을 입고 있을 것인지, 누구와 함께 있을 것인지, 무엇을 하고 있을 것인지를 마음의 눈으로 될 수 있는 한 분명하게 그려본다. 이러한 경험을 시각화할 때 어떤 긍정적 기분(흥분, 호기심, 기쁨, 사랑)을 느끼는지 생각해 보고 그러한 긍정적 정서를 음미하고 만끽할 시간을 가져본다.

짝지어 긍정적 경험 나누기

짝지어 긍정적 경험을 나누는 것은 혼자서 긍정적 경험 음미하기와 유사한 것이지만 둘이서 짝을 지어 행한다는 점이 다르다. 가정에서 가족들과 함께 할 수도 있고, 직장에서 동료들과 함께 점심시간에 할 수도 있으며, 좋은 친구와 함께 전화로 행할 수도 있다. 짝지어 긍정적 경험을 나눌 때 청자는 경청자로서 화자에게 긍정적 기억을 넓혀줄 수 있는 적극적 경청과 질문을 함으로써 화자가 이야기의 모든 측면을 향유하도록 돕는 역할을 수행해야 한다.

긍정적 정서 표출하기

우리는 좋은 일이 발생했을 때 마냥 어린아이처럼 흥분되고 열광적이며 감정 표현을 잘한다. 그러다 10대를 지나가면서 과거와 동일한 열정을 갖기 어렵게 되고 자기 자신을 긍정적으로 표현하는 능력을 상실하는 사람들이 많다.

앞으로 기분 좋은 일이 생기면 과감하게 행동하고 기쁨의 춤을 추고 박수를 치고 환호성을 질러라. 처음엔 주저되기도 하겠지만 조금만 연습하면 어린 시절 가졌던 자연스런 열정이 되살아날 수 있다. 과감하게 행동하고 기쁨의 춤을 추고 박수를 치고 환호성을 지르다 보면 실제 기분이 좋아지고 자신감도 생긴다. 긍정적 감정을 외부에 표현하면 그 감정이 강렬해질 수 있으므로 자신의 긍정적 정서를 널리 표출하는 것이 좋다.

음식의 맛을 향유하는 방법

음미하기는 향유하기의 한 유형이므로 먹고 마시는 것은 향유하기 기법을 연습하기 위한 좋은 방법이다. 특히 딸기나 블루베리와 같은 부드러운 과일이나 초콜릿을 먹을 때 효과적이다. 이 밖에도 자신이 좋아하는 음식을 골라 음미해 본다. 이때 가능한 한 천천히 먹으면서 긍정적 경험이 최대한 오래 지속되고 기쁨이 최고로 표출되도록 자신의 모든 감각을 이용하는 것이 중요하다. 5분 동안 방해받지 않을 장소에 자리를 잡고 앉아 다음과 같이 행하도록 한다(Grenville-Cleave, 2012).

1단계 무엇보다도 천천히 행한다. 딸기를 집어 감탄스럽게 바라본다. 딸기의 독특한 색깔과 모양 및 냄새를 잠시 살펴본다. 그런 다음 딸기 표면에 있는 작은 씨앗들과 줄기의 녹색을 살펴본다. 의식적으로 자신의 모든 감각에 주의를 기울인다.

2단계 딸기의 냄새는 어떠한지, 냄새가 강한지 아니면 약한지, 달콤한지 아니면 매운지 눈을 감고 코로 향을 맡아본다. 딸기와 연관된 어떤 즐거운 기억(여름휴가, 어린 시절의 긴 방학)이 있는지 떠올려보고 그 기억을 오래 떠올리면서 즐긴다.

3단계 딸기 한 조각을 먹으면서 입안에서의 촉감과 맛을 느껴본다. 가급적 천천히 씹으면서 풍기는 맛을 느끼고 최대한 그 맛을 음미한다.

4단계 다른 즐거운 감각을 느끼면서 삼킨다.

이러한 과정을 반복한다. 다시 할 때는 훨씬 더 천천히 행하면서 음미해야 한다. 그리고 음식을 향유할 때는 가급적 다른 주의를 흩트리는 요소를 제거해야 음식을 음미하기가 더욱 쉽다. 그러므로 운전할 때, TV를 시청할 때, 라디오를 청취할 때, 채팅하거나 독서할 때 음식을 먹지 말아야 한다. 단지 음식 자체에만 초점을 두고 눈을 감도록 한다. 이런 식으로 음식의 맛을 음미하게 되면 음식을 천천히 먹게 되고 먹는 즐거움을 훨씬 더 만끽하게 될 것이다.

마음챙김
명상

인간은 일상적 삶을 넘어서 좀 더 궁극적인 삶의 의미와 가치를 추구하고자 한다. 즉, 인간은 세속적인 것들보다 좀 더 성스럽고 영원한 절대적인 것을 갈망하고 개체적인 자아를 넘어서 무언가 좀 더 가치 있는 커다란 것과 연결되기를 원한다. 이러한 노력이 바로 영성 추구이다. 영성은 여러 학자들에 의해서 인간의 자기초월적 노력, 실존적 의미를 발견하기 위한 노력, 성스러운 것에 대한 추구, 인간이 도달할 수 있는 최선의 상태 등 다양한 의미로 정의되고 있다. 영성 추구를 통해서 성스러움을 접하게 되면 자기가치감이 향상되고 다른 사람과의 관계가 더 원만해지며 초월적인 존재와의 연결감을 느끼게 되어 정신건강과 행복에 도움이 된다.

영성 추구는 대부분 종교를 통해 이루어지는 경우가 많지만 반드시 종교를 통해서만 이루어질 수 있는 것은 아니다. 개인의 종교적 입장이나 신의 존재에 대한 입장을 넘어서서 이루어질 수 있는 대표적인 영성 추구 방법이 명상이다. 명상은 주의를 한곳에 집중하여 마음을 청정하게 만들고 나아가서 삶에 대한 통찰에 이르게 하는 영적인 수행방법이다. 명상 수행은 수천 년의 역사를 갖고 있지만 그 효과를 탐구하기 위한 과학적 연구의 주제가 되어온 것은 비교적 최근의 일이다.

마음챙김 명상의 정의

명상meditation과 의학medicine의 어간은 'medi'로 서로 같다. 라틴어 'mederi'에서 파생된 말로 '치료하다'란 뜻이다. 어원에 비춰보면 명상은 마음으로, 의학은 약물로 괴로움을 치료한다는 뜻이다. 명상은 본래 불교나 힌두교의 수행방법으로 시작되었으나 다른 종교에서도 널리 사용되고 있으며, 종교적 입장을 떠나서 누구나 사용할 수 있는 대표적인 영성 추구방법이다.

명상은 수행방법에 따라 크게 집중명상과 관찰명상으로 나눌 수 있다. '사마타'라 불리는 집중명상은 주의를 지속적으로 한곳에 집중하는 방법으로서 흔들리지 않는 평온한 마음 상태를 경험하고 계발하는 것을 목표로 하며 만다라 명상이나 참선이 여기에 속한다. '위빠사나'라 불리는 관찰명상은 지금, 이 순간, 이곳에서 일어나는 감각, 느낌에 열린 마음을 갖고, 판단하지 않은 채 고요히 살펴보는 것이다. 즉, 관찰명상은 변화하는 의식과 현상에 집중하여 있는 그대로 바라보며 알아차리는 방법으로서 흔히 '마음챙김 명상'이라고 불리고 있다.

마음챙김mindfulness(깨어 있는 마음, 알아차림이라고도 함)은 명상 기반 수행의 한 유형으로, 과거 30년 동안 특히 서양에서 성행되어 왔다. 마음챙김 명상을 서양 사회에 처음 소개한 인물은 미국 매사추세츠대학교 명예교수인 존 카밧진이다. 그는 매사추세츠대학교 의과대학에 스트레스 진료소와 마음챙김 센터를 설립하여 초대 소장으로 일했다.

카밧진 박사는 모든 불교 전통에서 수행의 핵심이라고 할 수 있는 마음챙김 명상이 대체의학이 아닌 그 자체로서 훌륭한 의학으로 자리매김되도록 하였다. 그는 '미스터 마음챙김'이라고 불릴 정도로 정신과 육체의 건강을 위해 마음챙김 명상을 강조하고 있으며 일상생활에서의 명상의 중요성과 응용을 강조하고 있다. 매사추세츠 의과대학 교수로 재직하던 1979년 마음챙김 기반 스트레스 감소mindfulness-based stress reduction: MBSR 프로그램을 개발하여 시행하였다. 이는 미국에 전해진 불교가 심리학과 만나면서 심리치료에 적극적으로 응용된 대표적인 프로그램이라 할 수 있다. 마음챙김 기반 스트레스 감소 프로그램은 정신의학 분야뿐만 아니라 통증클리닉, 암환자, 심장병 환자, 임산부, 운동선수, 기업의 CEO를 위한 프로그램으로 활용되고 있으며, 2002년에는 하버드대학교 법대에서 법학 전공자들을 위한 명상 심포지엄까지 열릴 정도로 그 열풍은 더욱 커지고 있다.

카밧진은 마음챙김을 지금 이 순간에 의도적으로 판단하지 않고 주의집중을 하는 것이라고 정의한다. 간단히 말해서 마음챙김은 의식과 목적을 갖고 우리 내부와 주변에서 현재 일어나고 있는 것에 주의를 기울이는 것이다. 원망과 소망 그리고 욕구로 인해서 지각이 왜곡되지 않으면서 삶에서 실제로 진행되고 있는 것을 명료하게 보는 것, 과거를 곱씹거나 미래에 대한 불안과 소망적 사고에 사로잡히기보다는 현 시점에 초점을 맞추는 것을 의미하는 것이 마음챙김이다.

마음챙김을 이해하기 위한 한 가지 방법은 그 반대말인 '마음놓음 mindlessness'에 대해 생각해 보는 것이다. 마음놓음이란 현 시점에서 일어나고 있는 것을 자각하지 못하는 의식 상태, 즉 지금 이 순간에 일어나고 있는 것보다는 규칙과 일상적 순서가 지배하는 상태이다(Langer, 2002). 우리는 책을 읽거나 다른 사람과 대화를 나누면서도 마음은 자신의 생각, 정서, 걱정거리, 관심사, 미래에 대한 불안 혹은 과거사를 곱씹는 데 빠져 있을 수 있다. 마음놓음은 "전등은 켜 있지만 집에는 아무도 없다" 또는 "행동을 하고는 있지만 마음이 그 속에 들어 있지 않다"
와 같은 말로 표현될 수 있다. 이처럼 마음놓음은 자기 자신의 안과 주
변에서 일어나고 있는 것에 대한 인식이나 자각 없이 자동적으로, 무의
식적으로, 습관적으로 일을 행하는 것이다.

잠시 생각해 보면 우리는 마음놓음 상태에서 살았던 많은 순간들,
즉 아무런 인식이나 자각 없이 일을 자동적으로 행했던 순간들을 분명
경험했을 것이다. 그 대표적인 예가 식사하기다. 식사할 때 우리는 음
식에 대한 느낌이나 입 안에서의 맛에 대한 별 주목 없이, 식사 전이나
식사 중 혹은 식사 후에 배가 고픈지 부른지에 대한 인식 없이 먹는 경
우가 흔하다. 그 정도로 바빠서가 아니다. 오늘날 대부분의 사람들은
TV를 보면서, 책을 읽으면서, 걸으면서, 심지어는 운전하면서 음식을
먹는다. 이런 상황은 모두가 먹기와 관련된 여러 신체적 감각을 알아차
리지 못하게 만든다.

마음챙김 명상의 주요한 특징은 몸과 마음에 일어나는 현상과 체험
을 있는 그대로, 즉 그러한 알아차림에 대해서 의미를 부여하거나 해석
하거나 평가와 판단을 하지 않고 수용적 자세로 관찰하는 것이다. 따라
서 마음챙김의 명상을 수련하기 위해서는 다음과 같은 다섯 가지 원칙
을 잘 지켜야 한다.

1. 판단하지 말고 중립적인 입장에서 공정하라.

2. 모든 것을 있는 그대로 수용하라.

3. 사고와 정서가 발생할 때 그것을 주목하라.

4. 현재 순간에 완전히 머물러라.

5. 주의를 기울여라.

너무나 많은 정보가 우리에게 주어지고 너무나 많은 사람과 활동이 우리의 주의력과 시간 그리고 에너지를 끌어들이기 위해서 경쟁하는 오늘날의 문화생활에서 마음챙김 명상은 중요한 처방일 수 있다. 좋은 삶에 대한 우리의 아이디어를 의식적으로 추구하기보다는 어지럽기 짝이 없고 광란에 가까운 삶의 페이스에 쉽게 매몰되고 외부의 압력에 떠밀려갈 수 있다. 마음챙김은 조금 속도를 늦추고 우리의 마음과 우리를 둘러싸고 있는 세상에서 진행되고 있는 것을 더 자각하도록 해준다.

마음챙김 명상의 목적

카밧진은 자기가 자기 생각과 다르다는 사실, 즉 자기 생각은 단지 생각일 뿐이며 그 생각은 자기 자신이나 실제가 아니라는 사실을 바라볼 수 있도록 하는 데 마음챙김 명상의 궁극적 목적이 있다고 하였다. 그는 마음챙김의 목적을 이해하는 데 중요한 일곱 가지 상호 관련된 태도를 기술하고 있다(Kabat-Zinn, 1990). 마음챙김의 목적은 이러한 일곱 가지 자질을 배양하는 것이다.

1. 무판단　이것의 기본 아이디어는 우리가 접하는 대부분의 사물과 사건 및 사람들이 실제로는 본질적으로 좋거나 나쁘지 않음에도 불구하고 삶에서 그것들을 끊임없이 평가한다는 사실을 자각하는 것이다. 마음챙김 수련의 요체는 세상에 대한 우리의 끊임없는 평가를 중지하려는 것이 아니라 우리가 그렇게 하고 있다는 것을 자각하는 것이다. 무판단의 가치는 우리가 좋아하고 싫어하는 많은 것들이 결코 세상의 본질이 아니라는 사실을 인식함으로써 세상을 보다 명료하게 보게 되는 것이다. 우리가 종종 세상을 자신이 선호하는 조그만 상자에 집어넣으려고 한다는 사실을 자각하게 될 때, 삶의 문제에 대처하는 새로운 방법에 대한 개방성이 출현한다. 다시 말해, 마음챙김은 우리로 하여금 이미 확립되어 있는 사고 패턴이라는 상자를 벗어나서 생각하도록 해준다.

2. 인내심　이것은 사람들이 자신의 페이스에 따라 전개되는 것을 허용하는 것이며, 현재 우리의 욕구에 따라서 그 사건들이 일어나도록 계속해서 압박하거나 소망하거나 작업을 하지 않는다는 것을 의미한다. 카밧진은 나비를 도와주려는 생각으로 나비의 고치를 절개하는 아동의 예를 제시하고 있다. 아직 충분하게 성숙되지 않았거나 허물을 벗을 준비가 되어 있지 않

은 나비에게 이것은 좋은 일이 아니다. 인내심은 자신과 타인 및 현재의 순간으로 확장되며, 그 가치는 사람들로 하여금 현재 진행되고 있는 곳에 보다 개방적이 되도록 만들어주며, 대상들이 자신의 페이스에 따라 발달한다는 생각을 평안하게 수용할 수 있도록 지원해 준다는 것이다.

3. 초심　이것은 모든 것을 처음처럼 바라보고자 하는 개방적 마음을 의미한다. 우리가 알고 있다는 사실이 친숙한 대상들을 새로운 방식으로 바라보거나 대상들이 변화하는 방식을 포착하는 민감성을 망가뜨릴 수 있다. 이것은 사람, 장소, 행위 및 환경의 여러 측면들에서 일어날 수 있다. 당신은 나무, 빌딩, 특정한 풍경 등을 매일같이 실제로 바라보지 않은 채 지나쳤다가 어느 날 그것들에서 새롭거나 흥미를 끄는 무엇인가를 주목한 경험이 있을 것이다. 이것이 매우 친숙한 무엇인가를 마치 처음인 것처럼 바라보게 되는 한 사례이다. 개방적 초심의 가치는 세상을 그저 과거 경험과 이해를 통해서 세상을 보는 것이 아니라 현재의 풍부한 측면을 보게 한다는 데 있다.

4. 신뢰　이것은 자기 자신에 대해서 책임을 지는 것을 의미하며, "너 자신에게 충실하라"는 윌리엄 셰익스피어의 말에 잘 나타나 있다. 신뢰를 '진정성'으로 표현하는 심리학자들도 있다(Harter, 2002). 다른 사람을 흉내 내는 것, 현재의 자신이 아니라 다른 사람이 되려고 애쓰는 것, 그리고 다른 사람의 아이디어에 지나치게 의존하는 것은 모두가 자신에 대한 신뢰감이 결여되어 있다는 것을 가리킨다. 자기를 파악하려면 무엇보다 타인이 아니라 자기 자신이 되려고 노력하는 것이 필요하다.

5. 비분투   이것은 마음챙김 명상을 받아들일 때 무슨 일이 일어날 것인가 혹은 일어나야만 할 것인가에 대한 선입견을 갖지 말아야 한다는 것을 의미한다. 명상의 특정 결과를 달성하기 위하여 애쓰는 것은 일어나고 있는 사건들을 우리가 일어나기를 원하거나 기대하는 것과 계속해서 비교하게 만들어버린다. 이러한 비교는 실제로 일어나고 있는 것을 발견하는 과정을 왜곡하고 방해한다. 기대하지 않고 애쓰지 않음으로써 마음챙김이 의미하는 것에 대해서 보다 수용적인 태도를 견지하게 만든다.

6. 수용   이것은 자신을 부정하거나 다른 사람이기를 원하거나 자신이 원하는 사람이 되어 있지 않다고 해서 기분 나쁘게 생각하지 않고 현재의 자신이 되는 것을 의미한다. 다시 말해서, 현재의 자신과 되고 싶은 자신 간의 끊임없는 비교가 야기하는 긴장을 털어버리는 것을 의미한다. 수용의 가치는 자기 위주의 판단과 원망 또는 그러한 판단과 원망의 두려움과 편견으로 인해서 시야가 흐려질 때보다는 실제로 일어나고 있는 것들에 대해 명료한 모습을 볼 수 있을 때 무엇을 할 것인지를 보다 잘 알 수 있고 그 행위에 대하여 확신할 가능성이 크다는 데 있다.

7. 놓아줌   이것은 현저한 생각과 감정에 집착하지 않는 수련을 의미한다. 명상을 할 때 사람들은 특정한 생각이나 감정 그리고 경험들이 보다 빈번하게, 보다 강력한 정서 강도를 가지고 출현하는 것을 발견하게 된다. 즉, 마음이 붙들고 있기를 원하는 것처럼 보이는 특정 대상들이 있다. 사람들은 즐겁기 때문에 어떤 생각에 집착할 수도 있고, 당황스럽기 때문에 다른 생

각을 피하고자 할 수도 있다. 명상 수련에서는 그저 그러한 생각들을 인정하고 주의가 호흡으로 되돌아옴에 따라서 흘러가도록 하면 된다.

이 일곱 가지 목적에 따라 마음챙김 명상을 위한 태도를 다음과 같이 정리할 수 있다.

- 판단하려 하지 마라.
- 인내심을 가져라.
- 처음 시작할 때의 마음을 간직하라.
- 믿음을 가져라.
- 지나치게 애쓰지 마라.
- 수용하라
- 내려놓아라.

마음챙김 명상의 효과

마음챙김 수련은 스트레스를 완화시키고 심리적 안녕감을 증진시키고(장현갑, 2002; Shapiro, Schwartz, & Bonner,

1998), 만성통증과 공황장애를 비롯한 불안장애와 우울증과 같은 심리적 장애의 치료에 효과가 있으며(Davidson & Kabat-Zinn, 2004), 영적 성장을 촉진하는 데에 도움이 된다(김정호, 2004; Astin, 1997)는 것이다.

마음챙김 명상에 대한 개관에서 쇼나 샤피로와 그녀의 동료들은 마음챙김 명상이 자존감, 행복감, 일상의 긍정적 감정, 우호성, 경험에의 개방성, 정서적 안정성, 공감과 신뢰와 같은 대인관계 행동, 영적 관심과 경험에 대한 수용성, 스트레스에 대한 저항 능력, 자기조절을 증진시키고 성장시킨다는 사실을 보여주는 연구들을 언급하면서 마음챙김 명상이 사람들로 하여금 자신의 잠재력을 확인하고 실현하도록 도와줄 수 있다고 결론을 내렸다(Shapiro, Schwartz, & Santerre, 2002). 그 외 다른 연구들도 마음챙김 명상이 작업기억의 향상, 자기인식의 증가, 우울증과 불안의 감소, 신체적 질병의 감소, 정서적 반작용의 감소, 유연한 사고의 증진, 긍정적 정서의 증가, 부정적 정서의 감소 등 개인적으로나 대인관계 면에서나 많은 이점이 있다는 것을 제시하고 있다.

이러한 마음챙김 명상의 이점들은 크게 '긍정적인 심리적 변화'와 '성숙한 삶의 방식으로의 변화'로 요약해 볼 수 있다. 마음챙김 명상에서는 호흡, 걷기, 신체활동, 감각, 감정, 생각, 욕망 중 어떤 것에 대한 관찰이든 주의 깊게 지속적으로 변화를 관찰하기 때문에 이러한 꾸준한 관찰을 통해서 몸과 마음에서 일어나는 자기경험의 세밀한 속성과 변화를 알아차리게 된다. 몸과 마음에서 일어나고 있는 경험을 관찰하는 과정에서는 우리의 의식이 관찰하는 의식과 체험하는 의식, 즉 관찰자아와 체험자아로 분리되어 이들 간의 탈동일시가 일어나게 된다(권석만, 2006). 마음챙김 명상을 통해서 자기경험(생각이나 감정)을 거리를 두고 바라볼 수 있는 능력이 향상되면 어떠한 부정적 경험(분노, 불안, 우울을 유발하는 경험)에 대해서도 그것에 휘말리지 않고 정서적 동요 없이 자유로운 심리적 상태를 견지할 수 있게 된다(Kabat-Zinn, 1990; Teasdale, 1999). 그리고 마음챙김 명상을 통해서 현재의 자기경험을 세밀하게 관찰하게 되면 매 순간의 경험이 항상 신선하고 경이롭게 느껴진다.

또한 마음챙김 명상은 우리가 취하고 있는 삶의 방식을 자각하게 만들어 '행위양식'에서 '존재양식'으로 좀 더 성숙한 삶의 방식으로 전환하도록 만든다. 행위양식이란 목표지향적이고 목표의 성취를 위해 행위에 몰두하는 삶의 방식이자 태도로, 이러한 행위양식은 현실과 목표의 괴리를 인식할 때 촉발된다. 반면 존재양식이란 행위양식과 대조되는 삶의 방식이자 태도로, 모든 것을 있는 그대로 수용하고 어떤 변화도 바라지 않으면서 있는 그대로 허용하는 것에 주의의 초점을 맞춘다. 존재양식에서는 마음이 현재에 머무르며 다른 곳으로 옮겨 다니지 않으며, 그저 순간순간의 경험을 처리하는 데에 전념할 뿐이다(Segal, Williams, & Teasdale, 2002). 현대 사회와 같이 성취지향적이고 경쟁적인 사회에서 살아가는 우리는 점점 더 행위양식 속으로 빠져들게 되고, 그 결과 우리는 늘 목표와 현실의 괴리를 느끼며 불만족감 속에서 끊임없이 어떤 행위에 몰두하며 조급하게 살아가고 있다. 마음챙김 명상은 우리의 삶을 지배하고 있는 이러한 행위양식을 자각하고 그로부터 벗어나 존재양식으로의 전환을 점차 유발함으로써 현재의 상태를 있는 그대로 수용하고 자신의 사고와 감정을 마음속에 나타났다 사라지는 하나의 사건으로 여겨 이러한 경험을 새롭고 신선한 것으로 받아들이고 심리적 평온과 자유를 누릴 수 있게 해준다(권석만, 2006).

일상생활 속의 마음챙김 수행법

만일 당신이 마음챙김 명상을 시도해 보고자 마음을 먹었다면 경험이 풍부한 전문가의 도움을 받는 것이 중요하다. 대부분의 도시에는 여러 명상센터들이 있다. 여기서는 일상생활에서 쉽게 실천할 수 있는 간단한 활동들로 이루어진 마음챙김 수행법의 세 가지(Grenville-Cleave, 2012)를 소개한다. 이해하는 것에 그치지 말고 실제로 시작해 보기 바란다.

마음챙김으로 식사하기

마음챙김으로 식사하기란 마음을 모아 깨어 있는 마음으로 식사하는 것에 집중하는 것을 말한다. 당신의 일상 시간에서 5분을 할애하라. 비스킷, 소량의 시리얼, 초콜릿, 건포도와 같은 조그만 스낵이나 식품 2개를 찾아라. 또한 조용히 앉아 있을 곳을 찾아라. 먼저, 당신이 선택한 스낵 1개를 평소대로 먹어라. 그런 다음 두 번째 스낵을 집어 다음과 같은 단계로 진행해 보라. 서둘지 말고 여유 있게 행하라.

1단계 주의 깊게 스낵을 쳐다본다. 당신이 전에 비스킷이나 건포도를 본 적이 없다고 상상하라. 그 색깔과 질감을 주시하고, 손에 주의 깊고 천천히 가져와 올려놓아라. 불빛에 따라 그 색깔이 어떻게 변하는지 주시하라. 비스킷 표면에 있는 미세한 소금 알갱이, 혹은 건포도 표면의 주름을 주시하라. 냄새를 맡아보라. 어떤 냄새가 나는가? 비스킷 혹은 건포도를 먹는 것을 상상해 보라. 혹은 비스킷이나 건포도가 입안에 있다고 상상해 보라. 그것을 먹는다고 생각하는 것만으로도 당신의 입이 어떻게 침을 분비하기 시작하는가를 주목하라. 어느 시점에 "내가 왜 이런 일을 하고 있지?" 혹은 "이것은 시간 낭비야"라는 생각이 들기 시작하면 그것을 사고로 인식하라. 그런 다음 비스킷 혹은 건포도에 주의를 돌려라.

2단계 스낵을 여러 각도에서 관찰해 본 다음 입안에 넣되 먹지는 마라. 당신이 주시한 첫 번째 감각은 무엇인가? 미각인가, 촉각인가? 스낵이 입안에서 데굴데굴 굴러다닐 때 스낵의 느낌이 어떠한가?

3단계 이제 스낵을 깨물거나 씹어보라. 당신이 스낵을 처음으로 깨물었을 때 그 느낌이 어떠한가? 깨무는 느낌이 부드럽거나 만족스러운가? 맛에 주목하라. 한 가지 맛인가 아니면 여러 가지 섞여 있는 맛인가? 맛이 짠가, 달콤한가, 아니면 짜면서도 달콤한가? 시간의 여유를 갖고 잘 음미해 보라.

4단계 당신의 입안에서의 뒷맛이나 다른 감각을 주목하면서 삼켜라.

스낵을 방금 먹은 당신의 느낌은 어떠한가? 스낵을 유념하며 먹을 때의 느낌은 어떠했는가? 지금의 이 느낌을 당신이 스낵을 처음 먹었을 때의 경험과 비교해 보라. 마음챙김으로 식사하기를 처음 시행하는 사람들은 그것이 평소의 먹기 경험과 얼마나 다른지, 작은 음식 조각에 얼마나 많은 즐거움이 담겨 있을 수 있는지를 생각하지 못하는 경우가 흔하다. 마시기에도 이와 똑같은 절차를 행할 수 있다. 당신이 좋아하는 한 잔의 맥주나 와인 혹은 과일 주스가 마음챙김 수행을 시작하는 데에 효과적인 대상이 될 것이다.

마음챙김으로 앉기

마음챙김으로 앉기란 마음을 모아 깨어 있는 마음으로 앉아 있는 것에 집중하는 것을 말한다. 당신 스스로 앉을 만한 안락한 곳을 찾아 그곳에 앉아 5분 정도 긴장을 풀어라. 어느 시점에서든 당신의 마음이 방황하면 자신의 사고를 인식하고 마음의 평정을 찾아 판단하지 말고 다음과 같은 연습을 해보라.

1단계 양손을 무릎 위에 힘을 빼고 편안하게 놓아라. 발을 바닥에 안정되게 놓고 앞을 쳐다보고 앉아라. 코로 깊은 숨을 들이 마시고 입으로 내쉰 다음 눈을 감아라. 당신이 앉아 있는 의자, 벤치 혹은 통나무가 하체에 어떤 느낌을 주는가를 주목하라. 다리와 발의 느낌은 어떠한가?

2단계 눈을 감은 채 앉아 있으면서 당신 주위의 소리에 주의를 기울여라. 무슨 소리가 들리는가? 시계 똑딱거리는 소리? 멀리서 들리는 교통 소음? 창문에 떨어지는 빗물? 새소리? 냉장고의 윙윙거리는 소리? 개 짖는 소리? 아니면 아무 소리도 들리지 않는가? 무슨 소리가 들리는지 주의를 기울이고 소리의 질, 속도, 크기에 주목하라.

3단계 눈을 감은 채 앉아 있으면서 어떤 냄새가 나는지 주목하라. 당신 몸에서 나는 향수나 로션 냄새일 수도 있고, 깎은 풀 냄새나 화병에 꽂은 꽃냄새일 수도 있고, 부엌의 요리 냄새나 구운 빵 냄새일 수도 있고, 혹은 지나가는 사람이 피우는 담배 연기 냄새일 수도 있다. 맡은 모든 냄새들을 마음에 새겨라.

4단계 앉아 있는 동안에 당신의 신체가 어떤 느낌인지 주목하라. 따스한가 아니면 추운가? 만약 밖에 있다면 얼굴에 산들바람이 스치는가 아니면 햇빛의 따사로움을 느끼는가? 어깨, 목, 등이 완전 이완되어 있는가 아니면 긴장되어 있는가? 만약 긴장되어 있다면 해당 몸 부위를 흔들고 스트레칭을 하라. 어떤 느낌인가? 기분이 어떠한가? 판단하지 말고 그저 주목하라.

5단계 당신의 호흡에 주목하라. 코를 통해 호흡하라. 호흡이 가슴이나 위를 어떻게 울렁거리게 하는지 주목하라. 몇 차례 긴장이완을 실시한 후, 심호흡을 하고 일어나서 몸을 스트레칭한 다음 눈을 떠라.

당신이 기껏해야 5분 정도 앉아 있다 하더라도 길게 느껴질 수 있다. 이것은 마음챙김의 독특한 특징의 하나다. 당신이 무엇인가에 정말 주의를 기울일 때(먹기, 숨쉬기, 보기, 듣기 혹은 그 어떤 것이든), 마치 시간이 천천히 흘러가는 것처럼 느껴진다.

마음챙김으로 호흡하기

마음챙김으로 호흡하기란 마음을 모아 깨어 있는 마음으로 호흡에 집중하는 것을 말한다. 당신이 마음챙김으로 호흡하기를 처음 실시하는 것이라면 5분을 넘지 않도록 하라. 가능하다면 시간을 설정해 놓고 끝나는 시간을 알려주는 알람이나 타이머를 이용하라.

1단계　당신이 혼란스럽지 않을 장소를 찾아라. 편안하게 앉아 양손을 무릎 위에 힘을 빼고 편안하게 놓고 발을 바닥에 안정되게 놓아라. 약간 정면을 쳐다보고 등을 똑바로 세우고 턱을 약간 밀어 넣어라.

2단계　두 차례 코로 깊은 숨을 들이 마시고 입으로 내쉰 다음 눈을 감아라. 당신이 앉아 있는 의자가 당신 하체에 어떤 느낌을 주는가를 주목하라. 다리와 발의 느낌은 어떠한가? 몸의 다른 감각에 주목하라. 따스한가 아니면 추운가? 주위에 어떤 소리가 들리는가? 어떤 소리든 인식하라. 어떤 부위에 긴장 혹은 이완을 느끼는가를 주목하면서 머리부터 발끝까지 온몸을 자세히 조사해 보라.

3단계 이제 당신의 주의를 숨쉬기에 돌려라. 정상적으로 호흡하면서 숨을 들이쉬고 내쉴 때마다 느낌이 어떠한가를 주목하라. 호흡할 때 어떤 감각이 생겼다 사라지는가? 가슴, 위, 어깨 혹은 그 밖의 부위에 생겼다 사라지는 감각을 느낄 수 있는가?

4단계 천천히 세기 시작하라. 당신이 숨을 들이쉴 때 1, 내쉴 때 2, 들이쉴 때 3, 내쉴 때 4… 이렇게 10까지 세라. 끝나면 다시 1부터 시작하라. 이것을 조용히 행하라.

5단계 이것을 행하다 보면 당신은 갑자기 마음속에 떠오르는 사고에 의해 주의가 흐트러지게 된다는 것을 알 것이다. 그 사고를 그저 단순히 인식하고 호흡을 위해서 점잖게 물리쳐라. 다시 세기 시작하라.

6단계 5분이 끝날 때까지 4단계와 5단계를 반복하라.

7단계 잠시 동안 조용히 앉아 있어라. 이 시점에서 어떤 생각이 불현듯 당신의 마음속에 떠오르거나 아니면 마음이 평온할 것이다.

8단계 거기에 앉아 있는 느낌이 어떠한가에 천천히 당신의 주의를 돌려라. 준비가 되면 눈을 떠라.

마음챙김으로 호흡하기는 마음챙김 명상의 핵심이다. 중요한 것은 어떤 생각이 들더라도 그것이 뭔가 알려고 하지 말고 마치 저 멀리 있는 것처럼 여기며 주목하라는 것이다. 마음챙김으로 호흡하기는 우리가 어디에서나 수행할 수 있는 간단한 기법이지만 시작하기가 쉽지 않을 수 있다. 즉, 시작이 어렵지 시행해 보면 그리 어려운 것이 아니다. 시행해 보라!

행복일지와 포트폴리오

행복은 누가 만들어주는 것이 아니라 자신이 만들어가는 것이다. 긍정심리학과 행복을 강의하고 있는 하버드대학교의 탈 벤 샤하르 교수는 행복도 자꾸 연습하면 습관이 되고 보다 행복한 삶을 만들어갈 수 있다고 하였다.

따라서 행복에도 연습이 필요한 것이다. 행복한 삶을 만드는 데 유용한 연습 방법은 행복일지나 유머일기를 쓰거나 행복 포트폴리오를 만들어보는 것이다. 행복일지 쓰기는 일상생활 속에서 짧은 시간에 쉽게 행복을 실천할 수 있는 방법이다.

행복일지

행복일지는 행복이라는 긍정적 경험과 과정을 바탕으로 한 일지 형태의 글쓰기이다. 행복일기나 행복노트도 이와 마찬가지 형태의 글쓰기이다. 행복일지는 행복을 주제로 정해놓고 하루의 긍정적 경험을 작성하는 주제일지에 가깝다고 할 수 있다. 긍정적 경험의 글쓰기는 개인의 긍정적 경험이나 자원에 주목하는 긍정심리학에 바탕을 두고 있다.

행복일지 쓰기는 자기성찰의 기회와 긍정적 정서와 감사하는 태도의 증진에 매우 유용하고 효과적인 도구이며, 긍정적 정서의 증가를 가져와 자아존중감과 행복감 향상에 기여할 수 있는 접근법이다.

행복일지를 작성하는 방법이나 양식이 정해져 있는 것은 아니지만 대체로 다음과 같이 작성하는 것이 도움이 된다.

첫째, 행복을 주제로 자기 자신이 관찰한 것과 경험한 것을 기록하기 위한 행복일지를 준비한다. 자기 마음에 드는 작은 노트나 수첩, 일기장을 이용하는 것이 좋다. 경우에 따라서는 PC나 노트북, 혹은 스마트폰에 파일을 만들거나 인터넷에 블로그 등을 개설하여 행복일지로 사용할 수도 있다. 행복일지에 자신이 시도한 활동과 그 방법을 기록해 두면 자기 자신을 성찰해 보고 많은 것을 배우는 기회가 될 수 있다.

둘째, 행복일지는 가급적 매일매일 꾸준히 쓰도록 한다. 만약 행복일지를 매일 쓰는 것이 부담이 되어 행복일지를 쓰는 동기 자체가 상실될 것 같으면 일주일에 한 번씩 쓰는 것으로 시작하여 점차 일주일에 2~3번, 4~5번씩으로 횟수를 늘려나갈 수도 있다.

셋째, 잠자리에 들기 전 하루를 정리하며 쓰는 것이 가장 좋다. 만약 아침에만 시간이 가능할 경우엔 아침마다 정해진 시간에 전날 하루 동안의 행복한 일들을 되돌아보며 적으면 된다. 행복한 일이 생기면 언제 어디서든 작성할 수 있다. 카페나 정원 등 자기만의 조용하고 편안한 장소를 택하여 그곳에 앉아 행복일지를 쓰는 것도 좋다.

넷째, 주변의 모든 일에서 행복을 찾는다. 거창한 행복의 제목을 찾기보다 일상의 소박한 제목을 놓치지 않는다. 행복이 자신의 삶 가운데 자리 잡기 위해서는 자기 삶에서 행복의 내용과 조건을 찾아야 한다. 행복에는 여러 가지 형태가 있다. 내가 받은 축복을 세어보는 것도 행복이고 어떤 사람에게 고마움을 느끼는 것, 신에게 감사하는 것, 역경 속에서도 긍정적인 면을 발견하는 것 역시 행복이다. 행복의 기본은 어떤 일(숨 쉬게 해주는 공기, 따뜻한 햇볕, 편안하게 쉴 수 있는 집, 부모님의 사랑, 친구들, 이웃들, 그리고 이 세상에 한 명뿐인 나 자신)을 당연하게 여기지 않는 것이다. 자연에 대해, 사람에 대해, 사회와 국가에 대해, 사물에 대해, 자기 자신에 대해, 꿈과 소망에 대해, 가정과 직장에 대해, 깨달음에 대해, 경제적 풍요로움에 대해 등등 행복한 일과 상황을 찾아 적는다.

다섯째, 행복한 일에 대해 3~5개 정도 나열식으로 쓸 수도 있고 문장식으로 쓸 수도 있다. 문장식으로 작성하는 경우에는 자신을 둘러싼 행복한 일들에 대하여 자유롭고 개방적인 글 형식으로 행복일지를 쓰도록 한다. 또한 글뿐만 아니라 시, 편지, 만화, 광고, 그림 등 자기가 할 수 있는 다양한 형식을 통해 좀 더 쉽고 풍부하게 행복일지를 쓰는 것도 좋다. 그림이나 기타 방법을 이용하면 글쓰기 활동에 부담을 가지고 있는 사람도 쉽게 접근할 수 있다.

| 표 6 | 행복일지 양식(나열식)

년	월	일	요일

1.

2.

3.

4.

5.

| 표 7 | **행복일지 양식(문장식)**

날짜	년	월	일	요일
행복한 일				
교훈 (깨달은 점)				

여섯째, 행복한 이유, 동기, 근거를 밝혀 구체적으로 쓴다. 행복일지를 쓸 때는 그날 있었던 일을 무미건조하고 기계적으로 나열하기보다는 무엇이 왜 어떻게 행복하게 하는지를 구체적으로 표현해야 긍정적인 감정이 강화되고 충만함도 생긴다.

일곱째, 감사한 일에 대해서는 '때문에'가 아니라 '덕분에'로 쓴다. '때문에'로 원인과 결과만을 따지게 되면 결국 남 탓을 하는 것으로 끝나게 된다. 행복일지는 우리의 주변에 있는 모든 것 '덕분에' 우리가 잘살고 있고 많은 문제가 해결됨에 대해 내가 감사하고 행복한 마음을 갖기 위해 쓰는 것이다.

여덟째, 모든 문장은 '나는 행복합니다'로 마무리한다. '나는 행복합니다'를 맨 앞에 적으면 그 일이 벌어진 상황을 구체적으로 적지 않고 행복한 이유만 짧게 쓰게 되지만 문장의 말미에 적으면 상황을 좀더 구체적으로 서술하게 되고 감사하고 행복함에 대한 이유가 더 확실하게 느껴진다. 문장을 '나는 행복합니다'로 마무리하면 마음속에 정말많이 행복하다는 생각이 들게 된다. 문장식으로 행복일지를 쓰는 경우그날의 행복했던 일이나 경험을 통해 얻은 교훈(깨달음)이 있다면 무엇인지 명언이나 격언, 속담, 잠언들을 활용해 적도록 한다.

행복일지 쓰기 활동을 위한 자발성과 같은 내재적 동기가 자연스럽게 일어날 수 있도록 하기 위해 행복일지를 쓴 후에 자신이 행복해하는 내용을 가족이나 친구들과 공유하고 칭찬과 격려, 나눔과 배려, 소통과 공감의 기회를 갖도록 한다. 이런 과정을 통해서 사고의 폭을 확장시키고 타인의 행복에도 관심을 가질 수 있다. 또한 가정이나 직장에서 행복일지 쓰기 모임을 만드는 것도 행복일지를 작성하기 위한 동기를 유발하고 꾸준히 실천해 나가는 데 도움이 된다.

뇌 과학에 따르면, 우리 몸에서 새로운 행동이 습관화되기까지는 평균 3주(21일), 자동화될 때까지는 3개월 정도가 걸린다고 한다. 그러므로 어떻게든 3개월은 지속해야 한다. 행복일지를 처음엔 3주간만 매일 써본다는 마음으로 시작하여, 3주가 끝나면 다시 3개월까지만 써보자고 다짐하고 실행해 보라. 그러면 자동화되어 결국 매일 행복일지를 쓰는 습관이 들게 될 것이다. 행복일지를 쓰는 만큼 삶이 행복해지므로 꾸준히 행복일지를 작성하도록 하라.

유머일기

저명한 컨설턴트 어니 젤린스키의 『모르는 것의 즐거움The Joy of Not Knowing It All』이란 책을 보면, 우리가 하는 걱정거리의 40%는 절대로 일어나지 않는 것들이고, 30%는 이미 일어난 사건, 22%는 사소한 사건, 4%는 우리가 바꿀 수 없는 것들에 대한 걱정이다.

나머지 4%만이 우리가 대처할 수 있는 진짜 사건이다(Zelinski, 1994). 즉, 96%의 걱정거리가 쓸데없는 것이라고 한다.

고민은 우리의 영혼과 육신을 갉아 먹는다. 그 쓸데없는 96%의 걱정거리를 해결하는 데는 웃음만 한 것이 없다. 우리가 미소 짓기를 선택할 때 우리는 자기 감정의 주인이 된다. 낙담, 절망, 좌절, 공포는 미소 앞에서 다 사라져버린다.

웃음을 짓거나 즐거운 표정을 지을 때 스스로도 기분이 좋아지지만 다른 사람들 역시 기분이 좋아지고 당신을 더욱 좋아하게 된다. 웃음은 전염되며, 웃음이 있는 곳에 행복이 있고, 각종 좌절과 역경도 웃음으로 이겨낼 수 있다. 그래서 소문만복래^{笑門萬福來}, 즉 '웃는 사람에게는 많은 복이 온다'라는 말이 있다. 그러므로 유머와 웃음은 행복한 감정을 낳고 행복을 창조하는 중요한 자원 중 하나인 것이다.

설문조사 결과를 보면, 사람들은 좋아하는 상사로 '인간적이며 유머감각이 있는 사람'을, 좋아하는 여자 동료로 '밝은 미소를 가진 여성'을, 그리고 가장 모범적이고 멋진 사원으로 '항상 밝게 웃음 짓는 직원'을 1위로 꼽고 있다. 또한 사람들은 재미있는 사람들이 많이 나오는 시트콤이나 코미디 프로그램을 뉴스보다 좋아하고, 표정이 굳어 있는 정치인보다 웃고 있는 연예인을 좋아한다. 인기 있는 시트콤이나 토크쇼에 단골로 출연하는 사람들이 모두 최고의 외모를 갖고 있는 것은 아니지만 그들 모두가 잘 웃거나 남을 잘 웃긴다. 이처럼 유머감각을 갖춘 사람은 어딜 가나 인기가 많다. 그와 함께 하면 무얼 해도 즐겁다. 그래서 그의 주변은 항상 사람들로 북적이며, 어딜 가나 주목을 받는다. 다른 사람들을 웃게 만드는 사람은 자석처럼 사람들을 끌어당기고, 무슨 일을 하든지 다른 사람들의 협력과 지지를 쉽게 얻어낸다. 그래서 그는 리더가 되고 성공할 가능성도 높다.

그러면 사람들은 왜 잘 웃고 유머감각이 있는 사람을 좋아할까? 그런 사람과 함께 있으면 덩달아 기분이 좋아지기 때문이다. 다른 누군가가 짜증을 내거나 침울한 표정을 짓고 있으면, 우리 자신도 왠지 얼굴이 일그러지고 기분이 처진다. 하지만 주변 사람들이 부드럽게 미소를 짓고 있거나 환하게 웃고 있으면 우리는 그 표정만 보고 있어도 왠지 기분이 좋아지고 자신도 모르게 웃음으로 반응할 것이다. 사람들 간의 감정은 전염병처럼 전염된다. 이처럼 어떤 사람의 감정 상태가 다른 사람들에게 전염되는 현상을 심리학에서는 '정서적 감염'이라고 한다. 웃음은 마치 전염병과 같지만 몸과 마음에 해로운 병이 아니라 도움이 되는 병이고, 사람과 사람을 이어주는 접착제 같은 병이다. 그래서 잘 웃고 유머가 있는 사람과 함께 있으면 기분이 좋아지기 때문에 사람들은 잘 웃고 유머가 있는 사람을 좋아하는 것이다. 또한 누군가를 보고 웃거나 유머를 구사하면 상대방은 그가 자신을 좋아하고 함께 있으면 즐겁고 만나서 반갑다는 메시지를 전달해 주기 때문에 사람들은 자신을 보고 웃거나 유머를 구사하는 사람에게 친밀감을 느끼고 그를 좋아하게 되는 것이다.

웃음과 유머는 부정적인 정서를 긍정적인 정서로 대체시킴으로써 심각한 상황을 완화시켜 준다. 유머는 스트레스와 관련된 긴장과 불안을 이완시키고, 민감한 문제를 다루고, 대인갈등에 직면하고 해결하도록 해주는 데에 효과적이다(Martin, 2007). 또한 유머는 신체적 건강을 증진시키고 수명을 연장시킨다(Cousins, 1981). 잘 웃는 사람들은 근골격계, 심혈관계, 내분비계, 면역계, 신경계 등에 긍정적인 변화를 가져와 건강이 증진되는 것으로 여겨지고 있다.

미국 스탠퍼드대학교 의과대학의 윌리엄 프라이 박사는 웃음의 효과에 대하여 30년간 연구했는데, 그에 의하면 하루 3분간 유쾌하게 웃는 것은 10분간 보트의 노를 젓는 운동을 한 것과 같은 효과를 낸다고 한다. 20초 동안 크게 소리 내어 웃으면 5분간의 에어로빅과 마찬가지의 효과를 얻을 수 있다고 한다(Fry, 1994). 그리고 조엘 굿맨 박사에 의하면, 1회의 웃음은 5분간의 에어로빅 효과가 있고, 10초의 폭소는 3분간의 노 젓기만큼의 효과가 있으며, 15초의 웃음은 수명을 2일 연장하는 효과가 있다고 한다(Goodman, 1992).

이렇듯 웃음은 우리 몸 안에 강력한 엔도르핀을 만들어내 다음과 같은 효과를 지닌다. 첫째, 웃음은 스트레스를 진정시키고 혈압을 떨어뜨리며 혈액 순환을 개선시키는 효과가 있다. 둘째, 배가 아플 만큼, 눈물이 날 만큼 크게 웃고 난 뒤에는 기분이 좋아지고 후련해진다. 셋째,

웃고 나면 굳어진 어깨도 풀리고 스트레스도 사라진다. 넷째, 웃음은 기분을 바꿔놓고 신체에도 긍정적인 영향을 준다.

웃음은 의학적 가치가 있어 병을 고치는 치료제로 이용하기도 하며, 웃음치료사라는 직업이 등장하기도 했다. 이와 같이 웃음은 건강상 여러 가지 유익한 작용을 하기 때문에 부작용 없는 최고의 약이자 신이 인간에게 내린 축복이라 할 수 있다.

유머는 건강뿐만 아니라 창의력 증진에도 도움이 된다. 지중해의 작은 섬 몰타에서 태어나 영국 케임브리지대학교에서 박사학위를 받은 창의력 분야의 세계적인 권위자 에드워드 드 보노 박사는 유머는 인간의 두뇌활동 중 가장 탁월한 활동이라고 말했다(deBono, 1991). 그러니까 유머 있는 사람, 재미있는 사람이 가장 창조적이며 가장 업무 효율이 높다는 것이다.

실제 주위 사람을 살펴봐도 스스로 잘 웃고 남을 잘 웃기는 사람이 일도 잘하고 인간관계도 원만하다는 것을 자주 목격할 수 있다. 프라이 박사의 조사 결과에 따르면, 6세 정도의 어린아이는 하루 평균 300번 정도 웃는 데 반해, 성인이 되면 그 20분의 1인 15번 정도로 웃음 횟수가 줄어든다. 그래서 그런지 아이들의 독창성과 창의력은 어른에 비해 수백 배 높다고 한다. 웃음을 잃으면 창의력도 함께 잃어버릴 수 있으니 창의력을 높이기 위해서는 웃음을 되찾아야 한다.

이러한 웃음과 유머의 효능을 고려해 볼 때 "행복하기 때문에 웃게 되는 것이 아니라 웃기 때문에 행복해진다"는 윌리엄 제임스의 말처럼 웃음과 유머를 생활화함으로써 행복감을 증진할 필요가 있으며, 이러한 웃음과 유머를 생활화하는 방법 중 하나가 유머일기를 쓰는 것이다. 심리학자 윌리발드 루크에 의해 수행된 미간행 연구에 따르면, 유머일기 쓰기를 통해서 행복을 증진시키고 우울증을 감소시킬 수 있다고 한다(Grenville-Cleave, 2012). 앞에서 언급한 것처럼 유머는 자기 자신과 타인에게 즐거움을 주고 다양한 긍정적 정서와 활기를 만들어낸다. 사실 유머감각은 자신의 인생을 즐겁고 유쾌하게 만들 뿐만 아니라 주변 사람들을 즐겁게 만듦으로써 친화적인 인간관계를 촉진하고, 또한 인생의 역경을 좀 더 의연하고 즐거운 태도로 극복하도록 돕는다.

유머러스한 신문 헤드라인이나 풍자만화 혹은 코미디 TV 프로그램을 통해 일상유머를 이해하거나, 매일 적어도 한 사람을 웃기거나 즐겁게 만들어보거나, 마술을 한 가지 배워서 친구에게 보여주거나, 과장이나 줄임을 활용하여 농담을 만들어내거나, 책이나 인터넷을 통해서 재미있는 유머나 이야기를 수집하여 즐겨보라. 잠자리에 들기 전에 이러한 활동이나 가장 재미있는 일을 세 가지만 적어보라. 매일 유머일기를 작성하여 자신의 행복이 얼마나 향상되었는지 살펴보라. 유머일기 작성이 좋은 이유는 재미있는 일에 주의를 쏟게 하고 부정적인 일로부터 눈을 돌리게 하기 때문이다. 또한 유머일기를 훑어보고 재미있었던 순간들을 회상해 봄으로써 잠시나마 행복감을 느낄 수 있다.

행복 포트폴리오

　　　　　행복한 삶을 실천하고 행복함을 느끼는 데 유용한 방법 중 하나는 행복 포트폴리오를 만들어보는 것이다. 포트폴리오란 문서, 그림, 사진, 지도 등의 서류를 담는 가방 혹은 개인의 관심, 진도, 노력, 성취 등을 보여주는 결과물을 일정한 의도하에 만든 자료 모음집이다. 따라서 행복 포트폴리오란 개인이 행복을 위해 노력했거나 경험하고 성취한 일들, 행복한 기분을 갖게 만드는 물건이나 사건(사진, 선물, 상장, 음악, 편지, 일화 등)을 수집하여 만든 스크랩북이다.

　행복 포트폴리오에 담길 수 있는 내용으로는 이 책에서 다루고 있는 행복한 삶을 위해서 필요한 긍정적 정서를 느끼기, 낙관적인 태도를 갖기, 회복탄력성을 키우기, 몰입을 경험하기, 긍정적 인간관계를 형성하기, 보람과 의미가 있는 삶을 실천하기, 추구하는 목표를 성취하기, 성격적 강점을 발휘하기, 동기를 부여하고 목표를 설정하기, 성장의 마음가짐을 갖기와 감사하기, 용서하기, 신체운동 즐기기, 즐거운 경험을 향유하기, 마음챙김 명상하기 등이다. 이 외에도 크든 작든 자부심, 기쁨, 즐거움과 같은 긍정적 정서를 불러일으키고 만족과 감사 혹은 용기와 같은 기분을 갖게 만드는 아이템이면 좋다. 이러한 내용에 대해 자신이 행하거나 노력한 점, 추억거리나 결과물, 관련 사진이나 활동사항 등을 계속해서 모아두고 간단히 기록을 해둔다.

크고 작은 행복한 순간을 경험하고 행복해지기 위한 노력과 활동을 하면서 관련 자료들을 모아 포트폴리오를 구성하다 보면 행복 포트폴리오는 자연히 커간다. 행복 통장이 불어나듯이 무럭무럭 자란 행복 포트폴리오는 보람과 성취감을 느낄 수 있는 기회를 만들어준다. 자신의 행복 포트폴리오를 컴퓨터나 스마트폰, 웹페이지, 혹은 행복일지에 보존할 수도 있다. 격려가 필요하거나 긍정적 추억들을 즐기고 싶을 때 자신의 포트폴리오를 살펴보라. 그리고 행복 포트폴리오를 통해 자신의 행복감이 얼마나 진전되고 향상되고 있는가를 평가해 보라.

행복한 삶을 위하여

긍정심리학의 행복여행 종착점에 다다랐다. 이 책에서 당신에게 긍정심리학의 관심 주제에 대한 지식과 정보를 제공하고, 행복한 삶을 위한 여러 가지 연습과 활동을 해보도록 동기를 부여하고자 노력했다. 더 많은 것을 소유하기 위해 하루하루 치열한 삶의 전쟁을 치르며 바쁜 현실을 살아가는 당신에게 진정한 행복이 무엇인지 곰곰이 되새기고 당신이 알고 싶었던 긍정심리학의 세계와 행복하게 사는 법에 대한 통찰을 가져다주었기를 바란다.

이 책은 긍정심리학의 가장 중요한 주제와 이론, 인간의 행복과 웰빙, 그리고 당신의 삶에 있어서 직접 시행해 볼 수 있는 몇 가지 실제적 적용을 다루는 데에 그 목적을 두었다. 당신의 행복과 웰빙에 실질적인 도움이 되려면 긍정심리학의 개념과 이론을 아는 것만으로는 충분하지 않다. 이 책에서 제공했던 여러 활동이나 방법들을 일상생활에서 실천해 나가는 노력이 수반되어야 한다. 행복을 연구하는 학자들은 우리 행복의 40%가 일상에서 우리가 행하는 일과 선택하는 것에 달려 있으며, 행복은 연습과 활동을 통해 얻는 것으로 태도나 노력에 따라 달라진다고 입을 모아 말하고 있기 때문이다. 운동이나 악기 연주 등이 연습하면 할수록 그 실력이 늘어나는 것처럼 행복을 배우고 노력하는 사람이 더 큰 행복을 얻을 수 있다는 것이다.

에이브러햄 링컨 전 미국 대통령은 '사람들은 스스로 결심한 만큼 행복해진다'는 명언을 남긴 바 있다. 똑같은 상황에서 어떤 사람은 '자살'을 선택하고 또 다른 어떤 사람은 '살자(자살을 거꾸로 읽으면)'를 선택하지 않던가? 여하튼 당신이 무엇을 하고 어떤 선택을 하느냐에 따라 행복이 좌우된다는 것은 매우 좋은 소식이다. 왜냐하면 이는 당신이 자신의 행복 수준을 향상시키기 위해서 무엇인가 할 수 있다는 것을 의미하기 때문이다.

이 책이 과학적 연구 결과에 기반을 두고는 있지만 사람은 모두가 독특하기 때문에 다른 사람에게 적합한 것이 당신에게는 적합하지 않을 수도 있을 것이다. 사람마다 좋아하고 싫어하는 것이 다르기 때문에 어떤 연습과 활동을 할 것인가는 당신의 선택에 달려 있다. 그렇지만 당신이 장기간에 걸쳐 이 책에서 제안한 활동과 아이디어를 계속 시행 적용할 것인지의 여부를 결정하기 전에 적어도 한두 번은 모두 시도해 보고 그중에서 당신에게 적합하고 효과적인 활동과 방법들을 계속해서 시행하기를 권한다.

이 책의 초반부에서 과학적으로 타당한 행복도 검사지를 통해 당신의 행복 수준을 평가하고 몇 가지 연습과 활동을 수행해 보기를 제안하였다. 또한 당신이 선택한 활동, 실행과정과 진전도, 성찰과 관찰을 기록하기 위한 행복일지를 준비하여 작성할 것을 제안하였다. 자기 자신에 대해 더 많은 것을 발견하고 삶의 사건과 경험에 대해 대처하고 극복하기 위한 노력은 행복과 웰빙 수준을 향상시키는 데에 큰 자산이 되고 도움이 될 것이다.

이 책을 읽고 나서 당신의 행복 수준이 얼마나 향상되었는가를 알아보기 위해 이 책에 실린 마이클 포다이스 박사의 '행복도 검사'를 다시 실시해 보라. 이 책을 읽는 동안 당신의 뇌리에 긍정심리학의 개념들이 공명되고 가슴속에 공감이 되고, 이 책에서 제안하는 활동과 방법을 몇 가지라도 실천해 보고자 노력했다면 당신의 행복 수준은 분명 상승되었을 것이다.

당신이 자신의 행복에 관해 생각할 때 기억해야 할 다음 세 가지 중요한 사항을 기억하기 바란다. 첫째 사항은 축복, 황홀, 환희와 같은 절정의 긍정적 정서로 가득한 삶은 정말 가능하지 않다는 사실이다. 사람은 누구나 어느 시점에서는 상실의 슬픔, 부당함에 대한 분노, 낙담과 좌절을 참고 견디어 나가야만 한다. 삶이란 이처럼 성쇠의 오르내림을 갖고 있다는 사실을 수용하는 것이 앞을 향해 나아가는 데에 큰 도움이 된다. 긍정심리학과 관련 연구들은 오름을 최대한 활용하고 내림의 정서적 영향을 최소화하는 데에 도움이 될 수 있다.

기억해야 할 둘째 사항은 당신이 새로 경험하는 것은 비교적 단기간에 걸쳐 기분과 정서를 고양시킬 뿐이며 비관주의적 관점의 감소와 낙관주의적 관점의 증가와 같은 장기간에 걸친 개인적인 변화를 위해서는 꾸준한 동기와 자기통제 및 노력이 요구된다는 사실이다. 긍정심리학의 메시지는 매우 분명하다. 행복과 웰빙을 지속적으로 향상시키기 위해서는 매일 조금씩 다르게 행동하라는 것이다. 그러므로 비록 사소한 일이라도 평소와 다르게 행동하고 처리하는 것이 중요하다는 것을 잊지 말라.

기억해야 할 셋째 사항은 행복은 당신 자신뿐만 아니라 삶의 모든 영역에서 셀 수 없이 많은 부산물을 안겨준다는 사실이다. 영국의 시인 조지 고든 바이런은 '기뻐하는 자는 누구나 승리자다. 행복을 나누어라. 그럼 행복은 두 배가 된다. 기쁨을 나눈다면 몇 배의 기쁨을 얻는다'고 했다. 상대방에게 기쁨을 주면 바로 되돌려 받는다는 것이다. 행복은 부메랑과 같아서 주면 줄수록 되돌아온다는 것, 즉 남에게 행복을 나눠주는 방법을 찾아가다 보면 결국 당신 자신이 행복을 창조할 수 있다는 것이다. 또한 이러한 행복은 여러 부산물을 안겨주기도 한다. 당신 자신이 행복하면 가족, 직장, 사회, 국가, 인류에까지 많은 보상을 가져다준다는 것이다. 따라서 당신이 행복하면 당신 가족이 행복하고 직장이 행복하고 사회가 행복하고 국가가 행복하며 온 지구촌이 행복해질 수 있다.

실천이 따르지 않은 앎은 산지식이 될 수 없다. 이 책에서 당신이 시행해 볼 수 있는 새롭고 흥미로운 활동을 위한 풍부한 아이디어와 함께 긍정심리학의 기본 개념과 이론을 제공하였지만 그냥 그렇구나 하고 책을 덮으면 아무 소용 없는 일이다. 하나라도 실생활에 적용하고 활용해야 한다. 행복은 마음먹기에 달려 있다. 행복은 일상적이고 사소한 데 있는 것이지 크고 멀리 있지 않으며, 누군가가 만들어주는 것이 아니고 당신 자신이 만들어가는 것이다. 이제 당신에게 달려 있다. 이 책에서 제시한 행복한 삶을 위한 활동과 방법을 조금이라도 실천해 보려고 노력할 때 충만한 행복감은 어느 사이엔가 성큼 당신 곁으로 다가와 있을 것이다.

권석만 (2006). 위빠사나 명상의 심리치유적 기능. **불교와 심리**, **1**, 1-49.

권석만 (2008). **긍정 심리학: 행복의 과학적 탐구**. 서울: 학지사.

김광수 (1997). 용서 모델과 청소년 상담. **청소년상담연구**, **5**(1), 145-182.

김언주, 이군현, 윤현석, 김성수, 조한익, 박은희 (1998). **우리 아이 EQ 높이기**. 서울: 학지사.

김정호 (2004). 마음챙김 명상의 유형과 인지행동치료적 함의. **인지행동치료**, **4**(2), 27-44.

김주환(2011). **회복탄력성**. 서울: 위즈덤하우스.

박종호 (2006). 용서 심리이론과 교육프로그램에 관한 개관연구. **인간발달연구**, **13**(1), 117-134.

서울대 행복연구센터 (2011). **행복교과서**. 서울: 월드김영사.

신상훈 (2010). **유머가 이긴다**. 파주: 쌤앤파커스.

신우열, 김민규, 김주환 (2009). 회복탄력성 검사 지수의 개발 및 타당도 검증. **한국청소년연구**, **55**, 105-131.

이민규 (2005). **끌리는 사람은 1%가 다르다**. 서울: 더난.

이민규 (2008). **생각을 바꾸면 세상이 달라진다**. 서울: 교육과학사.

이상복 (2012). **행복을 부르는 긍정심리학**. 고양: 공동체.

이지선 (2010). **다시, 새롭게 지선아 사랑해**. 서울: 문학동네.

장현갑 (2002). 스트레스 관련 질병 치료에 대한 명상의 적용. **한국심리학회지: 건 강**, 9(2), 471-492.

정목 (2013). **비울수록 가득하네: 행복을 키우는 마음연습**. 파주: 쌤앤파커스.

정종진 (2005). **나를 찾아 떠나는 심리여행**. 서울: 시그마프레스.

정종진 (2008). **교양으로 읽는 생활 속의 심리 이야기**. 고양: 공동체.

조수아 (2008). 용서 신념이 용서와 부정적 정서 및 주관적 안녕감에 미치는 영향. 서울대학교 석사학위논문.

최성애 (2015). **행복일기**. 서울: 책으로여는세상.

황준성, 홍주영 (2012). **아이의 정서지능**. 서울: 지식채널.

Argyle, M. (1987). *The psychology of happiness*. London: Methuen.

Aspinwall, L. G., & Taylor, S. E. (1992). Modeling cognitive adaptation: A longitudinal investigation of the impact of individual differences and coping on college adjustment and performance. *Journal of Personality and Social Psychology, 63*, 989-1003.

Astin, J. (1997). Stress reduction through mindfulness meditation: Effects on psychological symptomatology. *Psychotherapy and Psychosomatics, 66*, 97-106.

Baumeister, R. F. (1991). *Meaning of life*. New York: Guilford Press.

Baumeister, R. F., Heatherton, T. F., & Tice, D. M. (1994). *Losing control: How and why people fail at self-regulation*. San Diego, CA: AcademicPress.

Baumgardener, S. R., & Crothers, M. K. (2009). *Positive psychology*. 안신호 외 역 (2010). **긍정심리학**. 서울: 시그마프레스.

Borysenko, J. (2009). *It's not the end of the world: Developing resilience in times of change*. 안진희 역 (2011). **회복탄력성이 높은 사람들의 비밀**. 서울: 아마고.

Brickman, P. D., & Campbell, D. (1971). Hedonic relativism and planning the good society. In M. H. Appley (Ed.), *Adaptation-level theory: Asymposium* (pp. 287-302). New York: Academic Press.

Bryant, F. B. (2003). Savoring Beliefs Inventory (SBI): A scale formeasuring beliefs about savoring. *Journal of Mental Health, 12*, 175-196.

Bryant, F. B., & Veroff, J. (2007). *Savoring: A new model of positive experience*. 권석만, 임영진, 하승수 역 (2010). **인생을 향유하기: 행복 체험의 심리학**. 서울: 학지사.

Buchanan, G. M., & Seligman, M. E. P. (Eds.) (1995). *Explanatory style*. Hillsdale, NJ: Erlbaum.

Buckner, J. C., Mezzacappa, E., & Beardslee, W. R. (2003). Characteristicsof resilient youths living in poverty: The role of self-regulatoryprocesses. *Development and Psychopathology, 15*, 139-162.

Cantor, N., & Sanderson, C. A. (1999). Life task participation and well-being: The importance of taking part in daily life. In D. Kahnemann, E. Diener, & N. Schwarz (Eds.), *Well-being: The foundation of hedonic psychology* (pp. 230-243). New York: Russell Sage Foundation.

Carver, C. S., & Scheier, M. F. (2002). Optimism, pessimism and self-regulation. In E. C. Chang (Ed.), *Optimism and pessimism: Implications for theory, research and practice* (pp. 31-51). Washington, DC: American Psychological association.

Cohen, S., & Herbert, T. B. (1996). Health psychology: Psychological factors and physical disease from the perspective of human psychoneuroimmunology. *Annual Review of Psychology, 47*, 113-142.

Compton, W. C. (2005). *An introduction to positive psychology*. 서은국, 성민선, 김진주 역 (2007). **긍정심리학입문**. 서울: 박학사.

Cousins, N. (1981). *The anatomy of an illness*. New York: Norton.

Csikszentmihalyi, M. (1990). *Flow: The psychology of optimal experience*. New York: Harper & Row.

Csikszentmihalyi, M. (1997). *Finding flow: The psychology of engagement with every-day life*. 이희재 역 (2010). **몰입의 즐거움**. 서울: 해냄출판사.

Darby, B. W., & Schlenker, B. R. (1982). Children's reactions to apologies. *Journal of Personality and Social Psychology, 43*, 742-753.

Davidson, R., & Kabat-Zinn, J. (2004). Response to letter by J. Smith. *Psychosomatic Medicine, 66*, 149-152.

deBono, E. (1991). *I am right you are wrong: From this to the New Renaissance: from Rock Logic to Water Logic*. London: Penguin Books.

Deci, E. L., & Ryan, R. M. (1987). The support of autonomy and control of behavior. *Journal of Personality and Social Psychology, 53*, 1024-1037.

Deci, E. L., & Ryan, R. M. (1992). The initiation and regulation of intrinsically motivated learning and achievement. In A K. Boggiano, & T. S. Pittman (Eds.), *Achievement and motivation: A social-developmental perspective* (pp. 9-36). Cambridge, England: Cambridge University Press.

DeLong, T. J., Gabarro, J. J., & Lees, R. J. (2007). *When professionals have to lead: A new model for high performance*. Boston: Harvard Business School Press.

Diener, E. (1984). Subjective well-being. *Psychological Bulletin, 95*, 542-575.

Diener, E. (2000). Subjective well-being: The science of happiness and a proposal for a national index. *American Psychologist, 55*, 34-43.

Diener, E., Emmons, R. A., Larsen, R. J., & Griffen, S. (1985). The satisfaction with life scale. *Journal of Personality Assessment, 49*,71-75.

Diener, E., & Seligman, M. (2004). Beyond money: Toward an economy of well-being. *Psychology in the Public Interest, 5*, 1-31.

Dweck, C. (2006). *Mindset: The new psychology of success.* 정명진 역 (2011). **성공의 새로운 심리학.** 서울: 부글북스.

Dweck, C., & Leggett, E. (1988). A social cognitive approach to motivation and personality. *Psychological Review, 95,* 256-273.

Ellis, A. (2004). *Rational emotive behavior therapy: It works for me-it can work for you.* New York: Prometheus Books.

Emmons, R. A. (1999). *The psychology of ultimate concerns: Motivation and spirituality in personality.* New York: Guilford.

Emmons, R. A. (2003). Personal goals, life meaning, and virtue: Wellsprings of a positive life. In C. L. M. Keyes, & J. Haidt (Eds.), *Flourishing: Positive psychology and the life well-lived* (pp. 105-128). Washington, DC: American Psychological Association.

Enright, R. D. (2001). *Forgiveness is a choice.* 채규만 역 (2004). **용서치유: 용서는 선택이다.** 서울: 학지사.

Enright, R. D. (2012). *The forgiving life: A pathway to overcoming resentment and creating a legacy of love.* 김광수, 박종효, 오영희, 정성진 역 (2014). **용서하는 삶.** 서울: 시그마프레스.

Enright, R. D., Gassin, E. A., & Wu, C. (1992). Forgiveness: a development view. *Journal of Moral education, 2,* 99-114.

Enright, R. D., Fitzgibbons, R. P. (2000). *Helping clients forgive: An Empirical guide for resolving anger and restoring hope.* Washing, DC: American Psychological Association.

Enright, R. D., & The Human Development Study Group (1996). Counseling-within the forgiveness triad: On forgiving, receiving forgiveness, and self-forgiveness. *Counseling and Values, 40,* 107-126.

Ericsson, K. A. (Ed.) (1996). *The road to excellence: The acquisition of expert perfor-*

mance in the arts and sciences, sports and games. Mahwah, NJ: Lawrence Erlbaum Associates.

Ericsson, K. A. (Ed.) (2009). *Development of professional expertise: Toward measurement of expert performance and design of optimal learning environments*. New York: Cambridge University Press.

Fredrickson, B. L. (2001). The role of positive emotions in positive psychology: The broaden-and-build theory of positive emotions. *American Psychologist, 56,* 218-226.

Fredrickson, B. L. (2002). Positive emotions. In C. R. Snyder, & S. J. Lopez (Eds.), *Handbook of positive psychology* (pp. 120-134). Oxford, England: Oxford University Press.

Fredrickson, B. L., & Losada, M. F. (2005). Positive affect and the complex dynamic of human flourishing. *American Psychologist, 60,* 678-686.

Fry, W. (1994). *The biology of humor. Humor: International Journal of Humor. Research, 7,* 111-126.

Gable, S. L., & Haidt, J. (2005). What (and why) is positive psychology? *Review of General Psychology, 9,* 103-110.

Gable, S. L., Reis, H. T., Impett, E. A., & Asher, E. R. (2004). What do you do when things go right? The intrapersonal and interpersonal benefitsof sharing good events. *Journal of Personality and Social Psychology, 87,* 228-245.

Gardner, H. (1993). *Multiple intelligences: The theory in practice*. New York: Basic Books.

Gardner, H. (1997). *Extraordinary minds*. New York: Basic Books.

Germer, C. K. (2005). Mindfulness: What is it? What does it matter? In C. K. Germer, R. D. Siegal, & P. R. Fulton (Eds.), *Mindfulness and psychotherapy* (pp. 3-27). New York: Guilford Press.

Gilbert, D. (2005). *Stumbling on happiness.* 서은국, 최인철, 김미정 역 (2006). **행복에 걸려 비틀거리다.** 서울: 김영사.

Goleman, D. (1995). *Emotional intelligence.* New York: Banton Books.

Goodman, J. (1992). Laughing matters: Taking your job seriously and yourself lightly. *JAMA, 267,* 1858.

Gottman, J. M. (1994). *What predicts divorce?: The relationship between marital processes and marital outcomes.* Hillsdale, NJ: Erlbaum.

Gottman, J. M. (1998). Psychology and the study of marital processes. *Annual Review of Psychology, 49,* 169-197.

Grenville-Cleave, B. (2012). *Introducing positive psychology: A practical guide.* London: Icon Books.

Harter, S. (2002). Authenticity. In C. R. Snyder, & S. J. Lopez (Eds.), *Handbook of positive psychology* (pp. 382-394). New York: Oxford University Press.

House, J. S., Landis, K. R., & Umberson, D. (1988). Social relationships and health. *Science, 241,* 540-545.

Ingersoll-Dayton, B., & Krause, N. (2005). Self-forgiveness: A component of mental health in later life. *Research on Aging, 27,* 267-289.

Isen, A. M. (2001). An influence of positive affect on decision making incomplex situations: Theoretical issues with practical implications. *Journal of Consumer Psychology, 11,* 75-85.

Isen, A. M. (2002). A role for neuropsychology in understanding the facilitating influences of positive affect on social behavior and cognitive processes. In C. R. Snyder, & S. J. Lopez (Eds.), *Handbook of positive psychology* (pp. 528-540). Oxford, England: Oxford University Press.

James, O. C. (2007). *Affluenza: How to be successful and stay sane.* London: Vermilion.

Kabat-Zinn, J. (1990). *Full catastrophe living: Using the wisdom of your body and mind to face stress, pain and illness.* New York: Delacourt.

Kabat-Zinn, J. (1994). *Wherever you go, there you are: Mindfulness meditation in everyday life.* New York: Hyperion.

Kasser, T., & Ryan, R. M. (1993). A dark side of the American dream: Correlates of financial success as a life aspiration. *Journal of Personality and Social Psychology, 65,* 410-422.

Korzybski, A. (1994). *Science and sanity: An introduction to non-Aristotelian systems and general semantics* (5th ed.) Texas: Institute of General Semantics.

Langer, E. J. (2002). Well-being: Mindfulness versus positive psychology. In C. R. Snyder, & S. J. Lopez (Eds.), *Handbook of positive psychology* (pp. 214-230). New York: Oxford University Press.

Levitin, D. J. (2006). *This is your brain on music: The science of a human obsession.* 장호연 역 (2008). **뇌의 왈츠: 세상에서 가장 아름다운 강박.** 서울: 마티.

Linley, A. C. (2008). *Average to A+: Realising strengths in yourself and others.* Coventry: CAPP Press.

Luskin, F. (2002). *Forgive for good: A proven prescription for health and happiness.* 장현숙 역 (2014). **나를 위한 선택 용서.** 서울: 알에이치코리아.

Lyubomirsky, S., Sheldon, K. M., & Schkade, D. (2005). Pursuing happiness: The architecture of sustainable change. *Review of General Psychology, 9,* 111-131.

Maertin, D., & Boeck, K. (1996). *E.Q.* 홍명희 역 (1996). **EQ: 감성 지능 개발 학습법.** 서울: 해냄.

Mangels, J. A., Butterfield, B., Lamb, J., Good, C., & Dweck, C. S. (2006). Why do beliefs about intelligence influence learning success? A social cognitive neuroscience model. *Social Cognitive and Affective Neuroscience, 1*(2), 75-86.

Martin, R. A. (2007). *The psychology of humor: An integrative approach.* Burlington, MA: Elsevier Academic Press.

May, R., & Yalom, I. (2000). Existential psychotherapy. In R. J. Corsini, & D. Wedding (Eds.), *Current psychotherapies* (6th ed., pp. 273-302). Itasca, IL: F. E. Peacock.

Mayer, J. D., & Salovey, P. (1997). What is emotional intelligence. In P. Salovey, & D. J. Sluyter (Eds.), *Emotional development and emotional intelligence.* New York: Basic Books.

McAdams, D. P. (1996). Personality, modernity, and the storied self: Acontemporary framework for studying persons. *Psychological Inquiry, 7,* 295-321.

McClelland, D. C. (1985). *Human motivation.* Glenview, IL: Scott Foreman & Co.

McCullough, M. E., Emmons, R. A., & Tsang, J. A. (2002). The grateful disposition: A conceptual and empirical topography. *Journal of Personality and Social Psychology, 82,* 112-127.

McCullough, M. E., Fincham, F. D., & Tsang, J. (2003). Forgiveness, forbearance, and time: The temporal unfolding of transgression-related interpersonal motivation. *Journal of Personalty and Social Psychology, 84,* 540-557.

McCullough, M. E., Root, L. M., & Cohen, A. D. (2006). Writing about the benefits of an interpersonal transgression facilitates forgiveness. *Journal of Consulting and Clinical Psychology, 74,* 887-897.

McCullough, M. E., Worthington, E. L., Jr. (1995). Promoting forgiveness: A comparison of two brief psychoeducational group interventions with awaiting-list control. *Counseling and Values, 40,* 55-68.

McCullough, M. E., Worthington, E. L., Jr., & Rachal, K. C. (1997). Interpersonal forgiving in close relationships. *Journal of Personality and Social Psychology, 73,* 321-336.

Morris, W. N. (1999). The mood system. In D. Kahneman, E. Diener, & N. Schwarz (Eds.), *Well-being: The foundations of hedonic psychology* (pp. 169-189).

New York: Russell Sage Foundation.

Mueller, C. M., & Dweck: C. S. (1998). Praise for intelligence can undermine children's motivation and performance. *Journal of Personality and Social Psychology*, *75*(1), 33-52.

Murray, C. (2003). *Human accomplishment: The pursit of excellence in the arts and science, 800 BC to 1950*. New York: Harper Collins.

Myers, D. G. (2000). *The American paradox: Spiritual hunger in an age of plenty*. New Haven: Yale University Press.

Nakamura, J. (1995). The presence and absence of unifying themes in creative lives. Paper presented at the Wallace National Research Symposium on Talent Development, Iowa City, IA.

Nakamura, J., & Csikszentmihalyi, M. (2003). The construction of meaning through vital engagement. In C. L. M. Keyes & J. Haidt (Eds.), *Flourishing: Positive psychology and the life well-lived* (pp. 83-104). Washington, DC: American Psychological Association.

Ness, L. S., & Segerstrom, S. C. (2006). Dispositional optimism and coping: A meta-analytic review. *Personality and Social Psychology Review, 10*, 235-251.

Norem, J. K., & Cantor, N. (1986). Defensive pessimism: Harnessing anxiety as motivation. *Journal of Personality and Social Psychology, 51*, 1208-1217.

Peterson, C. (2006). *A primer in positive psychology*. 문용린, 김인자, 백수현 역 (2010). **크리스토퍼 피터슨의 긍정심리학 프라이머**. 서울: 물푸레.

Peterson, C., Maier, S. F., & Seligman, M. E. P. (1993). *Learned helplessness: A theory for the age of personal control*. New York: Oxford University Press.

Peterson, C., & Seligman, M. E. P. (2004). *Character strengths and virtues: A handbook and classification*. New York: Oxford University Press.

Peterson, C., & Steen, T. A. (2002). Optimistic explanatory style. In C. R. Snyder,

& S. J. Lopez (Eds.), *Handbook of positive psychology* (pp.244-256). New York: Oxford University Press.

Peterson, C., & Vaidya, R. S. (2001). Explanatory style, expectation, and depressive symptoms. *Personality and Individual Differences, 31,* 1217-1223.

Pratt, M. G., & Ashforth, B. E. (2003). Fostering meaningfulness in working and at work. In K. S. Gameron, J. E. Dutton, & R. E. Quinn (Eds.), *Positive organizational scholarship* (pp. 308-327). San Francisco: Berrett-Koehler..

Reis, H. T., & Gable, S. L. (2003). Toward a positive psychology of relationship. In C. L. M. Keyes, & J. Haidt (Eds.), *Flourishing: Positive psychology and the life well-lived* (pp. 129-159). Washington, DC: American Psychological Association.

Ryan, R. M., & Deci, E. L. (2000). Self-determination theory and the facilitation of intrinsic motivation, social development, and well-being. *American Psychologist, 55,* 68-78.

Salovey, P., & Mayer, J. D. (1990). Emotional intelligence. *Imagination, Cognition, and Personality, 9*(3), 185-211.

Sandage, S. J., Worthington, E. L., Jr., Hight, T. L., & Berry, J. W. (2000). Seeking forgiveness: Theoretical context and an initial empirical study. *Journal of Psychology and Theology, 28,* 21-35.

Scheir, M. F., Carver, C. S., & Bridges, M. W. (2002). Optimism, pessimism, and psychological well-being. In E. C. Chang (Ed.), *Optimism and pessimism: Implications for theory, research and practice* (pp.189-216). Washington, DC: American Psychological association.

Schwartz, B. (2004). *The paradox of choice: Why more is less.* New York: Ecco Press.

Segal, Z., Williams, J., & Teasdale, J. (2002). *Mindfulness-based cognitive therapy for depression.* New York: Guilford Press.

Seligman, M. E. P. (1991). *Learned optimism.* 최호용 역 (2008). **학습된 낙관주의**. 서

울: 21세기북스.

Seligman, M. E. P. (2002). Positive psychology, positive prevention, and positive therapy. In C. R. Snyder, & S. J. Lopez (Eds.), *Handbook of positive psychology* (pp. 3-9). London: Oxford University Press.

Seligman, M. E. P. (2002). *Authentic happiness: Using the new positive psychology to realize your potential for lasting fulfillment* (Hardcover edition). New York: The Free Press.

Seligman, M. E. P. (2004). *Authentic happiness: Using the new positive psychology to realize your potential for lasting fulfillment* (Paperback edition). 김인자 역 (2009). **마틴 셀리그만의 궁정심리학**. 서울: 물푸레.

Seligman, M. E. P. (2011). *Flourish: A visionary new understanding of happiness and well-being*. 우문식, 윤상운 역 (2011). **플로리시**. 서울: 물푸레.

Seligman, M. E. P., & Csikszentmihalyi, M. (2000). Positive psychology: An introduction. *American Psychologist, 55*, 5-14.

Shapiro, S. L., Schwartz, G. E., & Bonner, G. (1998). Effects of mindfulness-based stress reduction on medical and premedical students. *Journal of Behavioral Medicine, 21*, 581-599.

Shapiro, S. L., Schwartz, G. E., & Santerre, C. (2002). Meditation and positive psychology. In C. R. Snyder, & S. J. Lopez (Eds.), *Handbook of positive psychology* (pp. 632-645). New York: Oxford University Press.

Sheldon, K. M., & King, L. (2001). Why positive psychology is necessary. *American Psychologist, 56*, 216-217.

Smedes, L. B. (1984). *Forgive and forget: Helping the hurts we don't deserve*. San Francisco: Harper & Row.

Snyder, C. R. (2002). Hope theory: Rainbows of the mind. *Psychological Inquiry, 13*, 249-275.

Sternberg, R. J. (1986). A triangular theory of love. *Psychological Review, 93*, 119-135.

Teasdale, J. (1999). Metacognition. mindfullness and the modification of mood disorders. *Clinical Psychology and Psychotherapy, 6*, 146-155.

Tracy, B. C. (2013). *Time management*. New York: American Management Association.

Tutu, D. M. (1999). *No future without forgiveness*. New York: ImageDoubleday.

Vaillant, G. E. (2002). *Aging well: Surprising guideposts to a happier life from the landmark Harvard study of adult development*. 이덕남 역 (2010). **행복의 조건: 하버드 대학교 인생성장보고서**. 서울: 프런티어.

Watson, D., Clark, L. A., & Tellegen, A. (1988). Development and validation of brief measures of positive and negative affect: The PANAS scales. *Journal of Personality and Social Psychology, 54*, 1063-1070.

Weinstein, N. D. (1989). Optimistic biases about personal risks. *Science, 246*, 1232-1233.

Weinstein, N. D., Klein, W. M. (1996). Unrealistic optimism: Present andfuture. *Journal of Social and Clinical Psychology, 15*, 1-8.

Wong, P. T. P. (1998). Spirituality, meaning, and successful aging. In P. T.P. Wong, & P. S. Fry (Eds.), *The human quest for meaning* (pp.359-394). Mahwah, NJ: Erlbaum.

Wood, J. V., Heimpel, S. A., & Michela, J. L. (2003). Savoring versus dampening: Self-esteem differences in regulating positive affect. *Journal of Personality and Social Psychology, 85*, 566-580.

Worthington, E. L., Jr. (2005). *Handbook of forgiveness*. New York: Routledge.

Worthington, E. L., Jr. (2006). *Forgiveness and reconciliation: Theory and application*. New York: Routledge.

Worthington, E. L., Jr., Sandage, S. J., & Berry, J. W. (2000). Group interventions to promote forgiveness: What researchers and clinician ought to know. In M. E. McCullough, K. I. Pargament, & C. E. Thoresen (Eds.), *Forgiveness: Theory, research, and practice* (pp.228-253). New York: Guilfore Press.

Wrzensniewski, A., McCauly, C. R., Rozin, P., & Schwartz, B. (1997). Jobs, careers, and calling: People's relations to their work. *Journal of Research in Personality, 31,* 21-33.

Zelinski, E. J. (1994). *The joy of not knowing it all: Profiting from creativity at work or play.* 박주영 역 (1997). **모르는 것의 즐거움.** 서울: 중앙M&B.